江苏"十四五"普通高等教育本科规划教材
国家一流本科课程配套教材
中国大学慕课配套教材
根据教育部《大中小学劳动教育指导纲要（试行）》编写

大学劳动教育
（第二版）

DAXUE LAODONG JIAOYU

主 编 蔡瑞林 张根华 马军伟

中国教育出版传媒集团
高等教育出版社·北京

内容提要

本书根据《大中小学劳动教育指导纲要(试行)》要求编写,是国家一流本科课程配套教材。

本书共分为劳动理论知识和劳动实践项目两篇,主要内容包括:新时代劳动教育、劳动素养、劳动关系、劳动安全、劳动社会保障、劳动法律、日常生活劳动、生产劳动、服务性劳动和创新劳动。本书按照日常生活劳动、生产劳动、服务性劳动、创新劳动四类,提供了丰富的劳动教育实践项目。

本书既可作为高等学校劳动教育相关课程的教材,也可供社会读者参考阅读。

图书在版编目(CIP)数据

大学劳动教育 / 蔡瑞林,张根华,马军伟主编.
2 版. -- 北京 :高等教育出版社,2024. 8(2025. 8 重印).
ISBN 978-7-04-062911-8

Ⅰ. G40-015

中国国家版本馆 CIP 数据核字第 202492AJ49 号

| 策划编辑 | 金 越 | **责任编辑** | 金 越 | **封面设计** | 张文豪 | **责任印制** | 高忠富 |

出版发行	高等教育出版社	**网　址**	http://www.hep.edu.cn
社　址	北京市西城区德外大街 4 号		http://www.hep.com.cn
邮政编码	100120	**网上订购**	http://www.hepmall.com.cn
印　刷	浙江天地海印刷有限公司		http://www.hepmall.com
开　本	787mm×1092mm 1/16		http://www.hepmall.cn
印　张	20.25	**版　次**	2021 年 4 月第 1 版
字　数	431 千字		2024 年 8 月第 2 版
购书热线	010-58581118	**印　次**	2025 年 8 月第 5 次印刷
咨询电话	400-810-0598	**定　价**	42.00 元

本书如有缺页、倒页、脱页等质量问题,请到所购图书销售部门联系调换

版权所有　侵权必究
物　料　号　62911-00

本书编委会

总策划　张根华

主　编　蔡瑞林　张根华　马军伟

编　委　徐惠钢　陈　明　周　艳

　　　　　黄　波　高志玲　花文凤

　　　　　潘龙苇　徐雅飒　史万震

大学生劳动教育教学资源

序号	类型	资　　源	获 取 方 式
1	PPT	教学课件	
2	PDF	教案	
3	PDF	课程设计与实践案例	加入高教社劳动教育教师交流群 群号：825575445
4	PDF	知识测验题与项目任务	
5	PPT	劳动教育专家演讲 PPT	
6	视频	线上集体备课活动（回放）	
7	视频	高校劳动教育理论与教学高级研讨会（回放）	关注公众号"高教社极简通识" 选择菜单"教师培训"— "会议回顾"， 进入回放界面观看回放
8	视频	新时代劳动教育大家谈（回放）	
9	视频	"新时代大学生劳动教育"在线课程	关注公众号"高教社极简通识" 选择菜单"名校通识"— "课程专栏"， 进入界面观看课程
10	视频	二维码视频资源	手机扫描书中二维码 即可查看学习

前　　言

在高等教育出版社的支持下，我们于 2021 年 4 月出版了《大学劳动教育》。教材以习近平新时代中国特色社会主义思想为指导，全面贯彻党的教育方针，落实全国教育大会精神，坚持立德树人，坚持培育和践行社会主义核心价值观。教材旨在提升大学生综合劳动素养并促进大学生全面发展，具体目标包括两个方面：其一是提升大学生的劳动精神面貌，树立正确的劳动价值观，塑造崇尚劳动、热爱劳动的美德；其二是提升大学生劳动技能和职业素养。教材出版后受到了众多高校的好评，满足了高校劳动教育的推进需要。

从全国范围看，新时代高校劳动教育大致经历了三年探索期，但还是普遍存在教学内容选择、教师队伍组建、教学过程设计、课程资源补充、教学质量保障等方面的具体困境。劳动教育需要遵循"强化劳动观念，弘扬劳动精神""强调身心参与，注重手脑并用"等原则，决定了需要编写更能体现新时代劳动教育顶层设计要求、更符合教育规律、更契合教育教学实践的高质量教材。相对于已有教材，《大学劳动教育》（第二版）的创新体现在以下三个方面：

（1）设计理实一体化的教学内容。本教材设计了劳动理论知识和劳动实践项目两篇：上篇包括新时代劳动教育、劳动素养、劳动关系、劳动安全、劳动社会保障、劳动法律等 6 章基础理论知识；下篇包括日常生活劳动、生产劳动、服务性劳动、创新劳动 4 章劳动实践。

（2）提供翻转课堂拓展教学空间。劳动实践项目篇精选了 4 种类型的实践项目，每个项目包括项目要求、实践准备、知识准备、"一体化任务式"劳动实践、劳动实践拓展等内容，拓展了学生的学习空间、指明了学生的提升方向。

（3）符合线上线下混合式教学要求。教材能够满足线下教学要求，同时提供中国大学慕课、智慧树平台的"劳动教育"在线开放课程，满足线上线下混合式教学要求；教材采用富媒体、立体交互形式，促进课程、教材与学生的学习沟通。

本教材由张根华教授统筹策划，张根华、蔡瑞林教授负责教材的框架、内容设计。劳动理论知识篇主要由蔡瑞林、张根华、花文凤、高志玲、周艳、潘龙苇老师编写，劳动实践项目篇主要由张根华、马军伟、蔡瑞林、陈明、史万震、黄波老师编写。除了上述苏州工学院的教师外，郑州工程技术学院的徐雅飒、桂严玲、张理化、张云莉参与了劳动实践活动项目的编写。徐惠钢教授对书稿修订、统稿提出了宝贵意见。

　　本教材的出版得到了高等教育出版社的大力支持，教材参考并引用了国内其他作者的相关资料，在此表示衷心的感谢。由于编写时间较紧、作者水平有限，教材中难免存在一些不妥之处，热忱希望广大教师和教材使用者提出宝贵的批评或建议。

张根华

2024 年 7 月

目　录

下篇　劳动实践项目

上篇
劳动理论知识

本篇主要包括新时代劳动教育、劳动素养、劳动关系、劳动安全、劳动社会保障、劳动法律六章。

第一章　新时代劳动教育

> 要在学生中弘扬劳动精神，教育引导学生崇尚劳动、尊重劳动，懂得劳动最光荣、劳动最崇高、劳动最伟大、劳动最美丽的道理，长大后能够辛勤劳动、诚实劳动、创造性劳动。
>
> ——习近平

学习目标

1. 了解劳动的内涵、本质和分类。
2. 理解劳动教育的内涵、内容。
3. 理解新时代大学劳动教育的要求。
4. 理解新技术革命背景下的劳动形态变迁。
5. 理解新技术革命背景下劳动教育面临的挑战。
6. 掌握新时代劳动教育的新思想与新论断。

引导案例

"匠星"闪耀中国制造

2023年7月28日，第二届大国工匠创新交流大会暨大国工匠论坛在北京开幕。本次大会由全国总工会和北京市委、市政府共同举办，邀请顶尖科学家、卓越工程师、大国工匠围绕"构建创新人才链，推进高质量发展"开展深入探讨，举办了巾帼工匠论坛和工匠路演活动，同时组织了北京、上海、山东、安徽、甘肃5个分论坛，发布了"新时代大国工匠能力评价模型"等，搭建了大国工匠和广大高技能人才交流互鉴的平台。

本次大会共有1 200多项职工创新成果、来自全国47个参展单位500余名劳模工匠参展。在会议期间，首都工匠学院的职工匠师王勇为大家讲解了精密焊接的实现过程；南京中电熊猫晶体科技有限公司高级技师王连生介绍了提高5G通信性能的"小器件"的发明过程；全国技术能手罗卓红介绍了航空领域的金属3D打印技能要点；浙江省总工会展区展示了百尺高空稳、准、快的"竺士杰桥吊操作法"；陶建伟分享了电梯管道井的安装与维修故事。

此次大会在广大青年心中播下了技能报国的种子，来自各行各业的青年职工在展会上看工匠创新、听工匠故事，开展了一场劳动教育的"深度游"。一些青年纷纷表示："了解到工匠们做出的贡献，我们觉得自己的职业舞台也可以更广阔。""我们也要像大国工匠一样，干一行、爱一行、精一行，努力为国家发展做贡献"。大会同样给青年大学生们强化了"技能成才、技能报国"的理想，许多北京高校的校团委组织学生参观，让大学生深受鼓舞，表示"面对科技革命、产业变革趋势，只有紧跟时代发展、练就过硬本领，才能勇担使命、不负时代"。

大会期间，超过3万人次线下观展，累计超2 000万人次观看大会直播，北京平台App、"学习强国"及10余家头部平台累计点击量超过1.05亿次。

思考：1. 基于会议情况，思考劳模精神、工匠精神的内涵。
　　　2. 结合大国工匠的先进事迹，思考新时代大学劳动教育的意义。

第一节　劳　　动

大学劳动教育
第一课

一、劳动的概念

马克思认为：劳动是物质生产活动，是"人和自然之间的物质变换过程"，是一种自由的自觉的活动，是现实的人改造客观世界的活动。马克思从现实和理想两个层面揭示了劳动的内涵。从现实的操作层面看，劳动是实现人和自然之间物质变换的物质性活动。从理想层面看，马克思提出劳动是一种"自由的自觉的活动"，是以异化劳动为对立面并以克服异化劳动为目标的社会实践活动。在资本主义社会，劳动的异化使生产劳动不再是自由自觉的活动，劳动者"在自己的劳动中不是肯定自己，而是否定自己，不是感到幸福，而是感到不幸，不是自由地发挥自己的体力和智力，而是使自己的肉体受折磨、精神遭摧残"。

一些学者也探讨了劳动的内涵。李申俊认为，"劳动就是人们耗费一定的劳动力进行的创造物质财富和精神财富的活动，是人类生存和发展的最基本的条件"。陈俊宏以劳动的物质规定性和社会规定性为依据，将劳动表述为："劳动是人们在一定的社会关系下，制造和使用工具来改造自然物，使其适合自己需要的有目的的活动。"李太淼则认为："劳动是人类通过改变外在于劳动主体的客观条件以满足人类生存、发展、享受等多层次消费需要的有目的的体力和脑力活动。"北京大学卢晓东认为，劳动具有四个要素，即手、脑、劳动工具和面对真实社会现象，只有同时具备这四个要素的活动才称得上是真正的劳动。

综上所述，可以把劳动定义为：在一定的社会关系中，人类实现人和自然间的物质变换，以满足人类需要的有目的地创造物质财富和精神财富的社会实践活动。

二、劳动的本质

（一）劳动是主体、客体和意义的内涵集成体

用马克思主义的观点来看，劳动不仅是谋生的手段，也是通向客观世界与主观世界的媒介，更是实现人性至善至美、彻底自由的必经之路。劳动是人类基本的实践活动和存在方式，是人类生存发展的基本条件。

马克思主义认为，劳动是人之为人的内在本质，是人区别于动物的内在本质属性。劳动是人类生活的第一个基本条件。从某种意义而言，劳动创造了人。马克思认为："劳动这种生命活动、这种生产生活本身对人来说不过是满足一种需要即维持肉体生存的需要的一种手段。"

马克思认为，劳动的本质不是单个人所固有的抽象物，而是一切社会关系的总和。因此，一切劳动都是在一定的社会关系下进行的，孤立于社会之外的生产劳动是不存在的。

（二）劳动是有目的的活动

人类的生产劳动都是有意识、有目的的活动，试图创造出可以满足人类生活需要的物质或精神财富。当人开始生产生活资料时，就开始把自己和动物区别开来。生产生活资料是区分人与动物的关键。动物仅仅利用外部自然界，简单地通过自身的活动获得生存的资源。例如蜘蛛织网、猫捉老鼠，这些都是动物的本能行为。动

物的本能活动不是劳动，而人则通过劳动来实现人与自然界之间的物质变换，实现适应、支配和改变自然界。这便是人同其他动物最终的本质的差别。造成这一差别的是劳动。劳动是人在理性支配下进行的有目的有意识的实践活动，这与动物天生本能的生命活动有着本质的区别。

三、劳动的分类

按照不同的分类标准，劳动的分类不同。

（一）日常生活劳动、生产劳动与服务性劳动

1. 日常生活劳动

日常生活劳动是指可以直接满足生活需求的劳动，是一种与日常生活紧密联系的社会实践活动，是劳动最基本的形式。它主要在大学生的家庭生活、校园生活中展开，与他们的生活方式、生活环境、生活境况息息相关，直接体现和影响大学生的审美情趣、文明素养和幸福体验。它包括个人日常生活事务处理和集体生活劳动，如个人内务整理、仪容仪表规范、卫生习惯养成、宿舍打扫、校园保洁、食材烹饪、器械维修。

2. 生产劳动

生产劳动是指以物质资料生产或提供劳动服务为形式，满足社会需求的实践活动。生产劳动是人类最原始、最基本的社会实践形式。工人、教师、医生、演员、作家、政府工作人员等的劳动都是生产劳动。大学生参与生产劳动能够培养劳动观念、服务意识和良好的意志品质，并逐步形成艰苦奋斗、勤俭节约的良好习惯和生活作风，增加对劳动的了解，增进对劳动人民的感情，懂得尊重和珍惜他人的劳动成果。

在马克思、恩格斯之前，一些空想社会主义者、资产阶级经济学家和启蒙思想家基于各种理由已经提出教育与生产劳动相结合的思想，欧文、裴斯泰洛齐等还开展过相关的社会和教育实验。从资本主义发展、现代机器大工业生产，以及由此产生的无产阶级与资产阶级斗争的视域出发，马克思、恩格斯首次将教育与生产劳动相结合表述为一个理论命题，并赋予它全新内涵：无产阶级不能忽视自身及其子女的教育问题；取消当时那种形式的儿童工厂劳动；普遍禁止儿童劳动是同大工业的存在不相容的；现代工业吸引男女儿童和少年参加社会生产事业是一种进步、健康，以及合乎规律的趋势；工人阶级应利用合法斗争促进普遍立法来保护少年儿童的劳动和受教育权利；把有报酬的生产劳动与智育、体育、综合技术教育结合起来；对所有儿童（首先是工人阶级的儿童）实行公共的和免费的教育；生产劳动同智育和体育相结合，不仅是提高社会生产的一种方法，而且是造就全面发展的人的唯一方法，还是改造现代社会最强大的手段之一。从命题性质看，马克思、恩格斯教育与生产劳动相结合是一个带有理想性的策略性命题、具有普遍意义的特殊性命

题，以及具有丰富教育和哲学意义的政治经济学命题。

大学生生产劳动实践有助于提升专业素养，有利于提高社会适应能力，强化提前做好职业规划的意识，有助于培养吃苦耐劳、脚踏实地的优良品质。高等教育与生产劳动相结合的主要环节有校内的专业实训、实验和实践活动，校外的专业见习和顶岗实习。其中，专业实训是围绕课程内容、结合专业技术能力组织的综合实训活动；专业见习是大学生在进行专业实习前，通过学校组织或经学校同意后自主联系等方式，到相关单位进行一段时间观摩学习，以熟悉工作纪律、了解工作流程和规范，为实习教育奠定基础的教育教学安排；顶岗实习是大学生能够在实际岗位上独立工作，并且能够初步完成该岗位的生产任务的实习，是大学生在完成学校学习之后，到校外企事业单位的相关专业岗位上直接参与生产的一种实践教学形式。自主实习是学生通过自己的主动努力找到的实习机会。

大学生生产劳动是在真实的生产劳动情境中体验劳动、适应劳动，并培养创造性劳动思维的过程。因此，大学生生产劳动的内容涉及生产劳动的全过程和全要素，既包括劳动工具的上手、劳动过程的适应，也包括生产劳动新形态的体认。培养创造性劳动思维，提升创造性劳动能力，是大学生生产劳动的重要内容和目标。

3. 服务性劳动

大学生服务性劳动是指大学生利用知识、技能等为他人和社会提供的公益性质的社会服务劳动，属于社会服务的范畴，在劳动内容上既有生活福利性服务、生产性服务，也有社会性服务。服务性劳动是利用知识、技能、工具、设备等，为他人和社会提供服务，以增进国家和社会公共领域和个人福祉为目的的活动，具有明显的公益性和利他性特点。大学生服务性劳动属于社会服务的范畴，在劳动内容上既有生活福利性服务、生产性服务也有社会性服务。大学生在社会服务的过程中既能很好地锻炼和提高自己适应社会和服务社会的能力，也能深化自己的专业知识和技能，促进个人全面发展。形式多样的社会实践和志愿服务是大学生服务性劳动的主要形式。

大学生的社会实践是指在校大学生利用寒暑假及节假日、课余时间开展的“三下乡”社会调查、生产劳动、志愿服务、科技发明、勤工助学等社会实践活动的总称。大学生社会实践是一种教育活动，是一种实践教育的具体形式。高等学校围绕“立德树人”根本任务和人才培养目标，有组织、有目的、有计划地引导大学生主要利用寒暑假、节假日、课余时间，深入现实社会，参加具体的、生动的生产劳动和社会服务劳动，有利于促进大学生形成社会所要求的思想政治品德，提升大学生科学文化素质，实现社会化发展。大学生社会实践是一种社会化教育，在社会实践中，大学生必然与社会形成全面互动，接受来自社会的教育影响。

大学生社会实践具有多样的形式和丰富的类型。根据社会实践的活动场所，大学生社会实践可以分为：校园内的社会实践、校园外的社会实践和虚拟社会实践三种基本形式。根据社会实践的活动内容，大学生社会实践可以分为：调查研究、公益服务、职业发展三大类别，以及包含在三大类别中的多种形式。根据社会实践的具体形式，大学生社会实践可以分为：社会观察、劳动服务、就业创业、学习创新四类。不同类型的实践活动，有些是单独进行的，但更多是相互联系有所交叉的。

（二）体力劳动与脑力劳动

体力劳动是指劳动者以运动系统为主要运动器官的劳动，例如挑水、搬运。脑力劳动是劳动者以大脑神经系统为主要运动器官，以其他生理系统的运动为辅的主体运动，如思考、记忆、设计、写作。

体力是脑力的基础。脑力劳动支配体力劳动，产生劳动价值。人的任何一种活动，都是体力劳动和脑力劳动的共同成果。

（三）简单劳动与复杂劳动

马克思在《资本论》中说，简单劳动是每个没有任何专长的普通人的机体平均具有的简单劳动力的耗费。《政治经济学辞典》中指出，简单劳动是复杂劳动的对称，指在一定的社会条件下，不需要经过任何专门训练的、一般劳动者都能胜任的劳动。复杂劳动则是指需要经过专门的训练和培养、具有一定的文化知识和技能的劳动者才能从事的劳动。在同样的时间里，复杂劳动创造的价值量等于加倍的简单劳动创造的价值量。

简单劳动所产生的产品的剩余价值较低，而复杂劳动所产生的产品的剩余价值相对较高。复杂劳动背后是教育、经费、精神等的付出，才会在同样时间里，比简单劳动创造更多价值。正因为这样，人类需要教育，需要高级技术，由此形成学习的动力。

复杂劳动和简单劳动的区分是相对的。在一定条件下的复杂劳动，在另外的条件下可能就是简单劳动。由于劳动的复杂程度不同，在相同的时间内创造的价值也是不同的。

（四）具体劳动与抽象劳动

具体劳动是指在一定具体形式下进行的劳动，是有形的、看得见的。比如，装修工人粉刷墙壁、木工做家具的过程，就是具体劳动。具体劳动反映的是人与自然之间的关系，是自然属性。具体劳动创造出各种不同的使用价值。

抽象劳动是指撇开了具体形式的、人类一般的、没有差别的劳动，是人类劳动力（脑力和体力）一般生理学意义上的支出或消耗。抽象劳动反映的是商品生产者之间的经济关系，是劳动的社会属性。抽象劳动形成商品的价值，反映人们之间的社会生产关系，是商品经济特有的历史范畴。

具体劳动和抽象劳动是对立统一的。一方面两者是统一的，因为商品生产者在进行具体劳动时也支出了抽象劳动；它们在时间上、空间上都是统一的，两者是不可分割的。另一方面两者又是对立的，因为具体劳动和抽象劳动是生产商品时劳动的两种不同属性，但不是两种不同的劳动。

（五）常规劳动与创新劳动

常规劳动是指利用已有的知识、经验和技能以常规方式对劳动对象进行加工或改造的劳动。常规劳动是在现有的社会正常的生产条件下生产商品的劳动，是按照既定生产条件下的常规方式进行的劳动。常规劳动未必是简单劳动，有时相当复杂，需要积累大量经验、技能与诀窍；常规劳动不仅包括体力劳动，也包括脑力劳动。常规劳动的价值创造过程，是通过消耗个体生命以生产为他人服务的商品而建立社会关系的微观过程。

创新劳动是指运用新设计、新方法、新技术和新知识，以创新方式对劳动对象进行加工或改造的劳动，创新劳动变革了原有生产条件与劳动方式。创新劳动本身虽然也是微观个体的劳动，但其创造劳动价值的过程必须通过改变社会正常生产条件才能实现。常规劳动与创新劳动的区别，并不是复杂劳动与简单劳动之分，也不是脑力劳动与体力劳动之别，而是其劳动产品属于不同的层次。常规劳动通过劳动者在既定的社会生产条件下消耗其个体生命的抽象劳动时间来创造价值，而创新劳动则通过社会历史条件来改进人们创造价值的能力以增加社会价值。

创新劳动中，人们突破惯常的思维方式、生产方式、组织方式，创造和运用全新的思维观念、知识技术、工艺流程等，产生出新知识、新技术、新思维、新成果，从而提高劳动效率，或产生超值社会财富，或产生新成果的劳动。创新劳动能力根植于创造性劳动之中，通过实践形成，并在实践中呈现。劳动者在创新劳动中可以获得自由的劳动能力、相互协作的劳动能力和感知意义的劳动能力，这构成了创新劳动能力的主要特征。创新劳动的表现形式多种多样。我们根据劳动主体发挥主观能动性对创新劳动进行分类，可以分为以下四种表现形式：

一是科学创新劳动，是为进一步认识客观事物而获得新知识的创新劳动。实验科学先驱伽利略、经典力学始祖牛顿、第一个发现镭的女科学家居里夫人、对电磁学做出巨大贡献的法拉第、创立相对论的爱因斯坦，以及首创化学元素周期表的门捷列夫等科学家，他们都是从事科学创新劳动的光辉典范。

二是技术创新劳动，是为节约时间和空间，节约体力和精力，节约资源和能源而探索更简便的思想、方法及手段的创新劳动。技术创新劳动并没有发现新知识的科学创新，却是一种能给社会带来巨大效益的技术创新。

三是产品创新劳动，是为满足社会与个人的需要，设计与创造具有新使用价值的产品的创新劳动。比如人们需要交通工具更快速、更安全、更舒适，不断进行创新劳动，先后发明了马车、汽车、火车、高铁等，不断创造新的交通工具。

四是人力创新劳动，是发展人自身的劳动，包括学习劳动和部分教育劳动。学习劳动和教育劳动都是塑造和培养劳动者新的能力和素质的劳动。因为人具有思想和个性，所以人力创新劳动并没有一个统一的模式，往往要因人而异、因材施教，处处实现创新。

※课内检查与思考

　　1. 结合本专业对应的某一特定工作岗位，谈谈你对劳动内涵的理解。

　　_____

　　_____

　　2. 结合本专业对应的某一特定工作岗位，谈谈你对劳动本质的理解。

　　_____

　　_____

　　3. 结合本专业对应的某一特定工作岗位，谈谈你对劳动分类的理解。

　　_____

　　_____

第二节　劳动教育的内容与意义

一、劳动教育的概念

　　《辞海》从德育的角度对劳动教育进行了定义：劳动教育是德育的内容之一，对学生进行热爱劳动和劳动人民、珍惜劳动成果、树立正确的劳动观点和劳动态度、通过日常生活培养劳动习惯和技能的教育活动。

　　《中国大百科全书》是这样定义的：劳动教育是使学生树立正确的劳动观点和劳动态度、热爱劳动和劳动人民、养成劳动习惯的教育，是德育的内容之一。

　　《教师百科辞典》认为：劳动教育就是向受教育者传播现代生产的基本知识和技能，培养他们具有正确的劳动观点、劳动习惯和热爱劳动人民、劳动成果的感情。

　　《教育大辞典》对劳动教育的定义是：劳动教育就是劳动、生产、技术和劳动素养方面的教育。

　　中共中央、国务院《关于全面加强新时代大中小学劳动教育的意见》中对劳动教育基本内涵的解释是：劳动教育是国民教育体系的重要内容，是学生成长的必要途径，具有树德、增智、强体、育美的综合育人价值。劳动教育的重点是在系统学习文化知识之外，有目的、有计划地组织学生参加日常生活劳动、生产劳动和服务性劳动，让学生动手实践、出力流汗，接受锻炼、磨炼意志，培养学生的正确劳动价值观和良好劳动品质。

　　综上所述，本教材这样定义劳动教育：劳动教育就是有目的、有计划地向学生传递劳动知识和劳动技能，培养学生良好的劳动态度和劳动习惯，使学生形成正确的劳动价值观和具有一定的劳动责任意识，提升学生劳动素养的教育实践活动。

二、劳动教育的内容

结合《关于全面加强新时代大中小学劳动教育的意见》（以下简称《意见》）和《大中小学劳动教育指导纲要（试行）》（以下简称《纲要》），将劳动教育的内容归纳为如下几个方面：

（一）劳动价值观

劳动价值观教育让学生认识到劳动的意义、劳动的价值，使学生能够理解马克思主义劳动价值观和中国特色社会主义劳动价值观。习近平指出：教育引导学生崇尚劳动、尊重劳动，懂得劳动最光荣、劳动最崇高、劳动最伟大、劳动最美丽的道理，长大后能够辛勤劳动、诚实劳动、创造性劳动。让学生认识到"不劳而获""好逸恶劳"是可耻的行为，培养学生对劳动的情感，热爱劳动、乐于劳动，对劳动逐步形成正确的价值观。

（二）劳动科学知识与能力

针对不同学段、类型学生特点，以日常生活劳动、生产劳动和服务性劳动为主要内容开展劳动教育。结合产业新业态、劳动新形态，注重选择新型服务性劳动的内容。大学生应当掌握一定的劳动伦理知识、劳动法律知识、劳动保护知识、劳动就业知识，以及劳动心理健康知识等劳动科学知识。重视新知识、新技术、新工艺、新方法的应用，创造性地解决实际问题，使学生增强诚实劳动意识，注重培育公共服务意识，使学生具有面对重大疫情、灾害等危机时主动作为的奉献精神。

（三）劳动实践

开展劳动教育，不仅要重视劳动理论知识的学习，更要重视劳动实践活动。劳动的成就感不是说出来、听出来、讲出来的，而是从实践中体悟出来的。著名哲学家冯契指出，实践和教育相结合是培养自由人格的根本途径。实践是人与自然、主体与环境的交互作用。通过这种交互作用，环境（自然和社会）给予人天道、人道，主体就接受了"道"来发展自己的性格。主体这样做时并不是被动的，主体在改造环境的过程中把人性对象化，人就由自在而自为，这就是在实践中接受教育。

三、劳动教育的意义

（一）马克思主义劳动观奠定了劳动教育促进人自由全面发展的逻辑基点

首先，马克思主义劳动观肯定"自由创造劳动"。在人类生活实践的漫长进程中，劳动作为"一切人类生活的第一个基本条件"，是人与动物的不同之处。从马克思主义劳动观来看，人是劳动的生命存在。人的生命活动，不单单具有在自然生命意义上"活着"的自在性，还在此基础上实现"更好更充分地活着"。马克思主义对劳动存在论的肯定，印证了人的生命与动物生命的本质区别。可以说，人类社会的出现就彰显了劳动的自由创造力量。

其次，劳动的价值在于不断改造、创造世界并推动人实现自身发展。马克思主义劳动观从历史唯物主义的哲学视域揭示了人类劳动的价值在于不断地改造、创造世界并推动人实现自身发展，其实质是人的自由性的不断展开和全面实现。马克思主义劳动观认为，劳动生产力的变革发展引发了整个劳动关系和社会关系的变革发展，推动了劳动的阶级性变革及人类社会形态的历史性改变。自由创造性劳动要求人的自由性不断实现全面而充分的发展，马克思主义劳动观肯定劳动是追求和创造"真、善、美"价值的实践活动，"真、善、美"的价值实现过程就是人的自由性全面而充分发展的过程。

（二）劳动教育的价值根基在于促进人的自由全面发展

劳动教育促进
大学生的自由
全面发展

首先，劳动教育是教育与劳动的过程性统一。其生成和统一的基础就在于两个方面：一是劳动作为一种社会存在，劳动主体的劳动能力、基本素质及其发展需要教育；二是劳动本身具有特定的教育意义。把劳动教育视为教育与劳动的过程性统一，切合了马克思主义关于人是劳动的本质存在及劳动发展的思想，反映了当代教育与生产劳动形式相结合的实际状况。劳动教育作为教育与劳动的过程性统一，具有实践的逻辑合理性，确保了劳动教育具有确切分明的内容体系和切实有效的实践路径，凸显了不同劳动过程独立的教育价值。

其次，劳动教育以促进人的自由全面发展为价值根基。马克思主义劳动观启示我们：理解劳动教育不能仅仅从劳动的外在工具价值出发来看待劳动教育的基本价值，还需要从劳动的内在价值层面，并放眼人类发展的历史视野，全面审视劳动教育的本质内涵及价值根基。马克思主义劳动观在考察劳动发展与人类社会历史发展的关系中，肯定了劳动的生产性、谋生性等工具属性，但劳动教育更为根本的价值在于全面提升个体的自由力量，培养个体真正成为自由创造的劳动主体，进而不断推进整个社会的劳动意识、劳动方式、劳动关系、劳动文化和劳动价值的变革。

四、劳动教育促进"五育融合"

德智体美劳协
同育人

（一）"五育融合"的现实意蕴与时代价值

"融合"在《辞海》和《现代汉语词典》中的解释都是"几种不同的事物合成一体"；"融合"是不同事物之间相互交叉、相互贯穿、相互渗透和相互滋养，进而生成新的有机整体的过程。"五育融合"旨在通过融合形式的转变寻求德智体美劳内容与素养的整体生成和相互促进，最终促进个体的全面发展。"五育融合"的理论支撑主要有两个方面：一是"人的全面发展理论"，马克思指出"任何人的职责、使命、任务就是全面地发展自己的一切能力"；人的和谐发展要求道德、智力、体力、心理等素质协同充分地发展，决定了需要顺应人的发展规律，将"五育融合"作为教育基本理念。二是人本主义者的"全人教育学说"，全人教育即以促进学生认知素质、情感素质全面发展和自我实现为教学目标的教育，强调教育要作为整体培养人和促进人的全面发展。《中国教育现代化2035》明确提出："更加注重全面发展，大力发展素质教育，促进德育、智育、体育、美育和劳动教育的有机融合。"

（二）以劳树德，塑造与涵养社会主义劳动观

劳动教育与德育是一体的。首先，劳动是人类的本质，人的劳动能力发展程度直接影响其综合素质的发展。通过劳动教育培育积极的劳动精神，树立正确的劳动态度、劳动品德和劳动价值观，提升综合劳动能力是实现立德树人的应有之义。其次，有劳动过程的劳动教育，无疑是实践德育理论的一条极为重要的途径；只有通过劳动实践的体悟和劳动精神的感染，才能坚守中国特色社会主义的信念，才能通过劳动实现自己的人生价值和中华民族伟大复兴的使命担当。再次，劳动教育里的"德"还应该体现为奉献祖国、关心社会的"公德"。学校应该秉承劳模精神，弘扬劳动意义，让学生在生产劳动中更加深刻地认识"天道酬勤"的道理，从而回归本心和本性，通过劳动创造来获得幸福感，反对一切不劳而获、崇尚暴富、贪图享乐的错误思想。最后，劳动教育里的"德"还应该体现为热爱劳动、崇尚劳动、实干兴邦的"私德"。中华民族是勤于劳动、善于创造的民族，正是因为辛勤的劳动，中华民族实现了站起来、富起来、强起来的转变。"少年强，则国强"，只有通过劳动，才能去除懒惰，养成慎思笃行、勤学苦干的私德，才会养成热爱劳动、崇尚劳动、实干兴邦的精神，才能助力中国的可持续发展。

（三）以劳增智，把握"知行合一"的原则与方法

劳动教育的目的之一在于通过劳动，让学生掌握现代化生产的技术知识和科学原理，并学会转化运用。劳动教育可以增进学生的智慧，这个"智"既表现为通过劳动实践凝结而成的劳动智慧，也表现为分析问题、解决问题的能力和对创造性劳动的呼唤。第一，通过劳动教育能够让学生快速获取现代化生产的科学知识、技能和技巧，开阔学生从事现代化生产的视野，为能够参加多种生产活动打下坚实基础。劳动是人类创造社会的物质财富和精神财富的活动，同时人们也是通过劳动规律和劳动的基本观点来认识历史、认识世界的。因此不同形态的劳动实践也蕴含着不同的劳动智慧，学生通过参加各种丰富的劳动实践（例如专业实践、社会实践），学会运用各种工具去解决问题，进而获得不同的劳动知识，并学会在实践中检验自

己思维的真理性。第二，通过劳动教育加深学生对生产劳动的理解与思考，运用自己所学的知识更好地分析、解决劳动中遇到的问题，从简单的重复性劳动走向复杂的创造性劳动。在现代社会，创造性劳动已经成为经济发展的主要动力，大力发展创造性劳动，推进科学技术发展和自主创新技术，既是时代的诉求，也是个体发展的基本追求。

（四）以劳强体，明确劳动是增强体质的重要途径

经济和科技发展日新月异，人们的物质文化生活得到了很大的改善。同时生活方式、劳作状态及饮食结构也随之改变，伴随着的是疾病谱和体质健康方面的系列变化。社会发展以人为本，而人的发展以健康为本。2016 年，中共中央、国务院印发的《"健康中国 2030"规划纲要》明确指出，要把健康摆在优先发展的战略位置，立足国情，将健康的理念融入公共政策实施的全过程，加快形成有利于健康的生活方式、生态环境和经济社会发展模式，实现健康与经济社会良性协调发展。体育作为增强体质的重要方式，主要目的是使学生掌握体育运动的知识和技能，增强体质，促进身心健康发展。实施劳动教育可以促进体育发展，使身心两方面得到锻炼，起到以劳健体的作用。现代社会对人健康的定义包含"身""心"两个方面，通过劳动教育强健个体健康也包含两个方面的内容：一方面通过劳动教育强健学生的身体，在参加劳动实践的过程中，学生的肌肉得到锻炼，骨骼负荷量增加，新陈代谢得到改善，心脏机能达到更高的水平，从而使运动系统得到发展；另一方面，通过劳动教育培养学生热爱劳动的精神。劳动技能教育的实施，有利于降低和消除由于繁重的学习、考试所带来的焦虑和紧张；劳动实践可增强学生的自信心，同时还可培养学生的主动精神和创造性，尤其是可培养学生顽强的意志力。

（五）以劳育美，在劳动中"审美"与"创美"

劳动不但创造了美的生活和美的艺术，而且"创造出懂得艺术和能够欣赏美的大众"。劳动教育的过程不仅是一个"物化"智力、改造自然的过程，还是一个欣赏美、鉴别美和创造美的过程。劳动教育要体现以劳育美，可以从两个方面来实现。一方面，让学生在劳动中感受美，在劳动教育中纳入劳动审美活动，以劳动者的美、劳动过程中的美和劳动产品的美为载体，让学生提升发现美、感受美的能力和素养。劳动者的美的感受主要表现为精湛的劳动技艺，以及劳动者的精神与行为之美；劳动过程中的美的感受是指在改造劳动对象或者客观世界的过程中，逐渐获得的美好体验或者对劳动环境和劳动场面的领悟及感受；劳动产品的美的感受则表现为劳动者在创造劳动工具及劳动产品过程中所展现的灵感、技艺和智慧，取得的成就，以及其中寄托着的人的情感。另一方面，让学生在劳动中创造美。马克思在《1844 年经济学哲学手稿》中明确提出"劳动创造了美"这一论断。比起在劳动中感受美，用自己的双手创造劳动财富是深层次和更高一级的美感体验。当代学生只懂得感受劳动美是远远不够的，现代社会需要让学生通过劳动创造和谐与自由，通

过劳动习得人之为人的智慧。先进的生产工具要靠人去创造，先进的科学技术需要靠人去摸索，先进的管理经验需要靠人去总结，先进的经营理念和运行机制都需要靠人去运用。学生应该在劳动中不断去创造美，在坚守中寻求突破，从而获得追求完美、勇于创新的精神。

※课内检查与思考

1. 结合本专业，思考劳动教育的具体内涵。

_____

_____

2. 结合本专业，思考劳动教育的具体内容。

_____

_____

3. 结合本专业，思考劳动教育在人才培养方案中的地位与作用。

_____

_____

第三节　新时代大学劳动教育

2020 年 3 月 20 日，中共中央、国务院印发《关于全面加强新时代大中小学劳动教育的意见》（以下简称《意见》）。2020 年 7 月 7 日，教育部印发《大中小学劳动教育指导纲要 （试行）》（以下简称《纲要》）。《意见》和《纲要》的颁布实施，意味着国家再次对大中小学劳动教育进行的顶层设计和系统部署，劳动教育是坚持中国特色社会主义道路的内在要求。

一、新时代大学劳动教育的重大意义

一是劳动教育是新时代高校学生实现全面发展的必然要求，劳动教育能让大学生养成吃苦耐劳、勤俭节约、勤奋拼搏、自强向上的精神美德；也能让大学生充分利用知识和技能去发现问题、分析问题和解决问题；只有劳动教育与德育、智育、体育和美育结合发展，形成完整的劳动教育体系，才能造就大学生的全面发展。二是劳动教育是新时代大学生实现个人梦想的重要途径，劳动教育是教育的重要内容，直接决定大学生的劳动精神面貌、劳动价值取向和劳动技能水平；通过劳动教育，有助于大学生克服懒散和惰性等不良习性，促进学生良好道德品质和思想作风的养成，为实现个人梦想奠定基础。

新时代大学劳动教育的新思想与新论断

二、新时代大学劳动教育的基本原则

一是把握育人导向。高校立德树人的宗旨是培养德、智、体、美、劳全面发展的社会主义建设人才。劳动教育是德、智、体、美发展的基础，需要坚持党的领导，把握劳动教育价值取向，引导学生树立正确的劳动观，增强对劳动人民的感情。

二是遵循教育规律。当代大学生的生活、学习、交往方式带着鲜明的时代痕迹，表现在依赖网络媒介、思想独立性强、生活方式自由。大学劳动教育需要依据学生特点，开展理论与实践相结合、动手与动脑相结合、个体与群体相结合、校内与校外相结合的劳动教育，切实提高劳动育人实效。

三是体现时代特征。劳动教育的时代性要求新时代劳动教育适应科技发展和产业变革。大学劳动教育需要适应生产性劳动的劳动者比重降低、服务性劳动者队伍大幅度增加的变化，深化产教融合，改进劳动教育方式。

四是强化综合实施。新时代需要协同政府、高校、家庭、社会各方面力量，强化大学劳动教育的综合实施。政府要加强组织领导，及时协调解决劳动教育实施过程中的重大问题；高校要将劳动教育纳入教育教学体系和人才培养方案；家庭要使劳动教育日常化；社会各界要积极提供劳动教育场所，提升劳动教育支撑保障能力。

五是坚持因地制宜。劳动教育需要结合各地区各高校实际情况，梳理社会、经济、文化、地理、科技等资源禀赋，充分挖掘校内校外劳动教育支撑资源，创新劳动教育内容与形式。此外，在强调普适性基础上，高校需要结合学生职业能力提升和全面自由发展需要，结合专业特点开展劳动教育。

三、新时代大学劳动教育的目标任务

大学劳动教育主要承担四方面的目标任务：一是培育正确的劳动价值观，将劳动光荣、劳动崇高、劳动伟大、劳动美丽的观念根植于大学生内心，使大学生摒弃好逸恶劳、不劳而获等错误观念。二是塑造正确的劳动态度和情感，培养大学生尊重劳动和劳动人民的情感，愿意用劳动去服务人民、贡献社会、建设国家。三是培养良好的劳动习惯，让大学生养成辛勤劳动、诚实劳动、创造性劳动的行为范式。四是掌握劳动技术和经验，让大学生在掌握未来职业发展所需的知识和技能的同时，生成劳动智慧，形成创新思维和创新能力。

四、新时代大学劳动教育的主要内容

新时代大学劳动教育的内容主要包括日常生活劳动、生产劳动和服务性劳动中的知识、技能与价值观。日常生活劳动教育立足个人生活事务处理，结合开展新时代校园爱国卫生运动，注重生活能力和良好卫生习惯培养，树立自立自强意识。生产劳动教育要让学生在工农业生产过程中直接经历物质财富的创造过程，体验从简单劳动、原始劳动向复杂劳动、创造性劳动的发展过程，学会使用工具，掌握相关技术，感受劳动创造价值，增强产品质量意识，体会平凡劳动中的伟大。服务性劳动教育让学生利用知识、技能等为他人和社会提供服务，在服务性岗位上见习实习，树立服务意识，实践服务技能；在公益劳动、志愿服务中强化社会责任感。

※课内检查与思考

1. 结合本专业，思考劳动教育的重大意义。

_____

_____

2. 结合本专业，思考劳动教育是否有助于专业学习。

_____

_____

3. 结合本专业，思考在本专业内可进行什么创造性劳动。

_____

_____

第四节 新时代劳动教育的挑战与趋势

一、新技术革命背景下的劳动形态变迁

（一）劳动工具的"人格化"

随着新科技革命的推进，人工智能、物联网、互联网等技术正在被广泛应用于一切人造物，进而使一切人造物被赋予了拟人化的认知能力。过去仅仅能做重复性、机械性劳动的机器被人工智能、大数据、云计算等技术赋予了人的思维能力，即机器被赋予了人类的智慧，智能机器像人类一样具有了指挥、组织、协调、决策、控制的能力。智能机器"具备了人类的劳动属性，变成了劳动工具和劳动者的融合体"。这一转变不仅使机器打破了人类对劳动者主体地位的垄断并取代人类成为新的劳动者，而且重新定义了人与机器之间的关系。智能机器的劳动和人类的劳动作为两种截然不同的劳动形态将前所未有地并存于人类社会。劳动工具的"人格化"趋向将彻底改变自人类社会产生以来的人与劳动工具之间的主从关系，继而在深层次上推动人类社会劳动分工协作网络的变革。

（二）劳动过程的"无人化"

随着大数据、云计算、虚拟现实、人工智能等技术在劳动生产领域的广泛应用，生产过程的自动化程度将进一步提高。大量的工作岗位正在以前所未有的速度被各种各样的智能机器人取代。智能机器人对劳动力的替代正在延伸到人类社会的方方面面。另外，较以前的自动化生产，智能机器人能够在比较完全的意义上代替人进行直接生产过程的操作，除了无人车间、无人工厂，无人港口、无人超市、无人餐厅、无人驾驶等也将普遍存在于日常生活中，劳动过程的"无人化"将真正走进现实生活。与工业革命产生的影响不同，新科技革命所产生的"技术替代"效应将是立体化、全方位的，其中不仅包括传统意义上的位于社会底层的体力劳动者，更是囊括了在劳动分工体系中居于优势地位的众多中产阶级。劳动过程的"无人化"趋向将彻底改变自工业革命以来人类社会在生产领域形成的劳动关系结构，进而对整个社会的阶层结构、分配结构产生革命性影响。

（三）劳动场域的"多维化"

人工智能、物联网、虚拟现实等技术在劳动场景中的普及，将推动人类劳动进一步甚至彻底摆脱时间和空间的限制。人类劳动生产的场域正在从过去的现实空间向虚拟空间延伸，并表现出超越时空限制的"多维化"特质。一方面，绝大多数受时空制约的劳动形态将交由智能工厂和智能机器人完成，在人类的指令下由智能机器人操作完成，这将使人类作为劳动主体逐步从机器设备特定的空间分布及其机械性的运转节奏中解放出来；另一方面，虚拟空间的超时空特质及劳动场域的"多维化"允许劳动者、劳动工具、劳动对象、劳动场所等劳动要素以任意方式分离和重组。远程会议、远程医疗、远程教育、远程监管等虚拟劳动方式的普及，推动新型劳动形态的劳动内容、劳动方式、劳动时间较之以往更具灵活性、多样性。人类劳动将不再局限于在特定的时间和空间由特定的劳动主体从事特定的劳动，劳动的自由度将空前提高。

（四）劳动分工的"去边界化"

技术革新在推动人类社会不断进步的同时，也使其在各个层面呈现出高度复杂性和高度不确定性的特征，凭借任何单一领域或部门的力量都难以应对这一趋势。各种纷繁复杂的难题需要多学科、多行业、多部门、多领域的组织化协同。这也促使不同领域的劳动者或劳动组织结成更为紧密复杂的分工协作网络，开展跨行业、跨领域、多层次、多维度的分工合作；另一方面，随着新科技革命的推进和人工智能技术的发展，劳动的形式、对象、内容更加多元化。工业生产中的线性顺序系统逐渐被以互联网、物联网为纽带的网络系统取代。这种网状结构意味着每一个劳动者作为劳动分工协作系统中的单一节点，都存在着无数个节点与之链接的可能。正因如此，科层制的组织结构将逐步被打破，不同劳动之间的边界趋于模糊，劳动分工的"去边界化"成为人类劳动形态变迁的新趋向。

二、新技术革命背景下劳动教育面临的挑战

　　劳动是劳动教育的本体论范畴，没有劳动就没有劳动教育。在新技术革命背景下，日常生活劳动、生产劳动和服务性劳动逐渐融入科学技术要素，提高了劳动效率，丰富了劳动产出。智能技术设备应用、虚拟仿真空间架构、智能科技元素等智能技术的卷入，在不同程度上变革了劳动手段、劳动场域、劳动过程与劳动时间，催生了劳动教育的变革，引发了劳动教育在育人身份、实践方式、教学内容和劳动价值取向上的转变。

　　首先是智能化劳动手段引起劳动教育育人身份的转变。在新技术革命背景下，越来越多的智能工具和设备成为劳动手段，劳动教育整体呈现智能化趋势。由于智慧教育强化了劳动教育中劳动手段的自主性和类人性，劳动教育的工具客体可能跃迁为劳动教育的重要主体，甚至逐渐胜任教育者的角色，进而挑战教育在劳动教育中的主体地位，劳动教育可能陷入被人工智能操纵的境地，很难跨越技术主导式教学的育人藩篱，造成人依附技术而非技术服务于人的教育。

　　其次是虚拟化劳动场域推动劳动实践方式的转变。依托区块链、物联网等新技术，劳动内容与劳动成果从实体产品转换为虚拟产品，文化、信息、创意、概念等均可能成为劳动实践成果。学生的劳动场域也将由传统课堂内外的实体空间逐渐拓展到网络空间，呈现出泛在性、数据化的特征。未来的劳动教育将更可能依托全时域的数字网络，以线上教育的形式开展，体现出公共化和个体化的实践特点。然而无论是劳动教育的公共化和学生劳动实践的个体化，均易受网络空间的消极劳动观影响，导致师生、生生之间的人情冷漠和劳动道德感虚化。

　　最后是创新化劳动过程造成劳动教育育人重心的转变。新技术革命背景下的劳动教育更加强调脑力创造，劳动教育需与时俱进反映新技术、新业态和劳动新形态。劳动教育中的体力劳动在机器替代下日益衰微，以知识、信息等为驱动的脑力劳动、数字劳动的比重不断增加；由此，新技术革命背景下劳动教育的重心应放在逻辑化、系统化的理论知识学习，呈现出对全脑教育和心智训练的偏向，学生的劳动实践着重于认知加工和思维创造的脑力劳动，可能导致劳动与手、脚等四肢官能的相对分离。

三、新技术革命背景下劳动教育的变革趋势

（一）强化立德树人，教育重心从劳动教育本身向全面育人转变

　　首先，新技术革命背景下劳动教育强调立德树人，彰显了培养社会主义合格人才的坚定立场。在早期全球化进程中，由于西方资本主义国家主导并奉行西方价值

大学劳动教育
的总体趋势

中心主义原则，"是否符合西方利益和价值判断的标准掌握在制定标准者手里"，西方资本主义国家将其所谓的自由民主、享乐主义、利己主义、消费主义等观点输出给其他国家。中国参与全球化之后，艰苦奋斗、无私奉献、崇尚劳动等富有时代先进性和进步性的社会主义劳动价值观也受到不同程度的影响，加上社会主义市场经济体制改革转型等原因，多元化社会思潮与一元化的马克思主义指导思想之间的思想碰撞和较量空前激荡，对新时代社会主义建设者和接班人队伍培养形成巨大挑战。新技术革命背景下劳动教育以立德树人为重心，正是对社会主义核心价值观和劳动价值观的坚决捍卫，彰显了育人树人中坚定的马克思主义立场。

其次，教育重心的提升是对劳动教育本身发展困境的有效解决。未来数字化和智能化将加速丰富劳动形式，消费社会繁荣发展所凸显的强大资本逻辑和交换价值使劳动内涵的抽象性愈加明显。劳动内涵和形式的变化，一方面要求学生树立正确劳动观，保持社会主义劳动的本质，尊重劳动和劳动者，在劳动中创造价值，并使劳动价值得到公平合理认识与分配；另一方面要求学生具备更高的综合素养，以应对数字化和信息化时代给劳动者带来的轻视体力劳动、盲目追求金融泡沫、重视虚拟经济、忽视实体经济发展，重视资本要素分配、轻视劳动价值分配等劳动观扭曲和劳动异化问题。新技术革命背景下必须构建"五育并举"的教育体系，全面培养青年人良好的劳动习惯、情感和技能，尤其是正确认识劳动价值、奋斗精神、有效竞争的内涵、特点，建构科学评价体系，达到自我教育与社会教育协调并进的综合育人效果。

最后，新技术革命背景下劳动教育重心向全面育人转变，体现了对人的全面发展需要的价值追求。进入后工业化时代，网络、算法、精密仪器的广泛使用，使社会分工明确化、精细化、精密化程度不断加深，导致人与人之间、个人内在各要素之间的割裂程度不断扩大，导致人的发展面临孤立化、片面化、单向度危险，只专注劳动本身的教育，势必影响各类关系维持和谐稳定。社会主义条件下的劳动教育，是以实现人的全面发展为根本目的的，它包含"多方面"和"多层次"内容，特别是情感和关系的维度。全面育人使劳动教育回归劳动作为人本质属性的维度，从劳动创造价值出发，教育引导人们尊重劳动、热爱劳动，在劳动中获得自我价值的肯定和对他人价值的认同，从而收获劳动的幸福感。

（二）培养创新人才，教育目标从教会劳动到教会能动创新推进

从历史演进过程看，能动创新是人才培养目标的必然优化。中华人民共和国成立初期，工农业生产占主导地位，除了思想政治教育目标，劳动教育的主要目标就是提升教育对象参加工农业生产的能力。当前人类经济发展进入了一个不同于农业经济、工业经济和信息经济的知识经济时代，全球化创新时代已经到来。在新技术革命背景下，创新将成为引领发展的第一动力，而驱动创新的关键是人才。劳动教育作为新时代育人体系的组成部分，应着力"培养科学精神，提高创造性劳动能力"；劳动教育目标要从教会劳动向教会能动创新转变，才能更好地顺应社会历史发展和人才优化的趋势。

从全球竞争格局看，能动创新是掌握发展主导权的需要。在新技术革命浪潮中，谁掌握了关键技术，谁就拥有主动权；谁拥有创新人才，谁就掌握核心推动力。在当前国际竞争格局下，关键核心技术是国家核心竞争力的重要一环，中国比历史上任何一个时期，都更加需要一批自主创新研发的技术，为建设科技强国提供有力支撑，为实现中华民族伟大复兴中国梦提供竞争安全保障。就个体成长分析，未来工具型机械性操作人员很快会被高效率、智能化的机器所取代，只有全面发展的高素质劳动者才能始终为社会所需要。这决定了未来劳动教育要以培养创新型、复合型劳动者为使命，助力学生拥有更大发展空间。

从教育教学改革看，能动创新更符合未来人才培养规律。《中国教育现代化2035》明确指出，要"加强创新人才特别是拔尖创新人才的培养，加大应用型、复合型、技术技能型人才培养比重"。这表明，劳动教育仅仅停留在教会劳动的目标设定已经不适应新时代发展需要，只有从更高的立意和站位筹划布局，强化创新人才培养目标，使教育对象从爱劳动、会劳动的技能型人才提升为创造性、创新性劳动人才，提升人才培养的科学性，才能适应创新人才培养的普遍需要。

（三）注重系统整合，教育内容从自我封闭向实践一线全面拓展

强化劳动教育资源整合，是未来劳动教育内容拓展的一个突出表现。从广义上说，劳动教育资源包括人类社会各个领域能够用于劳动教育的要素；从狭义上说，劳动教育资源是指家庭学校社会构成的空间资源、不同学科形成的教学资源、不同部门组成的组织资源等。未来劳动教育内容已经从生产领域不断向日常生活和社会领域渗透，从一般劳动向创造性劳动拓展，必然要求承载劳动教育内容的教育教学载体随之而变。具体而言，就要突破学校内部资源向整合学校、家庭和社会力量进行合力教育的思路转变，实现从封闭到开放办学、协同育人的转变。

强化劳动和教育结合，是未来劳动教育内容偏向实践的一个改革方向。新技术革命有可能带来劳动与身体的脱离，特别是虚拟场域的劳动实践不利于养成劳动习惯和品质。未来，劳动教育内容向实践一线全面拓展，就是要为学生参与劳动实践提供更具时代性的多样化渠道，充分调动学生参与积极性，提高教育实效性，以破除"有劳动无教育"或"有教育无劳动"的现象。劳动教育要深入日常生活劳动、生产劳动和服务性劳动中，把其中的创新要素转化为劳动育人的平台，构建起家庭、学校和社会的协同育人机制，让青年在亲身参与劳动实践中，对各类劳动进行体验、感知和认识，培养劳动技能和责任感，树立起"劳动最光荣、劳动最崇高、劳动最伟大、劳动最美丽"的价值观。

（四）突出创新优化，教育方式从传统单一向一体多维发展

与传统教育方式相比，优化创新是未来劳动教育方式的鲜明特点。从构成要素看，劳动教育方式实现了从围绕劳动本身逐步向融入更多现代技术，实现与不同劳

动领域、不同学科、不同社会文化交叉融合的多样化教育方式转变。从空间选择看，传统劳动教育开展的场域限于"学校-工厂"，未来劳动教育将打破狭隘空间的限制，形成由"学校-家庭-社区"各领域、大中小各学段构成的劳动教育多维空间。从类型样态看，未来劳动教育在保留体力劳动的同时，以生活性劳动、生产性劳动、服务性劳动、创新性劳动丰富了劳动形式，融入了示范性学习、体验式学习、项目式学习等劳动教育新模式。可以看出，新技术革命背景下劳动教育方式正朝着一体多维方向发展。

劳动教育方式向一体多维发展，化解了教育方式单一化与需求多样化之间失衡的矛盾。随着价值理性的回归，教育对象不再被视作被动接受知识的"容器"和实现教育目标的"工具"，其独立个性、主体地位要求得到充分尊重。劳动教育的主体是学生，是具有生命气息、带有生命情感、拥有生命自觉的人；突出学生的主体地位，就是尊重学生的个体差异，尊重学生的需求表达。新技术革命背景下要尊重不同教育阶段、不同场域、不同需求中劳动教育方式的差异，强调增强劳动教育互动性、趣味性。未来劳动教育需要灵活运用各种新技术，探索"互联网+劳动教育"模式、"双创+劳动教育"模式，实现劳动教育和大数据、人工智能相融合。未来劳动教育需要在课程设置、师资建设、评教体系、设备保障等方面不断完善，提高其科学性和针对性，以更多学生喜闻乐见的方式，调动学生参与劳动教育的积极性和主动性。

※课内检查与思考

1. 结合本专业，思考新技术革命背景下劳动形态的可能变迁。

_____

_____

2. 结合本专业，思考新技术革命对就业带来的挑战。

_____

_____

3. 结合本专业，思考如何通过优化劳动教育提升职业技能。

_____

_____

※劳动教育训练营

一、核心概念

劳动   劳动教育   具体劳动   抽象劳动   常规劳动   创新劳动

二、简答题

　　1. 简述劳动的内涵。

　　2. 简述劳动教育的内容。

　　3. 简述新时代大学劳动教育的目标任务。

　　4. 简述劳动教育如何促进"五育融合"。

　　5. 简述新时代大学劳动教育的主要内容。

　　6. 简述新技术革命背景下的劳动形态变迁。

三、论述题

　　论述新技术革命背景下劳动教育面临的挑战及发展趋势。

四、课外拓展

　　1. 阅读中共中央、国务院《关于全面加强新时代大中小学劳动教育的意见》。

　　2. 阅读教育部《大中小学劳动教育指导纲要（试行）》。

五、实践探索

　　实践主题：寻找身边的劳动者。

　　实践目标：

　　1. 观察校园相关岗位的劳动者，了解他们的工作职责。

　　2. 通过访谈、体验等方式，理解劳动教育的概念、内容、意义。

　　3. 结合学科专业，理解大学劳动教育的新思想、新论断。

　　实践报告要求：

　　以个人为单位，递交课外劳动实践报告；报告内容应包括实践准备、实践过程、劳动者岗位描述、对劳动教育的理解。

第二章　劳动素养

没有年轻一代的教育和生产劳动的结合，未来社会的理想是不能想象的：无论是脱离生产劳动的教学和教育，或是没有同时进行教学和教育的生产劳动，都不能达到现代技术水平和科学知识现状所要求的高度。

——列宁

学习目标

1. 树立正确的劳动价值观。
2. 形成从事具体工作的劳动能力。
3. 深度理解劳动精神。
4. 培养热爱劳动的劳动习惯。
5. 形成从事具体工作的劳动品格。

引导案例

福建工会：7 万多项职工发明"走出"工厂车间

2024 年 1 月 5 日，在福建省百万职工"五小"创新大赛成果展示会上，"福州工匠"、福建永福电力设计股份有限公司海上风电创新团队负责人宋启明带来的复合型嵌岩单桩和创新型吸力桩导管架基础技术方案引起关注。这一方案不仅催生了海上风电吸力桩基础吸力泵接口舱盖自动插销结构等多项职工"五小"发明，还实现了单台风机安装成本节约 1 000 多万元。

在福建，像宋启明这样靠创新"出圈"的并不是个例。自 2016 年福建省总工会举办首届百万职工"五小"创新大赛以来，该省建立多级工会融合的职工创新成果配套奖励措施，并将"五小"活动作为群众性创新工作重要内容，列入省级年度"产改"工作要点。对获奖的职工创新成果提供全流程知识产权保护咨询服务，促进职工"五小"创新成果实现市场化转化。在此推动下，原本单一性的创新赛事延伸为覆盖职工创新多个节点的创新服务体系，并形成"项目优化—政策催化—平台孵化—成果转化"的全省工会群众性创新生态系统。

"群众性创新生态系统围绕职工'五小'创新大赛这一核心进行构建，包括赛前的项目优化、政策催化、平台孵化，赛中的项目评审以及赛后的知识产权保护和成果转化，覆盖职工创新项目从孵化到转化的全生命周期。"福建省总工会相关负责人说。

据悉，福建省百万职工"五小"创新大赛开展 8 年以来，累计吸引 1 520 万人次职工带着 7 万多项发明参赛，项目覆盖机械制造、信息产业、能源及原材料、高新技术、轻工烟草、农林水利等数十个行业系统。

"我们期待更多的职工创新成果'闪耀八闽'。"在福建省人大常委会副主任、省总工会主席庄稼汉看来，开展"五小"等技术革新、技术改造和技术攻关活动，是调动职工群众积极性和主动性、激发创新力和创造力的有效途径。福建各级工会要从"小"做起、向"新"出发，把职工"五小"创新活动不断引向深入，不断提升职工劳动素养。

思考：1. 结合你的学科专业，谈谈劳动素养具体包括哪些要素。
　　　2. 结合你的学科专业，谈谈如何可持续提升专业劳动素养。

第一节   劳动价值观

一、价值观与劳动价值观

劳动价值观

　　《大中小学劳动教育指导纲要（试行）》指出：要树立正确的劳动观念。正确理解劳动是人类发展和社会进步的根本力量，认识劳动创造人、创造价值、创造财富、创造美好生活的道理，尊重劳动，尊重普通劳动者，牢固树立劳动最光荣、劳动最崇高、劳动最伟大、劳动最美丽的思想观念。

（一）价值观

　　价值观是人们对事物属性和价值意义的认识及观点，这种认识及观点建立在人们生存、生活和发展需要的基础上。价值观是人们所持有的关于如何区分对与错、好与坏、符合与违背意愿的基本观念，是关于不应该做什么和应该做什么的主要见解。

　　那么，什么是价值？要回答这个问题，首先要明确是谁的价值和对谁的价值的两个问题。叶澜从关系思维出发认为："任何事物，其价值的性质与大小至少取决于三个方面。首先是事物本身的构成及其属性，它决定了价值的可能性空间；其次是人对这一事物的认识及自己想从中获取什么的需要的认识，它决定了人对某一事物的价值取向，勾画出了人对某一事物价值的期望空间；其三是该事物之外的条件，它决定了价值实现的现实空间。"从可能空间、期望空间到现实空间的三个维度，叶澜对于价值的思考，为我们提供了一种新的认识角度。由此可知，价值本身是一种普遍存在的社会现象，因为人们在生存、生活和发展的需要的基础上，会持续不断地使用生产工具进行劳动，不断地追求和创造价值，同时也在不断地认识和评价价值。在对价值的认识和实践过程中，人们逐渐形成了关于各种价值的看法，并逐渐形成了一定的价值观。

　　其实，价值观本身不揭示客观对象的本质和规律，也并不直接说明客观对象的本来面目，或者预测客观对象的未来趋势。价值观就是对某类事物的价值及普遍价值的根本看法。价值观在本质上是一种意识，是对客体满足主体需要的总的认识及观点，是主客体属性关系的现实反映。根据上述叶澜的观点可知，价值观包含价值原则、价值规范、价值理想三个方面。个体价值观由于其具有的基础性、沉淀性、规范性和决定性成为影响人发展的重要观念性部分。它具有很强的导向功能和激励功能，因为主体的需要和自我意识是价值观形成的逻辑前提、现实依据。在国家和社会层面价值观则具有强烈的规范功能和凝聚功能，比如，我们所熟悉的社会主义核心价值观从国家、社会、个体三个层面进行的论述，在最大限度上通过人们的认同形成具有一定凝聚力的意识形态，在全社会形成发挥一定影响力的价值观。

（二）劳动价值观

劳动价值观是人们对劳动价值和"劳动对教育的价值"的主观认识和根本观点。它是人们世界观、人生观、价值观的构成部分，也是社会主义核心价值观的重要组成部分。劳动价值观是主体在生活和社会实践活动中逐步形成的。具体来说，劳动价值观主要包括人们对劳动的情感态度和价值取向，对劳动价值的认识，对个人劳动与社会劳动之间价值的认识。作为一种强烈的意识形态，劳动价值观对人们的劳动选择和劳动行为起着支配引导作用。

马克思、恩格斯早就强调："劳动是实现人的全面发展的重要途径。"马克思主义劳动价值观在劳动价值认知的基础上形成了对劳动的本质、作用及态度的根本认识和总的观点。主要包括两个方面：第一，劳动者坚信在个人劳动与付出的基础上，劳动在生产出满足自身需求的物质产品和精神产品的同时，还可以满足他人对物质产品和精神产品需求的一种自我价值评价。第二，社会对个体劳动付出与劳动贡献的大小、多少、好坏等所给予的社会价值评价，核心要义在于引导和鼓励全社会形成一种倡导劳动立身、劳动至上，厚植劳动情怀、劳动光荣、劳动幸福，证明劳动创造价值、劳动伟大、劳动崇高的社会风气；伸张劳动正义的丰富内涵，进而推动社会的发展和人类的进步，以人的全面性发展为终极关怀，进而追求人的全面发展。2020 年 3 月，《中共中央 国务院关于全面加强新时代大中小学劳动教育的意见》明确提出要培养学生"勤俭、奋斗、创新、奉献"的劳动精神，引导学生形成正确的劳动价值观。

二、劳动价值观的演变

人们对于劳动价值的认识，随着时代的发展在不断加深。从马克思主义经典作家有关劳动价值的认识，到中华人民共和国成立以来马克思主义劳动价值观在认识和实践上的多样化，再到进入新时代，劳动价值观的自我完善和自我发展，劳动价值观的演变，体现了劳动价值观自身的积极超越。这种超越不仅是生产力发展和时代进步的必然结果，也是人们对劳动自由的现实追求和劳动幸福的积极期待。

马克思主义劳动观

（一）马克思主义经典作家有关劳动价值的认识

1. 劳动创造人本身

马克思深刻指出，劳动创造了人类自己。"劳动首先是人和自然之间的过程，是人以自身的活动来中介、调整和控制人和自然之间的物质交换的过程。""劳动是整个人类生活的第一个基本条件，而且达到这样的程度，以致我们在某种意义上不得不说：劳动创造了人本身"。这种决定性作用主要体现在两个方面：在人类的起源意义上，劳动创造了人本身；在人类的进化意义上，也是劳动创造了人本身。人只有通过作为类生活的劳动，"自然界才表现为他的作品和他的现实。因此，劳动的对象是人的类生活的对象化：人不仅像在意识中那样在精神上使自己二重化，而且能动地、现实地使自己二重化，从而在他所创造的世界中直观自身"。这是由于为了能够在对自身生活有用的形式上占有自然物质，人类必须使得他身上的自然力——臂和腿、头和手运动起来，而当人类通过这种运动作用于他身外的自然并改变自然时，也就同时改变他自身所处的社会生活及人类本身。总之，劳动不仅是人的本质规定，更是人类自身生产和再生产的创造过程。

2. 劳动创造世界

劳动不仅创造出人类本身，还创造了世界。生产劳动满足了人类的衣食住行等基本生活需要，构成了人类基本经济生活，人类也正是在此基础上从事政治活动、精神文化活动、宗教活动等。"当人开始生产自己的生活资料，即迈出由他们的肉体组织所决定的这一步的时候，人本身就开始把自己和动物区别开来。人们生产自己的生活资料，同时间接地生产着自己的物质生活本身。"人类由此从野蛮走向文明，在物质生产活动中，人们通过自己的劳动实践将主观世界和客观世界加以相连，把自己的主观意志外化为客观的对象性存在。毋庸置疑，人类的生产劳动都是有意识、有目的的活动，通过劳动，人类试图创造一个可以满足自己生活需要的物质世界。

3. 劳动创造历史

人类的发展过程就是劳动发展史，人类历史也是一部劳动展开史。马克思、恩格斯认为人类社会的全部历史是以生产劳动为起点的，只有人类的生产劳动才真正构成了人类历史的基础，才是解开人类历史发展秘密的钥匙。他说："人们为了能够'创造历史'，必须能够生活。但是为了生活，首先就需要吃喝住穿以及其他一些东西。因此，第一个历史活动就是生产满足这些需要的资料，即生产物质生活本身，而且，这是人们从几千年前直到今天单是为了维持生活就必须每日每时从事的历史活动，是一切历史的基本条件。"由此可见，只有立足于生产劳动才能真正理解人类历史的发展，只有劳动人民才是历史的创造者，而人类创造历史的行动蕴含在日常生产劳动之中。

对于马克思的这一伟大发现，恩格斯曾正确地指出，"历史破天荒第一次被置于它的真正基础上；一个很明显的而以前完全被人忽略的事实，即人们首先必须吃、喝、住、穿，就是说首先必须劳动，然后才能争取统治，从事政治、宗教和哲学等，这一很明显的事实在历史上的应有之义此时终于获得了承认。"总的来看，马克思正是通过劳动来揭示物质资料生产的作用，发现了人类社会关系发展的客观规律性；并由此肯定了人的主体地位，继而发现劳动人民在历史发展中的伟大作用。这正是马克思全面建立历史唯物主义的两个理论准备。

4. 劳动形成人的本质

在教育领域，人的本质是一切教育实践活动考察的起点。教育的对象是人，因此，面向人的教育也同时面向人身上所带有的社会关系，这就要求，当我们考察教育对人的作用时就必须以人的社会关系为考察的起点。马克思认为，劳动形成人的本质，"人的本质不是单个人所固有的抽象物，在其现实性上，它是一切社会关系的总和"。而在人的社会关系建构中，人正是通过生产劳动才形成了现实的社会关系，人的生产劳动是建构其社会关系的主要载体。社会关系并不是一种独立于或强加于人的事物，而是内生于人的生产劳动之中。

对此，马克思、恩格斯进行了总结："为了能够得到通晓整个生产系统的人，教育就必须让年轻人不断地接受各种形式的生产劳动，并轮流从一个生产部门转到另一个生产部门。"可见在马克思、恩格斯看来，劳动形成人的本质，劳动也是发生在人身上的教育。

5. 劳动是实现人的全面发展的重要途径

马克思、恩格斯通过对人类社会发展的历史考察，特别是对工场手工业取代个体手工业，进而走向机器大工业历史进程的考察发现，不合理的社会分工会造成人的片面发展，从而提出现代教育的目标就在于实现人的全面发展。值得注意的是，马克思、恩格斯最初所说的人的全面发展，并不是指人在德、智、体、身心各方面都得到发展，而是指人的劳动能力的全面发展。具体来讲是使人的生产劳动才能得到充分的发展。

因此，只有通过提高人全方面的劳动能力才能使人有能力适应工种的变化和创造出更多的劳动财富，而这启示我们，社会生产劳动对人的全面发展起着重大作用，也要求我们实现教育与生产劳动的内在结合。总的来看，劳动作为人类实践活动的最集中表现，促进人的劳动能力的充分发展意味着劳动的内容和形式具有了完整性、丰富性和可变动性。这无疑能够进一步实现人的自觉能动性、创造性和自主性的全面发展。

（二）马克思主义劳动价值观在认识与实践上的多样化

1978年党的十一届三中全会的召开，标志着我国进入了"以经济建设为中心"的社会主义建设新时期，邓小平同志在继承基础上发展了马克思主义劳动价值观。这种发展主要表现在以下几个方面：

第一，继承马克思、恩格斯劳动价值观的人文向度，强调劳动的人文价值导向（以劳动者为本）的极端重要性，认为追求劳动者的自由与解放、实现劳动的人文价值（促进人的发展）是社会主义的本质。

第二，通过政策来保障劳动的维生价值是实现劳动的人文价值、发展价值的基础。追求劳动者的解放，首先要发展生产力，并将之作为社会主义国家的国策。没有劳动的维生价值作为保障，劳动的人文价值就无从谈起。基于马克思主义劳动价值观的继承和发展，邓小平提出了"以经济建设为中心"的口号，并将之纳入社会主义的基本路线。

第三，发展生产力就要解放生产力，解放生产力就要解放劳动者，解放劳动者就要进行改革。改革是社会主义制度的自我完善，它要以是否调动劳动者的积极性为评价成功与否的标准。邓小平认为，通过改革来营造相对宽松的社会环境和社会氛围，便于激发和激活劳动者的劳动能力和劳动热情。

第四，通过改革来解放劳动者就要尊重劳动者劳动能力和劳动效果的差异。解放劳动者就要尊重劳动者的个体差异，必须允许一部分人通过辛勤劳动、诚实经营先富起来。尊重劳动者差异和肯定劳动致富的必然逻辑结论就是允许一部分人先富起来。

（三）新时代劳动价值观

随着社会保障制度的完善，人们参与劳动更多的是为了实现自我发展和自我完善。此时，劳动从自谋生阶段进入了体面劳动的阶段，包括脑力劳动和体力劳动在内的所有劳动，都得到了充分的尊重。习近平总书记提出，劳动是幸福的源泉，劳动创造幸福。新时代劳动价值观中的"幸福"意指人民的现实幸福。实现劳动幸福，从眼下来看，就是要通过发展先进生产力满足人民最现实、最渴望、最迫切的需求；从长远来看，就是要全面深化改革，解决制约人民群众实现幸福的体制机制性问题，全面脱贫，全面建成小康社会，让人民有切实的幸福感、获得感、安全感，共享经济社会发展的各项成果。

新时代劳动价值观是对马克思主义辩证唯物主义和历史唯物主义的世界观、方法论的传承和发展，也是基于马克思劳动价值论学说形成的对劳动的本质、目的、意义、态度等的根本看法和根本观点。一方面，新时代劳动价值观体现了劳动者坚信通过个人的辛勤劳动与付出，在生产出可以满足自身需求的物质产品和精神产品的同时，还可以实现满足他人对物质产品与精神产品需求的一种自我价值评价；另一方面，新时代劳动价值观体现为社会对于劳动者个人的劳动付出与劳动贡献的多少、大小、好坏等所给予的一种价值评价，其目的是引导和鼓励全社会形成一种劳动光荣、劳动崇高、劳动至上、劳动伟大的社会风气，进而推动社会的发展和人类的进步。

"舒心工作、体面劳动、全面发展"是新时代劳动价值观的具体表现，它为中国经济社会发展汇聚强大正能量，为全面建成小康社会提供"劳动光荣、创造伟大"的价值引领。"社会主义是干出来的，新时代也是干出来的。"就当下的中国而言，新时代劳动价值观的形成尚需要一个过程。辛勤劳动、诚实劳动、创造性劳动是推动这一过程的实践基础，也让新时代劳动价值观呈现出马克思主义理论与中国实践相结合的形态。

中华人民共和国成立以来，我国的劳动价值观经历了从计划经济时代"劳动光荣"外在感召为主到新时代"劳动幸福"内在感受为主的巨大跃迁。这种跃迁体现了人们对劳动的认知与评价由偏重外在激励转向偏重内在感受，集中表现于四个维度：在主体维度上要实现"让劳动本身成为享受"，增强劳动者的劳动幸福感；在社会维度上要创设转向与跃迁的氛围和条件；在实践维度上要不断提升科学技术水平，创新劳动形式，增强劳动者的劳动愉悦体验；在价值维度上要把劳动幸福融入为实现中华民族伟大复兴的奋斗中。

三、新时代大学生劳动价值观危机

进入新时代，在大学生劳动中存在着"脑体二元分立""劳动与教育分离""劳动与实践理性分立"的现实困境，甚至部分大学生存在追求不劳而获的人生、靠低级趣味炫富、好逸恶劳、漠视劳动等劳动价值观问题。突出表现如下：

（一）不劳而获、享乐主义至上的道德危机

新时代，随着社会生产力的迅速发展，物质财富的急速增长，为生存和满足基本生活物质资料需求的生产性劳动逐步减少；随着国家脱贫攻坚成果的巩固，绝对贫困人数的消失，不劳而获、享乐主义至上的道德危机却在大学生群体中悄悄蔓延。具体有如下表现：

"父母有完全的能力来养育我，不用劳动也能够活得很好""人生在于享乐"成为部分大学生的基本劳动认识；"宁在宝马车里哭，也不在自行车上笑"，是一档生活交际节目中一位女性的择偶标准，如此扭曲的价值观也受到了部分大学生的追捧；"生得好不如嫁得好"的奇葩择偶观也是对劳动价值观的巨大扭曲。一些好逸恶劳、好吃懒做的人把脏衣服寄回家洗、不珍惜别人的劳动成果、浪费饭菜的现象时有发生。盲目追求享受，梦想一日成名、一夜暴富的心理让这些为高考分数"一路奔跑"、醉心于追逐享乐的年轻人在成为大学生后，基本远离生产、分配、投资乃至消费环节。对于金钱，他们其实没有什么概念，谈何珍惜？更不能体会父母在创造财富的过程中付出的艰辛努力。他们却希望以最少的努力、最小的成本实现一夜暴富，他们既不愿意也不想吃苦。

（二）拜金主义、炫富的消费心理危机

受市场经济负面风气的影响，炫耀性消费、超前消费都是当今部分大学生的非理性消费，这些都是炫富的消费心理在作怪。根据安永咨询公司 2018 年的青年消费调查，最愿意消费奢侈品的是中国青年。一方面，炫富的消费心理、非理性的消费主张，使得部分大学生物欲膨胀，这种扭曲的劳动价值观极易让大学生进入炫富、不劳而获、伸手向父母要钱、要不来钱提前借贷、陷入高利贷的恶性循环圈中。这种不劳而获的恶性循环也在腐蚀着大学生的"劳动至上、劳动光荣、劳动幸福"的人性美德，使得美德的传承成为尴尬难题。另一方面，部分大学生挥霍无度、病态消费，过度追求低级的物质享受；在金钱的使用过程中相信金钱万能，没有同情心、同理心，不顾别人的感受，甘愿沦为金钱的奴隶，不理会行为的社会后果。

（三）利己主义与躺平主义交织的风险危机

利己主义与躺平主义交织是大学劳动价值观扭曲的一体两面。"我们的一些大

学正培养一些'精致的利己主义者'，他们高智商、世俗、老到、善于表演、懂得配合，更善于利用体制达到自己的目的。"这种倾向与人人之间互助向善的劳动伦理相悖，阻碍了大学生在社会性发展上的良好势头，谈何奉献精神？另外，一部分"躺平"的大学生正在用他们的"不想努力、不想打拼、不想创造"的"废柴"想法对抗通常意义上的"内卷"，使得他们往往遵从工作（劳动）的温饱意义和糊口价值，来对抗生命的劳动立身、奋斗幸福的实践价值。例如，有的大学生学习生活中"无理想""无目标""无动力"，成为"三无"青年，在自己的课程专业学习上没有强烈的内驱力推动，不能实现自己的专业劳动对社会发展的贡献，而在对职业认知、创业意识、就业观念、生涯规划等方面，缺乏真正的体验和体悟，正是劳动价值观危机的重要表征。

第二节　劳　动　能　力

一、劳动能力的内涵与特征

劳动能力是保障学生顺利完成相应劳动任务的胜任力，主要体现在劳动知识、劳动技能和劳动创造等方面，是个体的劳动知识技能、思维行动方式、劳动创新创造等在劳动实践活动中的综合表现。实际上，重视学生劳动能力的提高是我国劳动教育的重要组成部分。教育部印发的《大中小学劳动教育指导纲要（试行）》中着重指出："学生应具有必备的劳动能力。掌握基本的劳动知识和技能，正确使用常见劳动工具，增强体力、智力和创造力，具备完成一定劳动任务所需要的设计、操作能力及团队合作能力。"在核心素养框架下，各国均将劳动能力视为劳动素养不可或缺的一个维度，是建构核心素养体系的主要着力点。因此，劳动能力呈现以下特征：

第一，具体性。劳动能力的具体性体现于劳动素养综合表现中，是个体劳动知识技能、思维行动方式、劳动创新创造等在劳动实践活动中的综合表现，而非单方面体力训练或价值观教育的结果。

第二，时代性。生产力高速发展的今天，信息技术以前所未有的狂飙趋势席卷全球，人工智能突飞猛进，尤其智能聊天工具 ChatGPT（全名：Chat Generative Pre-trained Transformer）在全球范围内掀起的"人工智能"热潮，对劳动能力提出了更新更高的要求。因此，在劳动能力的内涵发展上要树立现代劳动观念，紧密把握新时代特点，在继承传统的同时发展新时代所需的劳动能力。

第三，育人性。人类个体是在劳动过程中实现自身的全部及最高价值的，劳动是人类生存、发展和进步的支柱，而劳动能力正是实现最高价值的胜任力和执行力。正是在劳动能力发挥作用的时空中，才实现了对人的教育：树立科学的劳动价值观，形成正确的劳动态度，由此推动人类的进一步发展。

二、大学生劳动能力的构成

劳动能力是劳动素养的重要构成。法律上所指的劳动能力，是劳动者以自己的行为依法行使劳动权利和履行劳动义务的能力，即劳动行为能力。一般意义上的劳动能力则是指保障个体顺利完成相应劳动任务的能力，是个体的劳动知识、劳动技能、思维方式等在劳动实践活动中的综合表现，能够直接影响个体的劳动效率。大学生应掌握的劳动能力主要包括通用劳动能力、职业劳动能力、自我发展能力三个方面。

（一）通用劳动能力

1. 自我管理能力

自我管理能力是指依靠主观能动性，按照社会目标和要求，有意识、有目的地对自己的思想、道德、行为进行转化、控制和管理的能力。提升大学生自我管理能力的意义体现在两个方面：① 自我管理是立德树人的重要内容。自我管理既包括心理的自我调节，也包括行为的自我规范，是反映大学生综合素质的重要指标。一个学生的学习、生活状况取决于其自我管理能力。自我管理能力是职业素养的重要体现。因此，高校应该把学生自我管理能力的培养作为立德树人的重要内容。② 自我管理是大学生全面自由发展的内在要求，自我管理是一个自我学习的过程，也是一个自我成长的过程；如果一个学生没有一定的自我管理能力，是不可能较好地完成学习任务，也很难实现自由全面发展。

提高大学生自我管理能力通常采用三种策略：① 强化自我管理思想渗透。根据人本主义思想，每个学生都有被尊重和自我价值实现的内在驱动；学生是知识技能的追求者，只是各自的自我管控能力不同，造成知识学习、技能掌握、品德形成等方面的差异；为此需要通过言传身教等素质教育，提高自我管理的意识。② 优化自我管理制度建设。健全的规章制度帮助学生约束自己的行为，提高自我管理能力；制度建设包括两层含义：其一是制度的持续完善，其二是制度的执行，高校要通过正向引导激励和负向约束惩戒，帮助学生养成自我管理的习惯。③ 加强自我管理实践活动。实践活动是比较有效的培养学生的自我约束能力方法。实践活动既可以是个人实践，也可以是集中实践。不管是哪种实践形式，都要求学生在规定的时间内完成规定的任务，这样方能达到自我约束之目的。

2. 时间管理能力

时间管理是指通过事先规划和运用一定的技巧、方法与工具实现对时间的灵活以及有效运用，实现个人或组织的既定目标的过程。就本质而言，时间管理的对象绝非仅仅是"时间"，而是包括工作、学习、生活、娱乐等在内的一切事物。信息时代的知识呈现爆炸式增长态势，时间管理能力有助于提高学生自主学习能力、提升自主学习效率，有助于解决心理问题、增强自信心、提升幸福感。

可以通过以下三个途径提高时间管理能力：① 开展时间管理技能训练。实践证明，时间管理是一种能力，时间管理技能可以通过训练得到提高。时间管理技能训练课的教学内容应包括：介绍时间管理的理论，增强大学生的时间价值感；传授时间管理的一系列基本技能和方法。② 加强生涯规划教育。大学是个体生涯发展历程中的重要阶段，尽早规划个人生涯发展目标，明确发展方向，合理规划和安排大学学习和生活时间。③ 抓住时间管理关键环节。时间管理按其流程分为"目标和计划—分配时间—使用时间—反思—控制与调整"五个环节；要根据关键环节合理安排和规划时间，切实提高时间利用效率。

3. 人际沟通能力

人际沟通指的是人与人之间在共同活动中彼此交流思想、感情和知识等信息的过程。人际沟通是高校大学生交流信息、获取知识的重要途径，是高校大学生认识自我、完善自我的必要手段，是大学生个性发展与社会协调进步的重要条件。高校大学生必须根据实际发展需要、自身个性特征以及学识、品位、内涵、修养、仪表、谈吐等因素，全方位多角度地提升人际魅力。

通常可以采用以下四个途径提高大学生人际沟通能力：① 构建沟通教育机制，加强人际沟通能力培养。② 倡导自我呈现和社会交际，提高学生交际沟通的技能。自我呈现即适当暴露自己，通过别人的评价更加全面客观地认识自己，以此训练与他人深层次思想情感交流；社会交换即同学彼此之间相互赞美、关心、帮助，学会倾听他人意见，不断提高交际技能。③ 建立团体心理辅导，帮扶特殊群体。手机已经使得大学生的闲暇时间呈现隐私化趋势，当前要淡化"独立自我"意识，强调团队互助；要创建团结互助的班集体和寝室，主动帮扶家庭贫困、心理自卑等群体，这样既能帮助他人，又提升了人际沟通能力。④ 开展丰富多彩的校园文化活动，搭建人际交往与沟通的平台。高校要广泛开展文体活动、社团活动、科研活动、勤工助学和社会实践活动等，促进学生积累人际关系交流与沟通方面的经验。

4. 团队合作能力

团队合作能力，是指建立在团队的基础之上，发挥团队精神、互补互助以达到团队最大工作效率的能力。团队成员不仅要有个人能力，更需要有在不同的位置上各尽所能、能够与其他成员协调合作的能力。当前，人们的工作节奏更快、劳动分工更细，需要劳动者具备良好的团结合作能力，才有可能完成复杂的工作任务。可以说，团队合作是大学生综合素质发展、成长成才和集体主义精神培养的需要。

团队合作能力的培养通常包括以下三种途径：① 团队式培训。团队式培训是指将受训者以分组的方式组成相对稳定的团队，团队成员围绕共同的目标，相互协作、彼此配合，获取团队绩效或产出。② 交叉培训。交叉培训是指团队成员之间相互交换各自的任务或职责，增加对团队其他成员角色、任务和信息需求的了解；通过交叉培训，团队成员掌握队友所承担的角色、岗位相关信息，促进团队共享心智模型的形成。③ 基于仿真系统的培训。团队成员借助仿真设备或模拟现实情景，在具有高度压力的情景下完成需要协作的团队任务；基于仿真系统的培训一直被公认为团队合作能力培训最为有效的方法之一，但该方法成功实施的关键是对现实情景的模拟，需要投入大量的资源开发模拟平台。

5. 社会适应能力

社会适应是指个体逐渐地接受现有社会的道德规范与行为准则，对于环境中的社会刺激能够在规范允许的范围内做出反应的过程。社会适应对个体有着重要意义。如果一个人不能适应社会，就可能与环境格格不入，久而久之，容易引起心理问题。社会适应能力是指人为了更好地在社会生存而进行的心理上、生理上以及行为上的各种适应性改变，从而与社会达到和谐状态的一种执行适应能力。大学对大部分学生而言是从学校走向社会的过渡学段，社会适应能力的提升对于学生未来的生产生活具有重要意义。

可以采取以下三种策略提升大学生社会适应能力：① 重视实践价值导向的社会适应能力。推进实践价值导向的社会适应能力连贯式培养，有助于学生形成职业美德，养成尊重劳动、尊重他人、尊重价值创造的习惯。② 基于自律、行动力和自我突破力的自主发展。学生的成长是一系列的自我突破过程，包括自我认知、自我管理和自我实现，是一系列身心统一的复杂成长活动过程。自主发展，就是从内驱力层面，激发学生的自主性和高效的自律管理，从现实和愿景出发，不断在学习生活实践中认识和发现自我的价值。③ 基于社区志愿服务的社会参与。面向社区开展志愿服务性劳动，培养学生处理好自我与社会的关系，养成现代公民必须遵守与履行的道德准则和行为规范习惯，增强社会适应能力。

（二）职业劳动能力

职业劳动能力，是指经过专业训练，具备专业知识的劳动能力（如工程师、教师）。更进一步，如果职业技能的专业性很强，则称为专门劳动能力（如钢琴师）；因此专门劳动能力本质上同属于职业劳动能力。不同高校的人才培养使命虽然不同，但是都有明确的定位，并且不同的学科、专业群有特定的岗位群。高校主要通过专业教育提升学生的职业素养；在能力导向的专业教育理念下，高校从职业劳动能力出发，逆向设计人才培养方案，构建课程体系，并通过课堂教学实现职业劳动能力的积累和提升。

职业劳动能力的提升需要两方面基础：

1. 专业知识能力

专业知识能力是指从事劳动活动所需要的专业知识、技能的能力，主要表现为学生能够掌握满足日常生活和社会发展所需要的基本专业劳动知识和经验，会使用常用劳动工具和设备，能采用一定技术方法，灵活运用所学专业知识和积累经验进行问题解决和需求实现的能力。专业知识能力强调应用性和针对性，是适应劳动内容变化的能力，是将工程技术、安全、经济、法律、美学等方面的知识运用于实际的能力等。

2. 方法能力

方法能力是指从事劳动活动所需要的工作方法、学习方法等方面的能力，是在学习和借鉴他人丰富经验、技艺的基础上，勇于尝试新方法、探索新技术的能力。方法能力强调合理性、逻辑性和创新性，主要包括分析与综合能力、预测与决策能力、信息接收和处理能力、自学能力、审美和创造美的能力、创新能力等。其中，创新能力是体现劳动者方法能力的关键指标，包括了解并利用现有成果的能力、发现问题的能力、创造性解决问题的能力。创新能力发挥的重要前提是善于发现问题、敢于解决问题。

（三）自我发展能力

自我发展能力是指个体在自己与他人和外部世界互动的过程中自主觉察自己的体验与需要，并从中调整自身的内心想法和外在行为方式，从而解决各种现实问题、实现自身发展的能力。自我发展能力主要包括自我体验、自我认知、自我调控、自我创造等方面，是一种可持续发展的能力。大学是学生走向真实生产劳动、服务性劳动岗位的过渡阶段，大学学段养成的自我发展能力，对于学生的可持续发展至关重要。

提高学生自我发展能力需要注意两个问题：① 将学生自我发展能力视作立德树人的核心能力。立德，就是坚持德育为先，通过思想政治教育来引导人、感化人、激励人；树人，就是坚持以人为本，通过学科专业、创新创业等教育来塑造人、改变人、发展人；在以大语言模型时代教育数智化转型背景下，大学学段劳动能力的提升同样是短暂有限的，关键是培养自我发展能力，才能实现职业劳动能力的可持续提升。② 探索自我发展能力教育教学改革。要在大学现有课程中培养学生自我发展能力，统筹第一课堂与第二课堂，依托现有课程提高学生的思维能力，促进学生生成性学习。

第三节　劳动精神、劳模精神与工匠精神

一、劳动精神

劳动精神是劳动者在劳动中展现出来的精神状态、精神面貌、精神品质，主要指人们对劳动的热爱态度，以及劳动者在劳动过程中体现出来的积极的人格气质，是热爱劳动的态度在劳动主体身上的体现，包括劳动者身上所具有的对劳动的积极评价、敬业态度、积极性、创造性等。劳动精神是劳动教育的价值目标和价值取向，是劳动理论和劳动实践的统一，充分展现了劳动者在劳动过程中的积极心理状态，是时代精神和民族精神的融合，更是中华民族伟大复兴的不竭动力。

（一）劳动精神的形成

劳动精神是一定社会中的人们在长期劳动实践中形成的由相对稳定的劳动态

度、理念、情感和习惯共同构成的观念体系和精神风貌；由此，劳动精神的培育需要一个过程。《大中小学劳动教育指导纲要（试行）》中指出：要培育积极的劳动精神。领会"幸福是奋斗出来的"内涵与意义，继承中华民族勤俭节约、敬业奉献的优良传统，弘扬开拓创新、砥砺奋进的时代精神。"强化劳动观念，弘扬劳动精神。将劳动观念和劳动精神教育贯穿人才培养全过程，贯穿家庭、学校、社会各方面。注重让学生在学习和掌握基本劳动知识技能的过程中，领悟劳动的意义价值，形成勤俭、奋斗、创新、奉献的劳动精神。"可见，新时代赋予的劳动精神内涵，即需要培育崇尚劳动、热爱劳动、辛勤劳动、诚实劳动的带动精神。带动精神是促进人的自由全面发展的根本手段，是彰显中国特色社会主义制度优越性的重要内容，是实现中华民族伟大复兴中国梦的强大力量。

（二）劳动精神的内涵

劳动精神是人们在劳动过程中共同秉持的关于劳动的信念信仰，是以创造美好生活为目的的、历经时代变迁获得劳动者广泛认可的劳动素养的集中体现。劳动精神是对马克思主义劳动价值观的丰富和发展，是对长期奋斗在一线广大劳动者劳动经验和劳动智慧的总结与肯定。劳动精神属于群体劳动素养，但对劳动精神的传承和弘扬全面渗透于个体的劳动观念、劳动能力、劳动习惯和品格中。因此，劳动精神可以从多个层次进行解读：

从观念层面来解读，劳动精神应体现为劳动者的一种劳动意识和劳动习惯；从态度层面解读，劳动精神是崇尚劳动、热爱劳动的精神；从行为层面解读，劳动精神应该体现出辛勤劳动、诚实劳动；从技术层面解读，劳动精神应该是一种能够熟练掌握劳动技能并能运用劳动技能创造社会财富的精神；从价值层面解读，劳动精神应体现出劳动最光荣、劳动最崇高、劳动最伟大、劳动最美丽的价值理念。总之，劳动精神是能够激发劳动者的劳动热情，充分释放劳动者的潜能，促使劳动者创造美好生活的精神。正确理解和把握马克思的劳动价值观和新时代劳动精神的内涵及特点，对新时代大学生培育自身劳动精神具有重要的启发和借鉴价值。

1. 崇尚劳动

劳动是人类社会精神财富和物质财富的源泉。崇尚劳动是人们对劳动怀有崇敬之心而甘心为之付出精神的高度概括。崇尚劳动对于推动个人实现自身价值和促进社会经济发展具有重要作用。崇尚劳动是劳动精神的本质体现，也是社会主义核心价值观在个人层面的重要价值准则。崇尚劳动是新时代劳动精神的本质体现，劳动者尽最大的努力做好本职工作，把从事的职业当作事业来对待，崇敬所从事的职业，干一行爱一行、爱一行专一行，甘心为之付出，从而体现基本的职业精神和职业价值观。

2. 热爱劳动

"爱岗敬业"是中华民族精神的重要组成，是劳动精神的基本特征。神农尝百草、大禹治水、周公吐哺、孔子废寝忘食等都体现了中国人民从古至今对劳动的热爱与坚持，对工作岗位的坚守与忠诚。热爱劳动不仅是对劳动成果的美好向往，更是在压力来临时的坚持与奋斗。对于劳动，我们应该热情高涨，并且有足够积极的劳动态度。中华民族是热爱劳动的民族，辉煌灿烂的中华文化是辛勤智慧的中国人民在历史长河中通过热爱劳动形成的。未来，在实现中华民族伟大复兴的新征程中，中华儿女更要以热爱劳动的状态积极迎接新的挑战。

3. 辛勤劳动

辛勤劳动是中华民族引以为傲的传统美德，它是劳动人民勤劳精神、敬业精神的具体表现。从大禹治水的躬耕劳作到悬梁刺股的寒窗苦读，无不体现了先贤的辛勤劳动精神。辛勤劳动在我国社会主义建设中发挥了重要作用，在生产制造领域，辛勤劳动所释放的巨大能量推动了生产力的发展、促进了物质财富的创造。从中华人民共和国成立初期南京长江大桥的建造、火箭军工的研发，到改革开放时期航天工程的建设、青藏铁路的铺设、高铁的研制运营，再到新时代港珠澳大桥的建成，超级计算机、蛟龙潜艇、量子卫星、天宫二号等国之重器的横空出世，这些伟大成就都凝聚着大国工匠们的辛劳汗水，彰显着劳动精神的巨大力量。辛勤劳动作为劳动者的劳动精神，体现了劳动者，特别是普通劳动者的价值追求。今天，我们弘扬的劳动精神，不仅要肯定辛勤劳动，更要践行辛勤劳动，提倡反对一夜暴富等不正确的劳动价值观念。

4. 诚实劳动

社会主义核心价值观中的"诚信"强调的就是公民要诚实劳动、信守承诺。诚实劳动是被广泛认同的一种价值观，是社会对每个人的要求，也是成为中国合格公民的要求。新时代诚实劳动影响人民的生活和生命，不仅关乎劳动价值，更关乎劳动底线。我国作为一个社会主义国家，十分重视劳动的价值观念。纵观大国工匠的个人事迹，可以发现：工匠对待工作仿佛"一生只为一事来"，并达到了"把诚实劳动当作生活来享受"的崇高境界。他们身上已充分展现出诚实劳动的崇高品质，成为人们竞相模仿的对象。"人世间的美好梦想，只有通过诚实劳动才能实现；发展中的各种难题，只有通过诚实劳动才能破解；生命里的一切辉煌，只有通过诚实劳动才能铸就。"习近平总书记用朴实又真切的语言赞美了诚实劳动。

二、劳模精神

（一）劳模制度的建构

劳模精神

劳模制度是弘扬劳模精神的制度性保障。回溯历史，我国的劳模评选制度始终与国家建设同频共振，主要划分为四个阶段：首先是萌芽形成时间（1931—1949年），主张自己动手、丰衣足食；其次是初步发展时期（1950—1976年），倡导艰苦奋斗、无私奉献；再次是变革创新时期（1977—2012 年），强调勇于突破、敢为人先；最后是光荣绽放时期（2013 年至今），突显劳模民族的精英、人民的楷模、共和国的功臣。尽管不同时期劳模精神的内涵有所不同，但劳模制度的建构有其特定的基础，具体如下：

1. 劳模产生的理论基石：劳动创造价值

马克思揭示了劳动是人类存在、发展的动力和条件，高度认同劳动在人类社会发展中的伟大意义，强调劳动在创造社会财富方面的巨大的、不可替代的作用。一切劳动都应当受到尊重，既不能否认脑力劳动是劳动，也不能轻视体力劳动。中国共产党把马克思主义劳动观同民族解放、集体生存、家庭和个人的幸福生活联系起来，通过劳模评选表彰，把劳动精神具体化到对幸福生活的追求中，把劳动光荣深化到民族解放和国家建设事业中。劳模制度宣传发挥了劳动模范的社会动员作用，潜移默化地对群众产生影响，使多元化的个体价值观念逐渐趋同于社会共同体的劳动价值认同，形成劳动光荣的价值理念和行为导向。

2. 劳模评选的理论依据：社会需要英雄模范

毛泽东在《一九四五年的任务》中，把群众英雄分为战斗英雄和劳动英雄，指出："用群众民主选举的方法选出优秀分子，充当战斗英雄、劳动英雄及模范工作者，给予奖励与教育，经过他们去鼓励与团结广大的群众。这种制度，对于提高军队的战斗力，提高农业及工业的生产力，提高政府机关及一切其他机关的工作能力，数年来的经验已经证明是极有效果的，各地应该普遍地推广这一运动。"中国共产党评选表彰劳动领域的英雄模范，将劳动价值和劳动精神嫁接于现实中活生生的人物，为人民群众树立榜样。劳动模范通过自身努力创造出精神财富和物化成果，影响和推动群众向他们学习，向他们看齐；这样才能把高的标准逐渐普及，把低的标准逐渐提高，不断提升生产和工作效率效能。

3. 劳模作用的实现路径：对群众进行社会动员

群众作为生产力中最活跃的因素，作为生产实践主体的群众是历史的主体，群众的实践活动成为社会历史发展的最终决定因素。劳模制度是中国共产党依靠群众、发动群众的群众路线的具体体现。党通过表彰和宣传，发挥劳动模范对广大群众的动员作用，以劳模通过平凡劳动获得的荣誉和创造的价值作为社会事实，重塑群众的观念和行为模式。群众是历史的创造者，从普通群众中涌现出的劳动模范，再将劳动模范送回到群众之中，既能凝聚强大的社会认同力，又能激发广大群众的劳动热情。

（二）新时代劳模精神的内涵

劳动模范是民族的精英、人民的楷模。党的十九大报告第一次把"弘扬劳模精神"写进党的报告。劳模精神是党、国家和人民极其宝贵的精神财富，是伟大的中华民族精神的重要体现，是推动时代前进的强大精神力量。新时代劳模精神的内涵体现为以下六个方面：

1. 爱岗敬业

爱岗敬业是当代中国劳模精神的基础。爱岗敬业就是指劳动者无论从事什么职业，身处何种岗位，都要干一行爱一行，热爱自己的本职工作和工作岗位；对自己的工作要有敬畏心，以正确、恭敬、严肃的态度对待自己的职业劳动，努力培养工作幸福感和荣誉感。中华民族自古就有忠于职守的传统，爱岗敬业是中华传统美德，是当代中国特色社会主义职业道德规范的源头活水，是当代中国劳模精神的本源。爱岗敬业是职业道德的基石，是社会主义职业道德所倡导的首要规范，是社会主义核心价值观的重要内容。

2. 争创一流

争创一流是当代中国劳模精神的灵魂。争创一流是当代劳模具有竞争力、战斗力和爆发力的精神源泉。如果没有了争创一流的精气神，劳模精神就失去了竞争力，就没有了战斗力，就不会有爆发力，当代中国劳模精神就失去了灵魂。党的十九大报告提出要建设世界一流军队、世界一流企业、世界一流大学和一流学科，将争创一流、建功立业的意识融入新时代中国综合国力发展的各个方面，这是时代赋予我们的责任。

3. 艰苦奋斗

艰苦奋斗是当代中国劳模精神的本色。当代中国劳模在生产劳动实践中，自愿地付出自己的体力和智力，而且毫无保留，超出常人，无论何时何地，都保持着奋斗的激情和毅力。劳模正是凭借艰苦奋斗的价值追求，锐意进取、奋发有为，攻破了一个又一个阻碍实现中国特色社会主义现代化建设的难题，取得了一个又一个惊叹世界的成就。艰苦奋斗是中华民族的传统美德和精神财富，是中国共产党的传家宝和政治本色，中华民族从站起来、富起来到强起来，都是中国人民奋斗出来的。

4. 勇于创新

勇于创新是当代中国劳模精神的核心。党的十九大指出，创新是引领发展的第一动力，是建设现代化经济体系的战略支撑。同时要求，必须坚定不移贯彻创新发展理念，更加注重创新驱动，鼓励更多社会主体投身创新创业，不断增强我国经济创新力和竞争力，跻身创新型国家前列。勇于创新、强于创造是当代中国劳模精神的关键内容和核心内涵。

5. 淡泊名利

淡泊名利是当代中国劳模精神的境界。淡泊名利就是清心寡欲、轻名忘利。淡泊名利是中国传统名利观的集中体现，是中华民族传统美德。这种观点可以让人在物欲横流的当下免于浮躁、修身养性。无产阶级名利观继承了中华民族传统美德，与社会主义核心价值体系和谐统一，是中国共产党人的价值取向，其核心内容是"全心全意为人民服务"。我们谋求的"利"首先应该是国家之利、集体之利、人民福利。

6. 甘于奉献

甘于奉献是当代中国劳模精神的底色。人只有为同时代人的幸福而工作，才能不断完善自我。从事各种职业的劳模，都在各自的事业中默默奉献，将自己的幸福融入国家和人民的幸福之中。正是如此，劳模和劳模精神才获得了全社会的认同，劳模精神才焕发着光彩和生机，才能凝聚鼓舞人前进的磅礴力量。甘于奉献是中华传统文化的积累与沉淀，是中华民族精神的重要表现，是涵养社会主义核心价值观的重要源泉，是激励中国人民的精神力量。甘于奉献是中国共产党人的行为准则，也是社会主义市场经济的道德价值导向。

三、工匠精神

（一）工匠精神的传承与发展

工匠精神的
内涵

工匠精神源于工匠，是千百年来工匠在劳动实践中展现出来的精神境界和职业道德，体现了专业技术人才的优秀品质。自古以来，我国就有尊崇和弘扬工匠精神的优良传统。工匠精神激励着一代又一代能工巧匠，创造出许多前所未有的伟大奇迹。从名扬天下的丝织品、传承千年的瓷器、举世瞩目的敦煌莫高窟，到今天高速飞驰的动车组、精准定位的北斗系统、遨游宇宙的空间站，每一个伟大的创造都离不开工匠精神的支撑。

1. 优秀传统文化中的工匠精神

工匠，在古代最初是指木匠。东汉许慎在《说文解字·匚部》中说："匠，木工也。从匚，从斤。斤，所以作器也。"后来，清代段玉裁在《说文解字注》中解释道："匠，木工也。工者，巧饬也。百工皆称工，称匠。独举木工者，其字从斤也。以木工之称引申为凡工之称也。"随着人类社会的发展，"匠"的指涉范围从木工拓展至在某方面有熟练技能、技艺高超的劳动者。传统的工匠有锁匠、泥瓦匠、铁匠、木匠等。战国文献《考工记》对工匠的职责内容有明确的界定：工匠不仅要充分了解自然物料的形状和性能，同时要有精湛的手艺，加工出来的器具和设备要能够为人所用，满足使用者的需求。

古代的工匠，既是一种职业，也是一种社会身份。具体可以分为官方的官用工匠和民间的手工艺人。这两种工匠虽然在工作性质和技能运用上有一定差异，但工匠精神的品质要素是相通的。他们身上有三种共同品质：一是吃苦耐劳，能够忍受漫长的学徒期岁月，通过刻苦学习和练习而熟练精通某项技能。二是刻苦钻研，精益求精，认真摸索并掌握技艺当中的规律和方法，在会做的基础上不断追求技艺的精进和产品的尽善尽美。三是诚实守信，具体体现为在工艺制作中保质保量，不偷工减料、不以次充好等。

2. 社会主义工业文化中的工匠精神

中华人民共和国成立初期，中国工业基础薄弱，发展水平较低。毛泽东曾感慨："现在我们能造什么？能造桌子椅子，能造茶碗茶壶，能种粮食，还能磨成面粉，还能造纸，但是，一辆汽车、一架飞机、一辆坦克、一辆拖拉机都不能造。"面对这种艰难的困境，国家发展需要动员全体劳动者投入社会主义建设中。依靠大力弘扬工匠精神，引导广大劳动者鼓足干劲、团结一致，克服设备、技术、环境等种种困难和局限，坚定自主探索工业化道路的信心。

这一时期的工匠精神具有鲜明的民族性。工人阶级以主人翁的姿态积极投身国家建设，心怀爱国之心，勇于担当作为，努力让自己的劳动成果发挥更大的社会作用，立志为国家社会的发展、为人民的美好生活作出更大贡献。以郝建秀、张秉贵、王崇伦、钱学森等为代表的一大批优秀劳动者满怀激情，热火朝天地进行生产建设。他们敢为人先，创新思维，精进技艺，不断填补空白，探索发展社会主义工业体系。

改革开放以后，工匠精神的时代性特征进一步凸显。积极发展信息技术、核工业、航天航空、高铁、生物医药、新能源等高新技术产业成为重点。高新技术产业属于知识密集型和技术密集型产业，既要求提高核心技术的自主创新能力，也对具体操作的精准度有着很高的要求。这就要求科技工作者不断革新方法、提高技能，工匠精神的时代性特征——突破创新、精益求精——也由此凸显。世界上最大的水利枢纽工程——三峡大坝、历时50年建成的人类铁路建设史上的传奇工程——青藏铁路、在能源领域大显身手的特高压和智能电网等每一项重大工程都标注了"中国制造"的新高度，彰显了工匠精神的当代价值。

3. 迈向制造强国进程中的工匠精神

新时代的工匠精神以创新为导向、以技术为驱动力、以高质量为追求。劳动者需要具备创新思维，以技术和理念驱动创新，注重过程、敬畏职业。在生产制造一线，严把每一个环节，不断提升行业技术水平。积极推动互联网、大数据等新兴技术与传统制造深度融合，将传统文化与当代工业文明相结合，形成新时代工匠精神的精髓和内涵，为实现创新厚植沃土。

新时代的工匠精神是丰富企业文化内涵、打造企业品牌的内在动力。近年来，中国企业的综合实力与日俱增，品牌建设取得长足进步。但从全球范围来看，我国在世界上叫得响的品牌仍然不多。德国汽车之所以具有强大的优势、被国际广泛认可，就因为德国汽车制造企业的百年耕耘，用精益求精的态度和品质过硬的产品积累口碑。意大利纺织面料全球闻名，其成功因素之一是制作者对产品质量分毫必较，不放过一丁点的瑕疵。因此，做强中国品牌要秉承工匠精神，提升产品和服务品质，以工匠精神丰富企业文化，激发内生动力。

没有强大的制造业，就没有国家和民族的强盛。打造具有国际竞争力的制造业，是我国提升综合国力、保障国家安全、建设世界强国的必由之路。追求精益求精、质量至上的工匠精神是推动中国制造业转型升级的重要精神力量。要大力弘扬工匠精神，建设知识型、技能型、创新型劳动者大军，激励广大劳动群众争做新时代的奋斗者，为社会主义现代化建设事业提供源源不断的支撑。

（二）新时代工匠精神的内涵

工匠精神是从业者在长期的职业实践中形成的专注、精益、创新等优秀的素养特质。2020 年 11 月 24 日，习近平在全国劳动模范和先进工作者表彰大会上的讲话中，第一次全面阐述了工匠精神的主要内涵："执着专注、精益求精、一丝不苟、追求卓越。"其中，执着专注是前提，精益求精是灵魂，一丝不苟是态度，追求卓越是目标，四个方面相辅相成，构成统一整体。

1. 执着专注

执着专注是指劳动者对某一事务和技能倾注大量时间，专心致志、坚持不懈地深入钻研、琢磨，是一种忘我的精神状态，饱含了劳动者对职业的敬畏、对工作的执着、对产品的负责。我们常说"干一行，爱一行"，但要真正做到入脑、入心，并应用于实际行动中，并非一件容易的事情。

许许多多的杰出工匠之所以技艺精湛，能在自己的领域取得巨大成就，其中一个重要原因就是他们对自己的工作能做到日日坚持、月月坚持、年年坚持，全情投入其中，专注耕作于自己的专业领域。这是工匠的立身之本，也是产品的品质保障。不怕吃苦，甘于坐冷板凳，耐得住寂寞，才能厚积薄发、行稳致远，成为行业的"领头羊"。

2. 精益求精

精益求精是指工匠在既有技术水平的基础上，仍然坚持严格要求、更高要求的精神品质，是对技艺、产品、质量的一种极致完美的追求。一件产品已经很不错了，但仍然不满足，还要做得更好。在工匠眼里，精益求精，就是没有最好，只有更好；对技术标准的高要求、对产品品质的高追求，只有进行时，没有完成时，要时刻保持不断精进。

3. 一丝不苟

差之毫厘，谬以千里。想要成就一番事业，必须在实际工作中一丝不苟，全力以赴并坚持到底，把工作做好做精，追求极致。工匠制造产品具有很高的标准，因此在打造产品的过程中他们需要严格遵守标准要求。全力以赴、一丝不苟地完成工作是工匠们的职业准则，也是他们的优秀品质。

天下之事，必作于细。工匠具有注重细节的工作态度，他们注重打磨产品的细微之处，把好细节关，不仅要把关乎产品质量的关键环节做好，还要把最容易被忽略的细微之事做好。细微之处可以显示技艺水平的高低，做好小事是制造出高质量产品的重要环节。把重视小事作为一种习惯，将简单的事做好、做细，同时还需要具有将细节做到极致的责任感。

4. 追求卓越

追求卓越是工匠造物的首要目的，是提高产品完成度的内在动力。卓越，代表了产品的优秀程度，是在运用最好的资源的情况下，把自身的能力和技术发挥到极致，让产品的品质达到最优。在工匠们心中，制作器物的目的就是要把它做"好"，但"好"的程度没有上限。

追求极致，是工匠对自身技艺的不断磨炼及对完美的不懈追求，这代表了工匠对产品品质的卓越追求，代表了工匠身上的"匠气"。在追求极致的过程中，工匠通过学习专业知识，提高工作技能，将细节做到完美，不断在原有的基础上进行突破。这对行业的生存与发展具有重要价值，是企业保持生命力的重要因素。

"匠心独运"表现的是一种创新能力。工匠将创新品质作为职业发展的追求，才能更好地践行职业道德和敬业观念的要求，才能激发各个行业乃至全社会的创造活力。时代的发展对工匠们不断提出新的要求、新的问题、新的挑战，为了满足时代要求，工匠们必须不断改进技术、提高产品质量，甚至预测行业未来的发展趋势，变被动为主动，这也是创新的重中之重。

四、劳动精神、劳模精神和工匠精神的培育

（一）目标牵引：以美好生活愿景激发大学生对劳动的热爱

奋斗的价值、自我的超越，是对美好生活的向往及努力，这是一种理想，也是一份责任。培育大学生的劳动精神，应以美好生活的愿景来激发大学生对劳动的热爱，具体有以下两个方面：其一，以个人幸福梦激发大学生对劳动的热爱。新时代大学生劳动精神的培育需要用美好生活愿景、看得到的幸福人生来激发他们对劳动的热爱；但理想不是空想，幸福不是坐享其成，要实现个人的价值，追求幸福的生活必须发扬艰苦奋斗的精神。其二，以国家富强梦、民族复兴梦激发大学生对劳动的热爱。当代大学生是国家富强梦、民族复兴梦的追梦者和圆梦人，广大青年要以国家富强、人民幸福为己任，把自己的理想同国家的前途、民族的命运结合在一起，胸怀理想、志存高远，以国家富强梦、民族振兴梦激励自己积极投身中国特色社会主义伟大实践，并为之奋斗终身。

（二）认识纠偏：以科学的劳动精神引领大学生正确劳动观念的生成

劳动价值观是人们在实现个人愿望、满足自身需要时对劳动价值的定位和根本看法，直接决定着劳动者的价值判断和价值选择，是世界观、人生观、价值观的重要组成部分。错误的劳动认知对大学生劳动精神、劳动观念的养成会产生十分消极的影响，因此，必须及时纠正大学生不当的劳动认知，用正确的劳动精神引领大学生正确劳动观念的生成。一方面，抵制急功近利的劳动精神，培育常态化的奋斗精神。另一方面，抵制惰性和不作为，保持奋发有为的精神风貌。当今时代仍然是一个"爱拼才会赢"的时代，是一个属于真正奋斗者的时代。青年大学生如果不想在这个百舸争流、千帆竞发的时代原地踏步，就必须同自身的惰性做斗争，不能沉迷于"伪奋斗"不能自拔，要勇做新时代的引领者。

（三）环境营造：以良好的社会环境丰润大学生劳动情感的培养

培育劳动精神需要我们给青年大学生营造一个良好的环境，通过正面引导、耳濡目染使青年大学生将劳动精神内化于心，外化于行。这种良好的社会氛围可以从以下两个方面来营造：一方面，发挥社会公平正义的保障作用，使大学生心无旁骛负重前行。公平的社会环境能够为青年大学生成长成才提供公平的机会，使其能通过自身的辛勤劳动、诚实劳动、创造性劳动来实现个人的梦想，满足自身的发展需要。另一方面，发挥青年劳动模范的示范作用，使大学生不知不觉见贤思齐。青年劳动模范人物是优秀青年劳动者的典型代表，身上都有着一种吃苦耐劳、进取创新、无私奉献精神，我们要以青年劳模的先进事迹感动全体大学生，以青年劳模的卓越贡献激励全体大学生。

（四）实践铸就：以丰富的实践活动助推大学生劳动行为习惯的养成

新时代大学生劳动精神培育不能"纸上谈兵"，而是要落实到具体的实践工作中。以丰富的实践活动助推大学生劳动行为的养成，可以从以下两个层面进行：在学习上，注重实践锻炼，做到理论与实践相结合。一方面，大学生可以通过读好"有字之书"，间接学习别人的有益经验来磨炼意志、增长见识以培育劳动精神。另一方面，他们可以身体力行，通过参加各种社会实践锻炼，培养吃苦耐劳的精神，通过理论与实践的紧密结合将劳动精神内化于心、外化于行。在生活中，加强实战演练，养成勤劳自持的习惯。高校可以开展丰富的生活实践，落实"五育并举"的育人理念，助推大学生劳动行为习惯的养成。

第四节　劳动习惯

《大中小学劳动教育指导纲要（试行）》指出：全面提高学生劳动素养，使学生养成良好的劳动习惯和品质，使他们能够自觉自愿、认真负责、安全规范、坚持不懈地参与劳动，形成诚实守信、吃苦耐劳的品质，珍惜劳动成果，养成良好的消费习惯，杜绝浪费。新时代，不仅需要社会主义现代化建设者在劳动精神和劳模精神的指引下，树立有理想、正确的劳动价值观；更需要他们在一定的劳动知识和技能的基础上，形成一定的劳动习惯。

劳动伦理

一、劳动习惯的概念

劳动习惯是学生在纵向的、持之以恒的劳动实践和劳动学习过程中逐步形成的，适合个人终身发展和社会发展需要的稳定行为倾向和积极人格特征，劳动习惯作为一种内在的心理结构，主要表现在劳动行为习惯、意志品质、道德品质等方面。

大学生劳动习惯是指大学生在长期的家庭和学校劳动实践和劳动学习过程中逐步形成的，适合大学生自己终身发展和社会发展需要的稳定行为倾向和积极人格特征。大学生劳动习惯是他们在长年累月的劳动实践中逐步内化形成的，大学生劳动习惯不仅是衡量他们劳动素养发展水平的纵向指标，也是保障他们能够持之以恒、坚持不懈地参与劳动实践活动的重要条件。劳动习惯和劳动价值观、劳动能力、劳动精神等相互补充，共同构成了劳动素养的重要组成部分。毋庸置疑，大学生劳动习惯主要表现为大学生在劳动实践活动中所形成的安全规范、坚持不懈、自觉主动、注重效率等习惯，以及在出力流汗、动手实践过程中所形成的艰苦奋斗、吃苦耐劳等意志品质，还有诚实守信、勤俭节约、责任担当等人格特征。

二、劳动习惯的特征

劳动习惯除了具有基础性、教育性等劳动素养的特征，还有自己的特殊性，主要为具体性、长期性和稳定性。

（一）具体性

劳动习惯不仅是一种内在心理结构，更体现了身心合一素养的特殊性，它不仅是某个方面体力训练或价值观教育的结果，而且具有身体和心灵合一的统一性，体现在具体的身体行动中，比如在动手实践、出力流汗中进行的意志锻炼。劳动教育应该"以体力劳动为主，注意手脑并用、安全适度，强化实践体验，让学生亲历劳动过程，提升育人实效性""让学生动手实践、出力流汗，接受锻炼、磨炼意志"。劳动习惯中的身心合一是劳动教育的逻辑起点，劳动习惯对"身"的要求尤其深刻，是劳动素养提升的根本途径，即必须在身体切实的劳动中体会习惯、意志的养成。

（二）长期性

劳动习惯的长期性即纵向性，是指劳动习惯作为劳动素养的重要组成部分不是一蹴而就的，而具有长期性。大学生的劳动习惯基础更多来自中小学时期的养成，劳动素养结构中劳动习惯的位置也体现了"长期性"这一纵向指标的巨大意义：家庭生活和小学时期就要注重对儿童劳动习惯的培养，逐步过渡到高中时期的自主生活能力、创新技能，进入大学后能够独立展开生产劳动、日常生活劳动和服务性劳动的能力。这几个阶段具有天然的长期性和一以贯之性。正如《中共中央 国务院关于加强新时代大中小学劳动教育的意见》所指出的，要以思想认识、情感态度、能力习惯三个方面为依据确定劳动素养维度结构。也就是在劳动习惯的特征之中，它是劳动素养在时间维度上的发展体现和行为方面的直接反映，是衡量学生劳动素养水平的有效指标。

（三）稳定性

正如生活习惯的稳定性一样，劳动习惯的稳定性也体现在大学生劳动生活的方方面面。现实生活中人们的某种稳定性心理倾向及行为动作，总会被解释为某种"习惯"，而"愿意不愿意劳动？""持之以恒的劳动意志水平怎么样？"总会被概括为劳动习惯的稳定性问题。实际上，在学校生活和社会生活中，自觉劳动、热爱劳动的人，在其他场域中也会表现出更多的爱劳动的品质，也就是人们平时说的"勤快"。"勤快"这种劳动品质是人类生存、进步和发展的核心力量，人类个体正是在劳动过程中实现自身最高价值的，因此，劳动习惯的稳定性其实具有很强的育人意义。党的十八大以来这一理念被充分强调，重点提及培养学生良好劳动习惯的问题。年龄越小，在劳动习惯的培养方面就显得越重要，因为劳动习惯一旦养成，就会影响初中、高中乃至大学的学习、工作和创新创业。

三、大学生劳动习惯的培养

（一）注重家庭、社区与学校环境联动创设

家庭、社区和学校联手共同创设良好的劳动教育环境至关重要，是大学生劳动习惯培养的外在因素。林崇德指出，学生核心素养的培养不局限于学校范围内，一些关键性素养（如行为规范、态度、价值观等）的养成离不开家庭环境和社会环境的支持。因此，有必要通过整合社会力量共同促进学生核心素养的养成。例如，把家庭教育作为学生核心素养培养的重要阵地，并把社会学习、终身学习等理念及教育机制纳入其中，共同配合学校教育达成良好结果。此外，还可以通过多种方式对遴选和提炼出的核心素养进行宣传，更新普通大众人才培养观，为学校教育落实和推行学生核心素养培养提供良好的社会环境条件。儿童劳动意识和劳动习惯是道德认知和道德行为的具体化，其表现是家庭、社区和学校的联动环境协同作用的结果。

在劳动习惯的培养上，仅在大学这个学校范围内解决大学生在创新意识、日常活动、问题解决、技术应用方面的劳动实践能力是不够的。高校教师也是影响劳动习惯培养的重要因素，在学生劳动习惯的培养过程中扮演着重要角色。社会方面，媒体尤其是大众传媒，要在传导社会主流价值观方面推荐少年儿童可效仿的榜样。此外，社区机构要在劳动主题开拓、劳动素养的培养上，多多提供相关机会，让学生能够参与其中。家庭、社区和学校联动创设的外部环境，是少年儿童劳动意识产生和劳动习惯养成的必要前提，也是大学生劳动习惯形成的环境因素。

（二）激发个体的劳动内驱力

事实证明，没有人是天生的懒惰者，也没有人想做一个"不劳而获"的人。除了上述外部环境的作用，激发个体的劳动内驱力，也是劳动习惯培养的内在关键。

大学生热爱劳动的习惯养成，需要经过由他律到自律再到自然的过程。内在驱动力是大学生可持续发展的关键因素，具有较强的自主性、主体性、创造性和能动性。在大学生内驱力的培养上，大学生从他律到自律再到自然的过程中，家长、教师以身作则的榜样作用是重要的，但大学生自我意识觉醒、自我教育和自我劳动更为重要。

毋庸置疑，任何劳动习惯的养成，都是大学生在真实环境中锻炼的结果，教育者需要为大学生提供各种机会并且创设各种平台：可以让大学生在诸多创造性、创新性劳动项目中，引导他们深入学习、团队合作、相互交流，通过各种方式、平台和现代传媒，凸显创新性劳动教育价值的最大化，实现教育效果广泛传播，引领大学生在自我教育中达到对劳动认识的提高和行为水平的提升；还可以让大学生在家庭、社区和学校的真实生活环境中有自己的劳动岗位，在家务劳动、社区劳动、服务性劳动中体验劳动价值，培养劳动习惯。当大学生能够正确认识传统的理论学习和创新创业劳动的关系后，主体潜能就能够得到有效开发，自觉劳动、热爱劳动行为习惯就可以真正得到培养。

（三）理论与行动相结合

除已经论述的外部环境和内驱力的相互促进外，理论和行动相结合也是培养大学生劳动习惯的重要方面。理论和行动相结合是从小学到大学的纵向发展和各阶段劳动主题相结合的产物，这就需要家庭在小学阶段培养小学生掌握基本的劳动知识并且养成基本的劳动习惯，比如能主动收拾自己的书房、能做简单的饭菜、能洗较小的衣物；初中阶段注重培养他们形成基本的劳动技能，比如能装配基本的家庭生活用具；高中阶段则主要培养他们具有基本的劳动创新能力和独立生活能力，能在各类创新劳动中有想法、能落实。如此一来，在环环相扣中，各学段的劳动素养目标逐渐落实，又能扎实推进，大学期间的劳动习惯养成也就指日可待。

第五节 劳动品格

一、劳动品格的概念

谈起劳动品格，必言及品格。品格的定义和内涵在随时代的发展慢慢发生变化，从国家价值观体系层面的道德论和个性心理特质的特质论逐渐演变成整合论，最终成为包含多种成分的复杂心理系统，涵盖道德成分、人格成分、社会属性等。由此，品格被定义为"个体应具备的适应终身发展和社会发展需要的道德品质和人格特质的综合体"。

劳动品格是指个体应具备的适应终身发展和社会发展需要的有关劳动的道德品质和人格特质的综合体。具体而言，劳动品格包括以下两个部分：劳动认同、劳动义务、劳动情绪和劳动诚信等"道德品质"部分，以及劳动意志等"人格特质"

部分。

劳动认同是从心理学角度出发，对劳动这种具体性活动的认同，即认同劳动的意义和价值。

劳动义务是在积极认同劳动的前提下，进行劳动实践活动的责任担当，体现了利他和利己行为的综合。

劳动情绪是个体在具体劳动情境中产生的心理体验，集中反映了个体的内在劳动需要。劳动情绪主要是指个体劳动者对劳动的尊敬，即通常意义上的敬业。敬业是个体劳动者忠于工作的事业精神。敬业是忠于自己劳动的崇高道德品质。作为获取报酬的重要方式，劳动者尊重自己的职业或劳动，不仅是社会主义核心价值观对个体的要求，更是个体实现自我价值的重要途径。

劳动诚信属于个体道德品质范畴，孟子把"诚"定义为天道本体的范畴，又将其视为人的内在道德品质，即"诚者，天之道也，思诚者，人之道也"。诚信类似于对人的道德品质要求中的"慎独"，即个体在不受任何监督的情况下，不仅能够坚守道德底线和道德承诺，还能够坚守内心真实劳动、诚实劳动和守信劳动，有时候个体还能自愿做出舍弃个人利益的利他行为。

劳动意志是指个体能对劳动本身有正确充足认识、对自己的劳动能力有科学评估，并且愿意为持续劳动付出努力的人格特质。

二、大学生劳动品格的特征

大学生劳动品格是指大学生应具备的适应自我终身发展和社会发展需要的有关劳动道德品质和人格特质的综合体。其特征如下：

（一）劳动认同感不强

大学生的劳动认同是从大学生心理学角度出发，对劳动这种具体性活动的认同，即青年大学生对劳动意义和价值的认同程度。从现实来看，大学生的劳动认同感不强主要表现在以下几个方面：首先，对所有的劳动形式没有正确的认识。比如，有些青年大学生认为"为了不在工地上搬砖卖苦力，我们才要坐在教室里认真读书学习""再不好好读书的话，未来可能连扫大街的活也找不到了"。这些都是对劳动形式没有正确的认识所致。其次，部分"佛系"青年大学生以"躺平"的姿态消极对待劳动。他们以不想奋斗为"症状"，以虚无生命观消解劳动立身、修身齐家治国平天下的人生志向。他们只遵从劳动的温饱意义和"有口饭吃""饿不死"的糊口价值，青年大学生对劳动的这种佛系认识直接影响他们对生命深度意义的拓展。

（二）劳动义务担当不够

青年大学生群体整体体现了积极认同劳动、能够进行劳动实践活动的责任担当，以承担劳动义务的状态把握利他和利己行为的张力。但实际调研发现，他们在承担劳动义务中还有些担当不够，主要有如下体现：首先，不愿意承担劳动义务。有些大学生，不仅不整理属于自己的宿舍"自留地"，甚至连宿舍内部的劳动分工也不愿意承担。他们天然地认为打扫卫生这种事情是无意义甚至没有价值的，但自己却在享受着别人打扫宿舍卫生后的干净整洁的劳动成果。其次，以"磨洋工"的态度对待劳动义务。大学生生活中可以提供的集体活动种类繁多，比如实习见习、社会实践、公益劳动、洒扫清除。这些活动本身就具有很强的教育意义，大学生可以在此期间加强认识、建立良好的同学关系，还可以进一步开阔认识视野，但会有部分大学生以"磨洋工"的状态对待这类实践活动。最后，变味的"买卖雇佣"。收发快递本是学生自己应该承担的分内之事，但部分大学生却以支付金钱的方式"雇佣"同学帮助自己收发快递；更有甚者，部分大学生连每天正常的体育锻炼跑步也以支付金钱"雇佣"的方式让同学代替。

（三）劳动情绪不稳定

大学生的主要活动是理论学习、实践锻炼和创新创业，他们的劳动情绪主要是对实践锻炼和创业创新的敬业程度。丰富多彩的大学生活中，作为"天之骄子"的大学生本应该非常热爱自己的专业、敬畏自己的学习，对待学业能够全力以赴、专心致志。但在现实的学习生活中，他们对实践锻炼和创新创业却以懈怠之心对待，在各种青年社团实践活动和日常生活劳动中却没有敬畏之心：有的纯粹做做样子，为了拿到课外实践分数；有的并不了解这样的实践锻炼的意义价值。

创新创业本是青年大学生走向社会的重要生存途径，也是他们能够有力参与社会竞争的必要手段，但是许多大学生却以"佛系"的心态对待创新创业。创新创业是人创造性的实践能力，是人的能动性、自主性和创造性的体现，是人的本质力量中的最高形态。只有创新创业的实践才能激发青年大学生的自由精神和创造才能，才能防止青年大学生沦陷为劳动意义上的"贫困生"。毋庸置疑，创新创业的前提是具有独立的思考能力，而现如今，有些青年大学生"混迹"于某一"圈层"，或被信息媒体禁锢，或被游戏裹挟，使得他们无法自拔，由此导致他们的敬业精神和创新创业冲动都被某种程度地消解。

（四）劳动诚信度不够

除日常生活劳动和创新创业劳动外，在社会实践和服务性劳动上，部分青年大学生不能够坚守道德底线和道德承诺，没有做到在不受任何监督的情况下坚守内心，主观上没有做到真实劳动、诚实劳动和守信劳动，更别提"慎独"，能自愿做出舍弃个人利益的利他行为。以诚为先、以诚为美、以诚为重，作为中华民族的优秀美德，本是劳动之旨。但是，部分青年大学生除了上述提到的"磨洋工"，在社会参加的社会实践和在学校参加的服务性劳动，有的彻底异化为他们的"挣学分"工具，只要"混"够时间，便"万事大吉"。此外，部分青年大学生还不能够遵守学术道德，存在篡改甚至剽窃实验数据、抄袭论文、不尊重作业原创劳动等的不讲诚信的道德沦丧现象。诚实劳动不仅关乎劳动价值，更关乎人的道德品质，诚信度不够的劳动不仅伤害青年大学生自身，而且会破坏风清气正的社会氛围，与我们的优秀传统文化相违背，有时还能发展成为危害社会的行为和违法犯罪的行为。

（五）劳动意志力不强

大学生劳动意志是指大学生个体能对劳动本身有正确充足的认识、对自己的劳动能力有科学评估，并且愿意为持续劳动付出努力的人格特质。但在实际生活中，劳动意志薄弱是青年大学生最突出的劳动品格问题。有些家长为孩子取得优良的学业成绩，从小学起就不让孩子进行各种劳动尝试，不给孩子提供各种劳动机会，以至于一些青年大学生对"炒鸡蛋"这种日常劳动都感到十分惊喜和新鲜，在应该进行创新创业的年纪却沉浸在幼儿时期该有的劳动体验中，这实属不应该。长此以往，部分青年大学生便会形成扭曲的劳动价值观，造成劳动能力的缺乏，形成消极的劳动精神和劳动习惯，理所当然，大学生劳动意志力也会比较薄弱。

三、大学生劳动品格的培养

对大学生劳动品格的培养是对其劳动价值观、劳动能力、劳动精神和劳动习惯的培养，也是大学生的劳动认同、劳动义务、劳动情绪、劳动诚信和劳动意志培养的灵魂。

（一）加强大学生劳动认同感教育

大学生劳动认同是劳动品格的重要组成部分，是大学生劳动价值观形成、劳动能力培养、劳动精神塑造和劳动习惯形成的基础。它与大学生劳动品格存在高强度相关，大学生劳动品格的培养，必须加强劳动认同感教育。习近平总书记在全国教育大会讲话中提出："培养什么人，是教育的首要问题。我国是中国共产党领导的社会主义国家，这就决定了我们的教育必须把培养社会主义建设者和接班人作为根本任务，培养一代又一代拥护中国共产党领导和我国社会主义制度、立志为中国特色社会主义奋斗终身的有用人才。"热爱劳动、会劳动、能劳动是社会主义建设者和接班人的典型特征，即将"跃入人海"的大学生，必须通过接受劳动认同教育，深度理解劳动存在的意义和价值、劳动在人的全面发展中的巨大作用；认同不同的劳动类型、劳动功能，接受劳动对人的教育意义。大学教育要在思政教育和专业教育中始终贯彻劳动教育。

（二）多措并举让大学生承担劳动义务

采取多种措施让大学生承担劳动义务是"动手实践、出力流汗"的重要途径。首先，以多元评价方式"倒逼"大学生承担劳动义务。在大学生学分的获得上，除了接受马克思主义劳动价值观教育，对于参加的必要劳动实践规定具体学时数，成为重要举措。根据《关于全面加强新时代大中小学劳动教育的意见》《大中小学劳动教育指导纲要（试行）》的要求，在大学劳动教育教学评价上，除其他三种教育途径（在学科专业中有机渗透劳动教育、在课外校外活动中安排劳动实践、在校园文化建设中强化劳动文化）外，"独立开设劳动教育必修课"（普通高等学校要将劳动教育纳入专业人才培养方案，明确主要依托的课程，可在已有课程中专设劳动教育模块，也可专门开设劳动专题教育必修课，本科阶段不少于 32 学时；课程内容应加强马克思主义劳动观教育，普及与学生职业发展密切相关的通用劳动科学知识，并使学生经历必要的实践体验）成为大学生参加各种劳动活动、提高劳动素养的必经环节。

其次，高校应营造良好的育人氛围，发展大学生正确的评价观念。针对大学生"磨洋工""买卖雇佣"等不健康的劳动现象，高校要营造热爱劳动、崇尚劳动、劳动光荣、劳动幸福的文化氛围；高校应大力宣扬劳动精神、劳模精神，尤其是发生在大学生身边的工匠事迹，使他们能够发现身边的榜样，寻找可以借鉴的案例，从而形成正确的劳动认知和情感，进而积极承担实习见习、公益劳动、洒扫庭院、社会实践等"出力流汗"的劳动实践，以此促进他们形成正确的评价观念。

（三）发展大学生稳定的劳动情绪

首先，训练大学生对劳动情绪的把控能力。大学生的劳动情绪是他们能够识别自己和他人在劳动中的情绪，进而管理自己的情绪，以此鞭策自己和灵活把握处理人际关系的能力。大学生劳动情绪主要包括：能够准确把握自己的情绪、有效及时地控制自己的情绪、富有同理心地理解别人的情绪、及时有效地处理人际关系、不断地自我激励和鼓励等几个环节。据此，可以在"出力流汗"的劳动实践中充分训练大学生对这种劳动情绪的把控力，以此把握自己对待学业的尊重程度，即敬业程度。

其次，构建健康的外在支持体系。除了训练大学生自我把控情绪的能力，构建健康的外在支持体系也尤为重要。任课教师和辅导员除了展示自己的劳动情绪把控能力，要更多地引导大学生识别自己的劳动情绪，对他们劳动情绪给予接纳和理解，帮助他们升华对待学业的稳定情绪，发扬敬业精神，进而实现创新创业。学校层面，应该学会自我剖析，创新对待大学生劳动情绪的管理模式和管理体制，改革健全劳动素养评价制度。社会层面，营造积极乐观向上的舆论导向，不仅重视脑力劳动者，更加重视体力劳动者"动手实践""出力流汗"的情绪体验，为创新创业提供良好氛围。

（四）加大劳动诚信教育力度

首先，正确认识劳动诚信。习近平总书记在全国教育大会的讲话中明确提出："要在学生中弘扬劳动精神，教育引导学生崇尚劳动、尊重劳动，懂得劳动最光荣、劳动最崇高、劳动最伟大、劳动最美丽的道理，长大后能够辛勤劳动、诚实劳动、创造性劳动。"劳动诚信是一种高级的道德力量，是劳动素养的集中体现。苏霍姆林斯基曾说：劳动素养使人在精神发展上达到这样的阶段，这时人不为公共福利而劳动就觉得无法生活，这时劳动使他的生活充满高尚道德的鼓舞力量，从精神上丰富着集体的生活。劳动素养正是劳动价值观、劳动能力、劳动精神和劳动意志的集中、最高的体现，劳动者个体以"慎独"状态对待各种类型的劳动时，便不会出现"混圈""混层""混学分"的状况。

其次，国家层面严格落实"抽检"制度。以本科学位论文抽检制度为例，需要加大此类制度的执行力度，以此威慑不遵守学术道德规范的个别青年大学生，由此杜绝篡改甚至剽窃实验数据、抄袭论文、不尊重作业原创劳动等不讲诚信的现象发生。在制度的框架范围内，大学生可以正视评价自己的劳动成果，体会劳动成果和劳动付出的关联，升华劳动诚信情感体验。

（五）加强劳动意志力教育

毋庸置疑，优秀的大学生劳动意志品格不是一朝一夕养成的。他们在日常生活劳动、服务性劳动和生产劳动中表现的意志力薄弱问题，应该是他们自幼年时候就有的持续性的惯常行为，具有很强的普遍性。因此，幼年时期，就应该对儿童进行劳动训练，从基本的卫生洒扫、洗漱体积较小的生活用品（例如红领巾、袜子）开始，让他们在劳动锻炼中形成基本的劳动观念，《关于全面加强新时代大中小学劳动教育的意见》中明确提出劳动教育应该"以体力劳动为主，注意手脑并用、安全适度，强化实践体验，让学生亲历劳动过程，提升育人实效性""让学生动手实践、出力流汗，接受锻炼、磨炼意志"。中学生活中要加强工具使用的具体操作，在循序渐进中让大学生形成较强的劳动意志，进行劳动创新。

※劳动教育训练营

一、核心概念

劳动素养　劳动价值观　劳动能力　劳动精神　劳动习惯　劳动品格

二、简答题

1. 简述劳动素养的内涵。
2. 简述劳动品格的内容。
3. 简述新时代大学劳动价值观的培养策略。
4. 简述新时代劳动能力的培养方式。
5. 简述新时代大学生劳动习惯的养成策略。

三、论述题

论述新时代劳动品格培养面临的挑战。

四、课外拓展

1. 阅读《平凡的世界》

2. 阅读《繁花》

五、实践探索

实践主题：谁是最强"收纳师"？

实践目标：

1. 观察宿舍环境卫生，认识整洁收纳的价值。

2. 通过访谈、体验等方式，理解"收纳师"的概念、内容、意义。

3. 结合学科专业，理解大学劳动教育的新思想、新论断。

实践报告要求：

以个人为单位，递交收纳过程报告；报告内容包括收纳准备、收纳过程、对收纳的理解。

第三章　劳动关系

> 劳动关系是最基本的社会关系之一。劳动关系和谐与否，事关企业发展和职工利益，事关经济发展与社会和谐。
>
> ——中华人民共和国人力资源和社会保障部

学习目标

1. 了解劳动关系的内涵、特点、本质。
2. 掌握劳动关系主体的构成和特征。
3. 熟悉劳动关系管理的目标，掌握劳动关系管理的内容。
4. 了解劳动就业和失业的概念，理解失业的各种类型。
5. 理解技术革命背景下的新职业、新劳动形态和新型劳动关系。

引导案例

"互联网+"平台经济新业态下的劳动关系纠纷

基本案情：郑某自 2023 年 6 月 18 日至 2023 年 8 月 28 日在甲公司的工作地点从事搬运装卸工作。甲公司提供运输车辆，并在微信群中发布工作信息，郑某根据发布的信息进行工作。工作期间，郑某共收到两笔工资，均系乙公司向其支付。2023 年 8 月 28 日，郑某在工作时受伤，故郑某诉请确认其与甲公司之间自 2023 年 6 月 18 日至 2023 年 8 月 28 日期间存在劳动关系。甲公司抗辩认为，其与乙公司于 2023 年 5 月 18 日签订了服务协议，约定甲公司将搬运装卸服务的项目外包给乙公司，其与郑某不存在劳动关系。

庭审中查明，甲公司与乙公司于 2023 年 5 月 18 日签订了《服务协议》，约定甲公司将搬运装卸服务的项目外包给乙公司，由乙公司在平台定向发布与承包项目有关的具体项目任务。接收信息的平台注册会员收到前述任务后，如选择接受任务，则该分包订单成立，该平台注册会员成为甲公司的分包服务商，该注册会员完成任务上传工作成果，并经甲公司审核后，由乙公司负责向分包服务商进行费用的支付结算，但前提是甲公司足额向乙公司支付了分包服务商的费用。如甲公司延期付款，乙公司不承担任何垫付义务。

裁判结果：法官经庭审后认为，对郑某诉请的确认其与甲公司之间自 2023 年 6 月 18 日至 2023 年 8 月 28 日期间存在劳动关系，根据《关于确立劳动关系有关事项的通知》第一条规定："用人单位招用劳动者未订立书面劳动合同，但同时具备下列情形的，劳动关系成立。（一）用人单位和劳动者符合法律、法规规定的主体资格；（二）用人单位依法制定的各项劳动规章制度适用于劳动者，劳动者受用人单位的劳动管理，从事用人单位安排的有报酬的劳动；（三）劳动者提供的劳动是用人单位业务的组成部分。"本案中，甲公司与郑某符合法律、法规规定的主体资格。郑某在甲公司提供实际劳动，甲公司通过微信工作群对郑某进行工作安排及管理，郑某的工作内容亦系甲公司业务的组成部分。虽然郑某的劳动报酬由乙公司发放，但最终的支付主体仍为甲公司。另外，根据庭审查明的事实，郑某系根据微信工作群中发布的工作信息进行工作，与甲公司和乙公司签订的服务协议中约定的通过互联网平台发布任务，进行匹配的用工形式不相符，其实质仍为线下用工模式，故判决郑某与甲公司之间自 2023 年 6 月 18 日至 2023 年 8 月 28 日期间存在劳动关系。

思考：1. 劳动关系主体有哪些基本特征？
　　　2. 新技术革命背景下和谐劳动关系可能面临哪些挑战？

第一节　劳动关系概述

一、劳动关系的内涵

劳动力市场

劳动关系是指劳动者与所在单位之间在劳动过程中建立的社会经济关系，可以从广义和狭义两方面进行理解。从广义上讲，劳动关系即人们在劳动过程中发生的一切关系，包括劳动力的使用关系、劳动管理关系和劳动服务关系等。从狭义上讲，劳动关系指符合国家劳动法律法规规定的劳动法律关系，即双方当事人依据相关法律法规，明确权利与义务，并且实现由国家强制力保障的社会经济关系。劳动关系反映的是资本和劳动之间的关系，其本质是雇员与雇主双方的权利和义务关系。

《中华人民共和国劳动合同法》对劳动关系作出了明确界定，劳动关系指机关企事业单位、社会团体和个体经济组织（统称用人单位）与劳动者个人之间，依法签订劳动合同，劳动者接受用人单位的管理，从事用人单位安排的工作，成为用人单位的成员，从用人单位领取报酬和受劳动保护所产生的法律关系。劳动关系包含以下四个要件：① 劳动者须为单位成员；② 劳动者须在单位的管理之下；③ 劳动者为单位提供劳动；④ 单位为劳动者支付报酬。只有这四个要件同时具备，才能构成劳动法所称的劳动关系。

构建和谐劳动关系，要以促进企业发展、维护职工权益为目标，坚持稳中求进工作总基调，在更大范围、更广层次、更多内容上不断丰富和发展和谐劳动关系创建实践，实现企业和职工协商共事、机制共建、效益共创、利益共享，打造企业与职工的利益共同体、事业共同体、命运共同体，使广大职工建功立业于新时代的团结力量充分涌流，使各类企业尊重劳动、造福职工的崇德向善行为蔚然成风，让推动企业高质量发展的和谐动力竞相迸发，为构建中国特色和谐劳动关系奠定坚实基础。

二、劳动关系的本质

（一）劳动关系双方在冲突与合作中寻求平衡

劳动关系概念
与流派

企业和劳动者都追求自身利益最大化，前者希望以更低的工资成本获得更高的劳动投入，后者希望以更低的劳动投入获取更高的工资报酬，因此劳动关系中存在着根本性的冲突。而企业和劳动者为了各自的可持续发展，又必须选择合作共赢，因为如果企业不支付劳动者合理的报酬，劳动者可以通过消极怠工（降低劳动投入）、辞职（终止劳动关系）等多种方式保护自身利益不受损害，而劳动者如果不为企业提供其所需的劳动，则面临着被降薪（减少工资成本）甚至被解雇（终止劳动关系）的结局。

劳动关系双方选择合作还是冲突，取决于双方的力量对比。双方力量的差异影响劳动关系的结果。一般而言，劳动者技能越高，在劳动力市场中的力量就越强。在劳动关系中，管理方拥有决策权。拥有决策权使管理方在劳动关系中处于主导优势地位，但这种优势地位也不是固定不变的，在某些时间和场合可能会发生逆转。处于弱势地位的劳动者通常以退出、罢工、消极怠工三种形式与资方抗衡。"退出"是指劳动者辞职而给企业带来额外成本，如招募和培训该辞职员工替代者的费用；"罢工"是指劳动者停止工作而给企业带来损失；"消极怠工"主要是指在岗员工不服从、不配合企业的工作安排而给企业带来管理成本的增加。

虽然劳动关系非常复杂，冲突和合作普遍存在，但劳动关系的本质属性是双方在合作与冲突中寻求平衡。当合作大于冲突，即企业和劳动者更多地关注如何将蛋糕做大而不是如何分得更多蛋糕时，劳动关系就可以积极有效地运行，最终实现双赢。当冲突大于合作，即企业和劳动者更多地关注如何分得更多蛋糕而不是如何将蛋糕做大时，劳动关系就可能面临终止（即劳动者辞职或企业解雇劳动者），冲突过大时，甚至会演变为劳动争议。

（二）权利公平是劳动关系和谐的本质要求

劳动关系是否和谐及和谐程度高低，从根本上取决于主体双方是否能够围绕现实利益达成权力与利益的均衡。这种均衡的边界，取决于企业的效益，也取决于整个社会的经济发展水平；取决于主体双方力量的博弈，也取决于主体双方对权利公平的心理感受。资本与劳动为实现劳动过程而形成的权利公平，构成了劳动关系和谐的核心内容，也构成了劳动关系矛盾运动永恒的主题。所有劳动关系的理论研究和政策制定，都必须清晰地考虑到工人、雇主与社会目标的实现，并在他们的利益中寻找让各方均能接受的公正与平衡。因此，所谓和谐劳动关系的实现过程，就是劳动关系主体各方包括程序与实体在内的基本权利公平实现的过程。在法治化的社会背景下，这一过程至少包括两个环节。

一是劳动关系内容权利化的形成与调整过程。当利益的主体自感其利益非常重要，不加以固定化、明确化就不足以受到他人或社会尊重时，他就会把它作为一种权利提出并加以追求。利益只有被反映和确认为一种以它为基础的权力，才能成为利益主体自由活动的推动力。因此，劳动关系内容权利化的形成与调整过程，就是国家机关根据社会经济的发展状况对实现劳动过程中所涉各方利益及行为不断进行调整并使之上升为国家意志、形成法律意义上的权利与义务之过程，这一过程是国家机关以公权力介入劳动关系的重要体现，对劳动关系主体的权利公平起着决定性作用。

二是劳动关系主体权利的实现过程。作为法律对主体利益的许可与保障，任何法定权利都只有在转化为现实利益和行为之后才能实现。因此，法律在规定某一社会主体的权利时，还须同时提供把各种法定权利转化为现实权利的手段与途径。根据我国现阶段经济社会发展的特征和劳动关系的变化特点，这种以权利公平为本质的和谐劳动关系，必须具备以下四个特征：一为权利形成上的规范有序；二为权利分配中的公正合理；三为权利结果上的互利共赢；四为权力运行过程的和谐稳定。这就要求我们既要按照社会经济发展的不同阶段与水平，不断完善和逐步提高国家法定的劳动标准，使全体社会成员公平地共享社会经济发展的成果；又要在微观层面的劳动关系形成、运行、变更、解除和终止的过程中，充分体现劳动关系主体双方的意愿，按照法定的程序公平地表达和实现各自的权利与利益。

三、劳动关系的特征

劳动关系具有以下特征：

一是劳动关系主体之间既具有法律上的平等性，又具有客观上的隶属性。劳动关系主体双方在法律面前享有平等的权利，劳动者向用人单位提供劳动或服务，用人单位向劳动者支付劳动报酬，双方在平等自愿的基础上建立劳动关系。同时，劳动者作为用人单位的成员，在实现劳动过程中应当遵守用人单位的规章制度，服从用人单位的管理，双方形成领导与被领导的隶属关系。

二是劳动关系产生于劳动过程之中。劳动者只有与用人单位提供的生产资料相结合，才能在实现劳动过程中与用人单位产生劳动关系，没有劳动过程便不可能形成劳动关系。

三是劳动者与用人单位间的劳动关系具有排他性。劳动关系只能产生于劳动者与用人单位之间，劳动者与其他社会主体之间发生的社会关系不能称为劳动关系。

四是劳动关系的存在以劳动为目的。用人单位与劳动者建立劳动关系，是为了实现劳动过程，为社会生产产品或提供服务。

"四新经济"指"新技术、新产业、新业态、新模式"的经济形态，是在新一代信息技术革命、新工业革命，以及制造业与服务业融合发展的背景下，以现代信息技术广泛嵌入和深化应用为基础，以市场需求为根本导向，以技术创新、应用创新、模式创新为内核并相互融合的新型经济形态。"四新经济"下劳动关系特征呈现以下变化趋势：

一是劳动关系多样化。新型劳动关系呈现了多样化、灵活化。灵活就业形态也发生了巨大变化，正在从传统的灵活就业向新型灵活就业过渡。单一的劳动合同用工已经不再是唯一的用工方式，劳务派遣、人力资源外包逐步成为劳动力市场雇佣的主要方式。就个人提供劳动力方式而言，自我雇佣、独立承包、众包及共享经济也正在挑战着雇佣关系的单一性。

二是劳动关系协调难度大。新就业形态相对传统就业渠道，具有用工统计困难、用工稳定性差及保障缺乏的特点。这些新问题，进一步加剧了劳动关系协调的难度。

三是劳动关系保障难度高。新就业形态下创造了许多新型职业，如网约车司机、外卖小哥、自媒体博主、网红、上门服务员等；当前没有完善的劳动关系认定标准，法律规则难以协调新型劳动关系。

四是劳动关系边界日益模糊。新就业形态下，多种劳动形式快速发展，自主择业与创业机会大大提升。依托于互联网技术的新就业形态，使传统就业关系日益模糊。

四、劳动关系的主体

劳动关系主体

（一）劳动者

我国劳动关系主体中的劳动者，具体指达到法定年龄，具有劳动能力，以从事某种社会劳动获得收入为主要生活来源，依据法律或合同的规定，在用人单位的管理下从事劳动并获取劳动报酬的自然人。达到法定劳动年龄，并具有劳动能力是成为劳动者的必备条件。劳动者的主体资格始于劳动者最低用工年龄（除特种工作外为 16 周岁），终于法定退休年龄。劳动者达到法定退休年龄后即丧失劳动者主体资格，不能再与单位形成劳动关系。此时与单位之间的用工关系，由劳动关系转变为劳务关系。

工会是由劳动者组成的，旨在维护和改善劳动者的就业条件、工作条件、工资福利待遇以及社会地位等权益。工会主要以集体谈判的方式来代表劳动者在就业组织和整个社会中争取权益。工会的职能具体表现为代表职能、经济职能、社会民主职能和服务职能。工会的行动方式主要有劳动立法、集体谈判、直接行为、互保互助、政治行动等。

西方国家的劳动者一般被称为雇员，有时也称员工、雇工、劳工、劳动者。雇员指在就业组织中，本身不具有基本经营决策权力并从属于这种权力的工作者。雇员是以工资收入为主要来源的劳动者。雇员的范围有蓝领工人、医务工作者、办公人员、教师、社会工作者、中产阶级的从业者和底层管理者，不包括自由职业者、自雇者和农民。

（二）用人单位

西方国家劳动关系的另一主体称为雇主，也称雇佣者，指在一个组织中，使用雇员进行有组织、有目的的活动，并向雇员支付工资报酬的法人或自然人。在企业中，通常管理方代表雇主行使管理雇员的权利。管理方指享有法律所赋予的对企业拥有经营管理权且在用人单位中具有主要经营决策权力的人或团队。

在中国，雇主是一个新的概念。在现行的劳动立法中没有使用这一概念，而是普遍使用"用人单位"。用人单位指具有用人权利能力和用人行为能力，运用劳动力组织生产劳动，且向劳动者支付工资等劳动报酬的单位。用人单位的用人权利能力和用人行为能力，自其依法成立之时产生，自其依法撤销之时消灭。目前，适用

《中华人民共和国劳动法》的用人单位包括企业、个体经济组织、民办非企业单位、国家机关、事业组织、社会团体。其中，企业指我国境内的所有企业，包括法人企业和非法人企业，国有企业和非国有企业，内资企业和外资企业；个体经济组织指经工商登记注册并招用雇工的个体工商户；国家机关、事业组织和社会团体指通过劳动合同与其他工作人员建立劳动关系的单位。

（三）政府

狭义的政府仅指国家机构中执掌行政权力、履行行政职能的行政机构。广义的政府泛指各类国家权力机构，即立法、行政和司法机构的总称。政府是这一法律所调整的劳动关系的直接构成。政府作为劳动关系的主体，是一种特殊主体。具体体现为：一是作为用人单位的政府。公共部门的雇主直接参与劳动关系。二是作为调解者、立法者的政府。公共利益维护者通过监督、干预等手段直接促进劳动关系的协调；通过立法介入和影响劳动关系。三是三方协调机制中的政府。政府（以劳动部门为代表）参与到劳资谈判中来，参与到雇主和工人的交往活动中来，有利于确保雇主和工人之间地位的平衡，对指导、协调建立稳定的劳动关系能够发挥很好的作用。

※课内检查与思考

1. 结合本专业对应的某一特定工作岗位，思考劳动关系的内涵。

_____

_____

2. 结合本专业对应的某一特定工作岗位，思考劳动关系的本质。

_____

_____

3. 结合本专业对应的某一特定工作岗位，思考劳动关系的特征。

_____

_____

第二节　新型劳动关系

一、新职业

根据中国职业规划师协会的定义：职业是性质相近的工作的总称，通常指个人服务社会并作为主要生活来源的工作。在特定的组织内它表现为职位（即岗位），我们在谈某一具体的工作（职业）时，其实就是在谈某一类职位。每一个职位都会对应着一组任务，作为任职者的岗位职责。要完成这些任务就需要这个岗位上的人，即从事这个工作的人，具备相应的知识、技能、态度等。职业是指参与社会分工，用专业的技能和知识创造物质或精神财富，获取合理报酬，丰富社会物质或精神生活的一项工作。职业是人们在社会中所从事的作为谋生手段的工作。从社会角度看职业是劳动者获得的社会角色，劳动者为社会承担一定的义务和责任，并获得相应的报酬；从国民经济活动所需要的人力资源角度来看，职业是指不同性质、不同内容、不同形式、不同操作的专门劳动岗位。

随着社会的发展，新旧职业不断更替，伴随着社会需求日益升级，新职业不断涌现。新职业是社会分工深化的产物，与经济社会发展、数字技术创新融合广泛应用、产业结构升级、人民日益增长的美好生活需要密不可分。新职业是一个异质性群体，既包括传统雇佣关系没有改变的新职业，又包括数字技术快速发展背景下新业态和新商业模式催生的新就业形态。后者灵活多样的就业方式，面临着劳动关系新变化，其从业者面临的新型劳动关系是当下社会关注的焦点。我国人力资源和社会保障部关于新职业的认定程序是：公开向社会征集，申报单位填写并提交《新职业建议书》，职业分类专家严格评审，公示及广泛征求相关行业主管部门意见，按一定程序审批，以国家正式文件形式发布，并在《中华人民共和国职业分类大典》中补充完善。表3-1展示了2019—2021年我国发布的新职业。

2022年7月，人力资源和社会保障部向社会公示了新修订的《中华人民共和国职业分类大典》（以下简称大典）。此次大典修订工作，是2021年4月由人力资源和社会保障部、国家市场监督管理总局、国家统计局联合启动的，也是自1999年颁布首部国家职业分类大典以来的第二次全面修订。此次修订工作遵循客观性、科学性、创新性原则，对2015年版大典确立的8个大类总体结构不做调整，对社会各方面反映的意见建议，秉承求真务实、理性实证的科学精神研究论证，写实性描述各职业（工种）的具体内容，优化更新大典信息描述，以充分反映经济社会和科技发展带来的实际业态变化。具体来说，围绕数字经济、绿色经济、制造强国和依法治国等要求，专门增设或调整了相关中类、小类和细类（职业）。与此同时，根据实际，取消或整合了部分类别和职业，例如：将报关专业人员和报检专业人员2个职业整合为报关人员1个职业；取消了电报业务员等职业。据统计，新版大典包括大类8个、中类79个、小类449个、细类（职业）1636个。与2015年版大典相比，新版大典增加了法律事务及辅助人员等4个中类，数字技术工程技术人员等15个小类，碳汇计量评估师等155个职业（含2015年版大典颁布后发布的新职业）。

新版大典的一个亮点，就是首次标注了数字职业（标注为S）。数字职业是从数字产业化和产业数字化两个视角，围绕数字语言表达、数字信息传输、数字内容生产三个维度及相关指标综合论证得出的。标注数字职业是我国职业分类的重大创新，对推动数字经济、数字技术发展及提升全民数字素养，具有重要意义。新版大

表 3 - 1   2019—2021 年我国发布的新职业

批次/时间	新 职 业	特 征
第一批（13 个） 2019 年 4 月	人工智能工程技术人员、物联网工程技术人员、大数据工程技术人员、云计算工程技术人员、数字化管理师、物联网安装调试员、建筑信息模型技术员、电子竞技员、电子竞技运营师、无人机驾驶员、农业经理人、工业机器人系统操作员、工业机器人系统运维员	
第二批（16 个） 2020 年 2 月	智能制造工程技术人员、工业互联网工程技术人员、虚拟现实工程技术人员、连锁经营管理师、供应链管理师、网约配送员、人工智能训练师、电气电子产品环保检测员、全媒体运营师、健康照护师、呼吸治疗师、出生缺陷防控咨询师、康复辅助技术咨询师、无人机装调检修工、铁路综合维修工、装配式建筑施工员	（1）产业结构升级催生高端专业技术类岗位（如人工智能工程技术人员） （2）数字技术赋能引发传统职业变迁类岗位（如无人机驾驶员） （3）信息化广泛应用衍生类岗位（如数字化管理师）
第三批（9 个） 2020 年 7 月	区块链工程技术人员、城市管理网格员、互联网营销师、信息安全测试员、区块链应用操作员、在线学习服务师、社群健康助理员、老年人能力评估师、增材制造设备操作员	
第四批（18 个） 2021 年 3 月	集成电路工程技术人员、企业合规师、公司金融顾问、易货师、二手经纪人、汽车救援员、调饮师、食品安全管理师、服务机器人应用技术员、电子数据取证分析师、职业培训师、密码技术应用员、建筑幕墙设计师、碳排放管理员、管廊运维员、酒体设计师、智能硬件装调员、工业视觉系统运维员	

典中共标注数字职业 97 个。新版大典沿用 2015 年版大典做法，标注了绿色职业 133 个（标注为 L）。新版大典中，既是绿色职业又是数字职业的有 23 个（标注为 L/S）。

二、新劳动形态

人类社会的发展经验表明，生产技术变革在提升劳动生产力水平的同时，也必然会促进劳动生产方式的跃迁。当前的技术发展趋势显示，就像工业革命对农业社会的劳动形态造成的革命性冲击那样，以人工智能为核心的新科技革命正以前所未有的方式重塑人类社会的劳动形态，使其表现出与工业社会截然不同的特征。

（一）就劳动动机而言，从强迫性劳动转向志趣性劳动

当前，人类发明各种机器来取代人类劳动者去从事各种强迫性的、人类不情愿去做的劳动。特别是人工智能的来临和智能机器人的大规模使用，使此前大量从事

强迫性劳动的劳动者从枯燥乏味、没有尊严的工作中解脱出来。而人类社会物质生产能力的提高将允许劳动者作为一个整体专注于体面的劳动方式。这些新型劳动方式将真正建立在劳动者个人的志趣基础之上，按照劳动者的个人偏好重塑当前人类社会的劳动分工协作网络。工业时代形成的劳动的强制性、被迫性特征将被劳动者对劳动活动的积极性、主动性取代。人类劳动的自由度、与劳动者主观偏好的契合度都将空前提高。人们在从事劳动活动时将不再感受到强迫性劳动所带来的束缚感、疲劳感和挫败感，而是体验和享受劳动过程本身带来的乐趣，工业时代"迫使个人奴隶般地服从分工的情形消失""劳动已经不仅仅是谋生的手段，而且本身成了生活的第一需要"。人类劳动的主观动机将从过去外在的人们对难以维系自身生存的恐慌转向内在的对志趣和偏好的追求，而劳动将成为人们在志趣和主观偏好的驱使下自然而然的行为。

（二）就劳动内容而言，从重复性劳动转向创造性劳动

随着新科技革命的推进和劳动生产力进一步提升，大量的凭借肉体特别是肌肉的力量从事的体力劳动或机械性、重复性劳动正在迅速减少直至消失。此外，依托人的智力且富有创造性的脑力劳动逐渐成为人工智能时代最主要的劳动形态，如科学家、设计师、程序员、教师、律师、法官。这也意味着绝大多数劳动者将以"知识型员工"的身份从事创造性劳动。与这些活动密切相关的创造、辨析、批判、抽象、规划等能力将成为人类从事劳动活动的必备技能。从劳动形态的这一演进趋向来看，人类社会正在经历一个"脑化"的过程，即从过去类似于拥有大脑和四肢的"决策—执行"结构向仅仅负责信息处理和发出指令的"决策中枢"结构转变，整个人类社会将更像一个专注于感知、分析、判断、抽象、规划、评价等事务的大脑，而所有具体的执行任务和工作将被"外包"给人工智能或智能机器人来完成。此外，数字和信息作为供养这个"超级大脑"的基本原料将以前所未有的方式爆炸性增长。与数字和信息相关的创造性劳动，如数字和信息的生产、收集、储存、传播、追踪、筛选、甄别，势必成为人工智能时代人类社会重要的劳动形态。

（三）就劳动主体而言，从专业化劳动转向兼业化劳动

在新科技革命推动下，劳动分工的"去边界化"正在使人类劳动的专业化程度逐步下降，兼业化程度不断提升，进而表现出从专业化劳动向兼业化劳动转变的新趋向。首先，由于智能机器人在专业化劳动领域具有人类无法比拟的独特优势，智能机器人将取代人类劳动者从事诸多专业化的劳动，进而促进人类劳动者从这些劳动中解脱出来。其次，劳动分工的去边界化将打破劳动者专注于单一劳动的劳动形态。人类社会日益复杂化的劳动协作网络为具有不同志趣和偏好的劳动者提供了更为丰富多元的劳动选择，灵活多样的就业方式将更为普遍，进而为兼业劳动创造更多机会。最后，在人工智能技术和新型教育制度的协助下，劳动者能够借助各种信息化、智能化的工具或手段改变传统的劳动方式。这也推动劳动本身对专业化的需

求较之工业时代有所下降，进而促进从事各种劳动活动的准入门槛普遍降低。较之工业时代对劳动者素质的专业化塑造，智能社会将更加突出强调劳动者的综合素质和技能，鼓励劳动者的全面发展，这也为劳动的兼业化发展营造了良好的职业伦理环境。总之，劳动者根据个人志趣身兼数职的现象将更为普遍。兼业化的劳动将取代专业化、职业化劳动，逐步成为新科技革命背景下的主要劳动模式。

（四）就劳动目的而言，从生存性劳动转向体验性劳动

当前，大量维系生存的劳动任务正逐渐交由智能化、自动化的机器人来完成，人类的劳动形态正试图摆脱以维系生存为目标的束缚。生产力的进一步提高将促进人类社会作为一个整体向更高层次的需求转变。人类社会正在从基于动物本能的、维系生存的生理性需求转向基于身心体验的社会性需求。在满足基本的、自然产生的生存需求基础上，人们的身心体验将构成人类需求的主要内容。以满足身心体验为目的的劳动，即体验性劳动成为人类劳动的主要形态。如何不断增进人们的获得感、幸福感、满足感，进而触动人的情感、心灵和思想正在成为人类劳动所追求的主要目标。一方面，衣食住行作为自然产生的需求将逐步脱离其本能需求的意涵，进而被赋予更多与身心体验相关的内容。另一方面，在生存需求得到充分满足的基础之上，人们借助各种现代技术手段按照主观意愿和偏好创造出各种新型需求，从这些被创造出来的需求中寻求更高层次的身心体验。各种迎合这些身心体验的劳动形态也被创造出来。例如，一些公司利用虚拟现实或增强现实等技术手段，给人创造一种身临其境的身心体验；通过将人工智能技术应用于老照片的修复，使照片中逝去的亲人重新"动"起来，给人们创造出与逝去的亲人亲密接触的体验。这些体验都是工业时代的人们闻所未闻的。

（五）就劳动对象而言，从物质劳动转向非物质劳动

当前，人工智能、物联网、云计算、大数据等技术正在彻底颠覆物质劳动和非物质劳动之间的主从关系。一方面，非物质劳动是物质需求得到满足、非物质需求不断增长的必然结果。劳动生产力从低水平向高水平的发展，是人类社会演进的一般趋势。新科技革命赋予了各种劳动组织以惊人的生产力，而生产力的提高将极大地满足人类社会的物质需求，物质需求的满足进一步推动人们非物质性需求的爆发性增长，人类社会对思想、情感、科学、艺术、时尚等精神产品或非物质产品的需要空前高涨，这一趋势必然导致与之相关的非物质劳动在劳动分工协作体系中的地位和作用日益突出。劳动的主要目的将从过去的生产物质产品转向生产非物质产品，从过去满足物质的需要转向满足精神的、非物质的需要。另一方面，非物质劳动是智能机器取代人类物质劳动，挤压人类物质劳动空间的必然结果。智能化、自动化技术在物质劳动场景中的大规模使用正在促使智能机器人彻底取代人类承担绝大多数的物质劳动。随着人类从物质劳动中解放出来，人类将从事以艺术、知识、文化、情感、精神、思想为主要内容的非物质劳动，包括智力的或语言的劳动，抽

象的、精神的劳动，情感劳动，以及技术与科学的劳动等。与艺术创作、知识生产、精神创造、情感关怀相关的非物质劳动正逐步取代当前的物质劳动成为劳动的主流形态。

三、劳动关系的变革

（一）人机协作成为重要的劳动关系

人类社会为了提高劳动生产力水平，围绕特定的劳动任务结成各种劳动协作关系，个体劳动者之间的协作是人类从事生产劳动活动的必然结果。各种劳动协作关系的交叉、重叠、分化、重组，进一步形成了错综复杂的劳动分工协作网络。当前，智能劳动工具日益显现的"人格化"特质正在试图改变固有的劳动协作关系。智能机器不再仅仅作为人类劳动者的劳动对象，而是作为劳动分工协作网络中独立的劳动者参与劳动分工和承担劳动任务；被赋予人工智能的机器人成为连接人与劳动对象关系的中介和纽带。这些机器人更像是劳动任务的承包商和人类劳动者的代理人，人类劳动者给机器人下达指令，机器人则根据人类具体的生产需求向指令者提供产品。此外，人工智能的特性也使机器人能够参与到劳动产品的创制、规划和设计中。这种人机协作关系更类似于人与人的协作关系，而非此前的人与物的关系。这预示着过去人与人的劳动协作模式将被人与智能机器的劳动协作模式所取代，人与智能机器之间的关系将从"指令—执行"的模式转向协同合作模式，进而表现得更为平等。此外，万物互联、虚拟现实等技术的发展，催生出大量的以虚拟网络空间为场域的网络劳动者和数字劳动者。网络中虚拟的劳动合作关系，如虚拟人与现实人，甚至虚拟人与虚拟人之间的劳动关系，也将成为劳动协作网络中的重要组成部分。这种新型的劳动协作关系连同人机关系一起，势必会挑战人类社会现行的劳动制度框架，并推动其做出相应的调整。

（二）劳动组织的边界正在变化

劳动组织是作为个体的劳动者按照特定的方式组织起来的劳动群体，是劳动分工协作关系的组织化表达。随着人类劳动形态的变迁，人类社会的劳动组织也将产生革命性的变革，也将从深层次上改变当前劳动组织的运行理念、制度原则和行为模式。在新型劳动形态的持续影响下，当前流行的刚性劳务合同由于无法适应这一变化，将被更具弹性的劳动契约关系所取代。以获得薪酬为目的的、全职的、单一雇主的标准劳资关系也将被逐步打破，工业时代"企业办社会"的"单位制"劳作模式将彻底瓦解，在一个或几个同类劳动组织中生老病死度过一生的劳动和生存模式将不复存在。生产领域将形成在组织结构、人员构成、制度框架等方面更具弹性的劳动组织。劳动者在新型劳动协作网络中的地位将进一步提高，此前强调组织成员个人忠诚和文化认同的劳动组织也将成为历史。从更长远的时间维度来看，随着劳动方式的持续多元化、劳动的组织规模不断缩小及其开放性愈益增强，劳动组织与非劳动组织之间的边界将逐渐趋于模糊。

（三）劳动与闲暇从对立逐步走向统一

人们将劳动之外由劳动者可以自由支配的时间称为闲暇，闲暇是人们生活的目的，而"勤劳只是获得闲暇的手段"。历史上，劳动与闲暇的二元对立是人类劳作的主要模式，并且劳动占据了人类所从事各种活动的绝大多数时间。人们为了享受闲暇的自由，宁愿忍受劳动带来的不便和痛苦。劳动工具的"人格化"和劳动场域的"多维化"正在使劳动和闲暇从对立走向统一。一方面，智能机器人的大规模使用助推劳动时间的进一步缩短，进而给人们带来更多的闲暇，劳动作为一种物质或精神生产活动终将失去原本的意涵。另一方面，劳动者约束自己从事不情愿的劳作，其目的是能够把大量的自由闲暇时光用来满足自身的志趣和偏好。而随着劳动形态的转变，以及劳动者从枯燥乏味的、单调机械的重复性劳动中解脱出来，劳动内容和个人的偏好志趣越来越紧密地结合在一起，当劳动完全以个人志趣和偏好为内容时，劳动者个人的志趣和偏好恰恰是人们在享受自由闲暇时光时所从事的活动。这也意味着，劳动和闲暇的内容都以个人志趣和偏好为中心，劳动与闲暇之间的界限将彻底消失。人们从事劳动的过程也就是享受闲暇的过程，而劳动本身就是自由闲暇的体现，人们可以一边劳动，一边享受闲暇的自由。随着劳动和闲暇边界的消亡，人们也无须通过特定的制度安排来划清劳动和闲暇之间的界限。自工业革命以来所形成的固定工时制、双休制度、退休制度等也将不复存在。

※课内检查与思考

1. 结合本专业对应的岗位群，思考可能出现哪些新职业。

_____

_____

2. 结合本专业对应的岗位群，思考可能出现哪些新劳动形态。

_____

_____

3. 结合本专业对应的岗位群，思考可能出现哪些劳动关系的变革。

_____

_____

_____

第三节   劳动关系管理

一、就业与失业

就业与失业

（一）就业的概念

劳动就业指达到法定劳动年龄、具有劳动能力的劳动者，运用生产资料依法从事某种社会劳动，并获得赖以生存的报酬收入或者经营收入的经济活动。就业是一定年龄段内的人们所从事的为获取报酬或经营收入所进行的活动。就业可以从三个方面进行界定：① 就业者条件，指在法定劳动年龄；② 收入条件，指获得一定的劳动报酬或经营收入；③ 时间条件，即每周工作时间的长度。我国对就业人员的界定为，从事社会劳动，并取得劳动报酬和经营收入的人口。具体为：① 在人口普查标准时间有固定职业的人口。② 没有固定职业，但在人口普查标准时间有临时性工作并在此前一个月内从事社会劳动累计满 16 天或者 16 天以上的人口。党的二十大报告提出"实施就业优先战略，强化就业优先政策，健全就业公共服务体系，加强困难群体就业兜底帮扶，消除影响平等就业的不合理限制和就业歧视，使人人都有通过勤奋劳动实现自身发展的机会"。目的就是继续抓好就业这个最大的民生，不断实现人民对美好生活的向往。

新技术、新产业、新业态赋能新职业蓬勃发展，将为更多劳动者创造大量灵活就业机会，打开了就业新空间。与传统劳动关系不同，灵活就业的工作时间、工作场所、劳动报酬支付方式灵活多样，可以同时建立多个劳动关系，导致从业者对用人单位的从属性明显变弱。具体来看，与标准就业相比，非全日制、临时性、弹性工作等灵活雇用方式降低了从业者人格从属性；灵活就业者的个体独立性更强，灵活性更大，从而使得组织从属性更弱；灵活就业者能力的提升及劳动报酬支付方式的多样化使得从业者经济从属性弱化。可以预判，灵活就业将不断发展，不仅打破了时间和地域限制，而且拉动了重点人群就业。

（二）失业的概念与类型

失业指有工作能力但没有就业机会。在经济学范畴中，一个人愿意并有能力为获取报酬而工作，但尚未找到工作的情况，即失业。其实质是劳动者与生产资料相分离，劳动者不能与生产资料相结合来进行社会财富的创造。

根据引起失业的原因，经济学家把失业大体上分为三类：摩擦性失业、结构性失业与周期性失业。

（1）摩擦性失业是由于人们在不同的地区或生命阶段，不停地变动工作而引起的失业。也就是说，在一个动态的经济中，总有一部分人或自愿或被迫离开原来的地区或职业，从离开旧工作到找到新工作之间总有一段时间间隔。这一时期内，这些人就处于失业状态。当他们离开原来的工作时，就流入了失业队伍；当他们找到新工作时，又流出了失业队伍。这种劳动力正常流动造成的失业，也正是失业队伍流动性大的重要原因。

（2）结构性失业是劳动力的供求结构不一致时引起的失业。此时，劳动力的供求在总量上也许是平衡的，但在结构上不一致。这就一方面出现了有人无工作的失业，另一方面又存在有工作无人做的空位。出现这种情况，是因为随着经济结构的调整，对某种劳动力的需求增加，对另一种劳动力的需求减少。劳动力的供给由于各种限制条件而无法相应地迅速做出调整，这种失业的根源在于劳动力的供给结构不能适应劳动力的需求结构的变动，因此被称为结构性失业。

（3）周期性失业是由对劳动力的总需求减少（不是个别部门对劳动力需求的减少）引起的失业。在经济周期的衰退阶段，整个社会的总支出和产量水平下降，对劳动力的总需求减少，这就必然导致普遍的失业。这种失业是经济活动的周期性所引起的。

需要明确的是，充分就业并不是说人人都有工作，在任何一个经济环境中存在一定的失业是难免的。这种在实现了充分就业时仍然存在的失业被称为自然失业，自然失业是由经济中一些难以克服的因素引起的，是无法避免的失业。摩擦性失业和结构性失业都属于自然失业。

二、劳动关系管理的内容

劳动关系管理的内容一般有以下几项。

劳动关系调整
模式

（一）劳动合同管理

劳动合同管理包括劳动合同履行的原则；员工招收录用条件、招工简章、劳动合同草案、有关专项协议草案审批权限的确定；员工招收录用计划的审批、执行权限的划分；劳动合同续订、变更、解除事项的审批办法；试用期考察办法；员工档案的管理办法；应聘人员相关材料保存办法；集体合同草案的拟定、协商程序；解除、终止劳动合同人员的档案移交办法、程序；劳动合同管理制度修改、废止的程序等。

劳动关系管理
目标和内容

（二）劳动岗位规范

劳动岗位有确定的职责、任务和生产、工作位置。劳动岗位规范指企业根据劳动岗位的特点对上岗职工提出客观要求的综合规定。在劳动组织工作中，它是安排职工上岗和签订上岗合同的依据，以及对职工进行岗位考核的尺度。

劳动岗位规范的内容，一般应由下述四个部分构成：

（1）岗位名称。

（2）岗位职责，即劳动岗位的职能和在岗职工所负的责任。

（3）生产技术规程。这是企业为执行国家、行业、地方、企业技术标准，保障生产秩序，就如何保证产品质量、设备有效使用和安全生产等方面所作的具体规定。

（4）上岗标准。它是职工履行岗位职责所必备的自身条件。

（三）劳动纪律

劳动纪律指劳动者在劳动中所应遵守的劳动规则和劳动秩序。劳动纪律是用人单位为形成和维持生产经营秩序，保证劳动合同得以履行，要求全体员工在集体劳动、工作、生活过程中，以及与劳动、工作紧密相关的其他过程中必须共同遵守的规则。劳动纪律的目的是保证生产、工作的正常运行；劳动纪律的本质是全体员工共同遵守的规则；劳动纪律的作用体现于集体生产、工作、生活的过程之中。

劳动纪律的范畴大致包括：

（1）严格履行劳动合同及遵守违约应承担的责任（履约纪律）。

（2）按规定的时间、地点到达工作岗位，按制度要求请休事假、病假、年休假、探亲假等（考勤纪律）。

（3）根据生产、工作岗位职责及规则，按质、按量完成工作任务（生产、工作纪律）。

（4）严格遵守技术操作规程和安全卫生规程（安全卫生纪律）。

（5）节约原材料，爱护用人单位的财产和物品（日常工作生活纪律）。

（6）保守用人单位的商业秘密和技术秘密（保密纪律）。

（7）遵纪奖励与违纪惩罚规则（奖惩制度）。

（8）与劳动、工作紧密相关的规章制度及其他规则（其他纪律）。

（四）劳动安全卫生制度

劳动安全卫生制度指为了保障劳动者在劳动生产过程中的安全和健康，用人单位根据国家有关法规制定的各种规章制度的总和。其包括的内容有两个方面：一方面属于生产行政管理制度，如安全生产责任制度、安全生产教育制度、劳动安全卫生监察制度；另一方面属于生产技术管理制度，如安全技术操作规程、机械设备维修制度。我国《劳动法》《安全生产法》都明确规定，生产经营单位必须建立健全劳动安全卫生管理制度。

（五）劳动定员定额规则

劳动定员定额规则即编制定员规则、劳动定额规则。劳动定员又称编制定员，指根据企业既定的生产经营方向（或产品方案）及其规模所规定的，在一定时期内和一定技术组织条件下，企业机构的设置和企业各机构配备各类人员的数量界限。劳动定额指为规范地确定劳动任务而制定的，在一定技术组织条件下劳动者完成工作所需要的劳动消耗量。

除上述内容外，劳动关系管理的内容还包括劳动者和用人单位在平等协商、真实自愿基础上约定的其他内容。

三、劳动关系管理的目标

（一）提高效率

提高效率既是雇主管理劳动关系的主要目标，也是政府干预劳动关系和社会参与劳动关系管理的一个目标。效率指生产者有效利用有限的资源，包括劳动力资源，增加产品或服务的供应，以满足消费者需求。效率是经济行为的工具性标准，追求效率是一种经济行为，与利润最大化的企业目标保持一致，因而效率是雇主的首要目标。

效率也强调有限资源的有效利用所带来的经济繁荣和社会福利，但在追求效率的过程中会产生外部性等一系列问题，比如交通系统工人罢工造成的旅客出行困难，工人低工资造成的社会购买力低下导致国内需求不足，进而引起产品市场供需不平衡。因此，效率也是政府和社会关注的一个目标。效率可以用生产率、利润和股票绩效等指标来衡量。

（二）体现公平

公平是由一组公平就业标准构成的。这些标准涵盖了尊重人性尊严和人性自由的物质结果和个人待遇。作为劳动关系标准，公平涵盖了最低标准、分配性公平和程序性公平。公平是雇员待遇的工具性标准。员工应该得到其应得的待遇，包括作为自由人所应有的最低条件和客观的业绩评价标准。这些是员工获取食物和营养、住所、保健和休闲的重要手段。

公平的最低标准包括：最低工资、最高工时、安全和健康保护、童工限制、家庭休假，以及退休、健康和伤残保险。公平还包括公平的工作报酬、均衡的收入分配、保证机会均等并免遭不正当解雇的非歧视政策；也包括政治上、道德上、宗教上和心理上的诸多方面的正当性，以保证员工能够感知公平性。显然，这些方面表现出的公平，是劳动者管理劳动关系的重要目标。同时，公平既包括了与薪资等有关的物质结果，也包括了分配性公平和程序性公平，涉及道德、宗教、政治等更广泛的问题，因此，公平也就成为政府和社会参与劳动关系管理的一个目标。

（三）保证发言权

发言权是员工参与管理的内在要求，对于民主社会理性的自然人而言，参与管理和决策本身就是目的。因此，追求对工作场所的发言权是劳动关系管理的重要目标。发言权是在决策中提出有益见解的权力。发言权由两个要素构成：根植于政治民主理论的产业民主和根植于人性尊严自治的员工决策。由于发言权与政治、道德、宗教、心理甚至产权有密切关系，出于政治理论、宗教思想、人性尊严及其他方面的考虑，将发言权推及工作场所，是一种"道德律令"，也必然成为政府和社会关注的一个目标。

(四) 促进经济发展与社会和谐稳定

劳动关系本身是一种社会经济关系，劳动关系管理有助于促进生产力要素的优化配置，从而提高劳动者、生产资源、劳动对象的匹配与组合。作为劳动关系主体之一的政府，通常将经济发展与社会和谐稳定作为管理劳动关系的主要目标。如果国家、企业和工作场所等层面的劳动关系管理非常有效，就会减少产业行动发生的频率，缩小产业行动的规模，对经济发展、社会和谐稳定和促进公共利益，有非常积极的影响。

※劳动教育训练营

一、核心概念

　　劳动关系　　新职业　　就业　　失业　　劳动形态　　人机协同

二、简答题

　　1.简述劳动关系的内涵。

　　2.简述劳动关系的特征。

　　3.简述劳动关系的本质。

　　4.简述劳动关系的主体。

　　5.简述劳动关系管理的主要内容。

　　6.简述劳动关系管理的目标。

三、论述题

　　论述新技术革命背景下劳动关系变革的趋势。

四、课外拓展

　　1.阅读相关文献，思考平台经济模式下劳动关系的变革。

　　2.思考平台经济模式下劳动关系管理的内容和面临的挑战。

五、实践探索

　　实践主题：平台经济模式下的劳动关系管理。

　　实践目标：

　　1.理解劳动关系管理的内涵、本质、主体。

　　2.理解新型劳动关系演变的趋势。

　　3.理解劳动关系管理的内容和目标。

　　实践报告要求：

　　以个人为单位，递交课外劳动实践报告；报告内容要结合美团，探讨平台经济模式下劳动关系的演变及劳动关系管理面临的挑战和对策。

第四章　劳动安全

我们要坚持以人民安全为宗旨、以政治安全为根本、以经济安全为基础、以军事科技文化社会安全为保障、以促进国际安全为依托，统筹外部安全和内部安全、国土安全和国民安全、传统安全和非传统安全、自身安全和共同安全，统筹维护和塑造国家安全，夯实国家安全和社会稳定基层基础，完善参与全球安全治理机制，建设更高水平的平安中国，以新安全格局保障新发展格局。

——习近平总书记在中国共产党第二十次全国代表大会上的报告

学习目标

1. 了解劳动安全的内涵。
2. 理解树立劳动安全意识的意义。
3. 掌握劳动安全事故的预防。
4. 理解职业与健康的含义。
5. 了解高校常见突发事故类型。
6. 掌握现场应急救援措施。

引导案例

警钟长鸣！回顾近年国内高校实验室安全典型事故

案例一：2022 年 4 月 20 日，中南大学实验室内发生爆燃事故，该校材料科学与工程学院一名博士生在事故中受伤。

案例二：2021 年 10 月 24 日，南京航空航天大学材料科学与技术学院材料实验室发生爆燃，造成 2 人死亡。

案例三：2021 年 7 月 27 日，中山大学药学院发生一起实验安全事故。一名博士生在清理此前毕业生遗留在烧瓶内的未知白色固体，用水冲洗时发生炸裂。炸裂产生的玻璃碎片刺穿该生手臂动脉血管。

案例四：2018 年 12 月 26 日，北京交通大学东校区 2 号楼一实验室内学生进行垃圾渗滤液污水处理实验时发生爆炸，导致镁粉桶起火，过火面积 60 平方米，3 名研究生在事故中罹难。

案例五：2017 年 3 月 27 日傍晚，复旦大学化学西楼一实验室发生烟雾报警，同时楼内疑似发出轻微爆炸声。安保人员和院系老师第一时间赶到现场，发现一学生在实验中手部受伤，随后立即将其送医院治疗，学生无生命危险。

案例六：2016 年 9 月 21 日上午 10 时 30 分左右，东华大学松江校区化学化工与生物工程学院的 3 名研究生在实验室进行化学实验时，现场发生爆炸。其中 2 人面部、眼部受重伤被送医救治。爆燃导致实验室学生被化学试剂高锰酸钾等灼伤到头、面部和眼睛，另外还有多处被玻璃碎片划伤。

案例七：2016 年 1 月 10 日中午，北京化工大学科技大厦一间实验室内突然起火。幸运的是，现场无人员伤亡。

案例八：2015 年 12 月 18 日上午 10 时 10 分左右，清华大学化学系何添楼二层的一间实验室发生爆炸火灾事故，一名正在做实验的博士后当场死亡。

思考：1. 你在学校实验室中进行过实验吗？在实验中是否意识到实验安全问题的存在？进行实验时应该采取哪些保护措施？

2. 查阅资料，思考发生实验室安全事故时应采取怎样的应急措施。

第一节　劳动安全概述

一、劳动安全与劳动危险的内涵

（一）劳动安全的内涵

劳动安全是以防止劳动者在劳动活动过程中发生各种伤亡事故为目的，在法律、教育、技术、设备和组织制度等方面采取的一系列综合预防和保护措施。根据世界卫生组织的定义，劳动安全（职业安全）是劳动者在劳动场所的安全和健康所有相关事务。其首要目的是防止劳动者在劳动活动中发生意外事故。但安全与危险是辩证统一的共生体，正所谓"无危则安，无缺则全"。安全与危险在同一事物的运动过程中是相互对立的，是相互依赖而存在的。因为有危险，才要进行安全管理。安全与危险并非等量并存、平等相处。随着事物的运动变化，安全与危险每时每刻都在发生变化，进行此消彼长的斗争。只要人们从事劳动生产，劳动安全问题的发生就不可避免。只有使生产过程在符合安全要求的物质条件和工作秩序下进行，才能防止人身伤亡和设备事故及各种危险的发生，从而保障劳动者的安全健康和促进生产率的提高。

劳动中的危险
与事故

安全与危险

广义上讲，劳动安全是指在劳动过程中，将系统的运行状态对劳动者的生命、财产可能产生的损害控制在可接受水平以下的状态，防止中毒、车祸、触电、塌陷、火灾、坠落、机械伤害等危及劳动者人身安全的事故发生。新时代大学生全面、完整地理解劳动安全的内涵，不仅需要了解所面临的劳动安全问题的复杂性，还要树立全面、系统、科学的劳动安全观，在劳动中增强国家安全意识、公共安全意识和职业安全意识。

（二）劳动危险的内涵

危险是指某一系统、产品或设备与操作的内部和外部的一种潜在的不安全状态，是可能发生财产损失、劳动环境损坏甚至人员伤亡的状态。危险的关键特征是其发生可能性的大小与劳动环境的安全条件、劳动者的安全意识和避险训练等因素显著相关。危险发生所造成的损失严重程度也大小不一，其严重度取决于危险发生的场所、时间、原因和种类等因素。

危险源是指系统中具有潜在物质和释放能量危险，具有导致财产损失、劳动环境破坏甚至人员伤亡的能力，在一定限定因素和触发条件下可以转化为事故的设备设施、空间区域或工作岗位等因素。危险源是由危险物质或能量，以及承载物质或传递能量的劳动设备（或装置、设施、物体、场所、区域等）共同组成的一个体系。危险源的实质是具有潜在危险的事故爆发源头。不同的系统或劳动专业下，危险源的存在形式和区域范围也存在不同。对于大学校园来说，化工等专业存放危险实验原料的实验室就是一个危险源；对于实验室来说，存放的危险实验原料和能与危险实验原料发生剧烈反应的其他物品就是危险源。一般来说危险源可能存在危险和事故隐患，也可能不存在隐患。对于存在危险和事故隐患的危险源，在日常管理中一定要着重关注，及时整改，坚决避免安全事故的发生。

二、树立劳动安全意识

（一）树立国家安全意识

2014 年 4 月 15 日，习近平总书记在主持召开中央国家安全委员会第一次会议时，首次提出总体国家安全观，阐述了总体国家安全观的基本内涵、指导思想和贯彻原则。党的十九届六中全会指出，总体国家安全观涵盖政治、军事、国土、经济、文化、社会、科技、网络、生态、资源、核、海外利益、太空、深海、极地、生物等诸多领域，要求坚定维护国家政权安全、制度安全、意识形态安全，加强国家安全宣传教育和全民国防教育，巩固国家安全人民防线。

总的来说，国家安全是指国家政权、主权、统一和领土完整、人民福祉、经济社会可持续发展和国家其他重大利益相对处于没有危险和不受内外威胁的状态，以及保障持续安全状态的能力。当前，国家安全既包括国土安全、主权安全、政治安全、经济安全、国防安全、国民安全等传统内容，也包括文化安全、科技安全、金融安全、信息安全等方面的新内容。

根据《中华人民共和国反间谍法》第十条规定：境外机构、组织、个人实施或者指使、资助他人实施，或者境内组织、个人与境外机构、组织、个人相勾结实施危害中华人民共和国国家安全的间谍行为，都必须受到法律追究。

大学生通常刚刚成年，涉世未深，如果缺乏必要的国家安全意识，势必会导致各种安全问题的发生。因此，大学生需在劳动过程中树立国家安全意识，主要体现在以下几个方面：

第一，强化忧患意识。国家安全关系到国家存亡，民族兴衰，没有国家安全就没有和平稳定的建设环境。大学生是中国特色社会主义事业的未来建设者和接班人，我们有无强烈的忧患意识，对于中国特色社会主义建设事业的得失成败有着重大的影响，我们必须时刻牢记把国家的主权、利益和安全放在第一位。

第二，提高守法意识。抓好《中华人民共和国国家安全法》等法律法规宣传教育，使每个学生清楚地认识到国家安全关系到整个社会政治、经济、文化等各方面的发展。

第三，加强防范意识。抓好保密教育，大学生要了解有关间谍行为的基本常识，识别和洞悉各类危害国家安全的间谍行为，杜绝泄露国家秘密的间谍行为，警惕危害国家安全的特殊活动。在对外交往中，既要热情友好，又要内外有别、不卑不亢；既要珍惜个人友谊，又要牢记国家利益；既可争取各种帮助、资助，又不失国格、人格。

（二）树立公共安全意识

公共安全，是指社会和公民个人从事和进行正常的生活、工作、学习、娱乐和交往所需要的稳定的外部环境和秩序。公共安全包含信息安全、食品安全、公共卫生安全、公众出行安全、避难者行为安全、人员疏散的场地安全、建筑安全、城市生命线安全、人身安全等。大学生在劳动中树立公共安全意识主要体现在：

第一，公共安全教育。公共安全教育是不断提高学生公共安全知识、培养和提高学生公共安全意识的有效手段。教育部门要根据大学生不同阶段的需求，组织专家制订相应的公共安全教学计划和教学内容，编制专门的教材。除了传统的课堂教育，在信息时代，网络扮演着极其重要的角色。公共安全教育和公共安全意识的培养要充分利用网络这个有效的工具。

第二，公共安全实践。大学生参加各类公共安全实践是提高大学生安全意识的另一手段。常见的实践活动有公共安全体验、公共安全训练、应急演练等。通过开展多样的实践活动，使大学生亲身参与感受灾害，在增强突发事件应急能力的同时也加强了公共安全意识的培养。

（三）树立职业安全意识

职业安全，就是我们狭义上所理解的劳动安全，是指在生产过程中，为避免人身或设备事故，创建安全、健康的生产和操作环境而采取的各项措施及相应的活动，最终促进经济发展，提高职业生活质量。劳动中的职业安全意识是指在生产过程中，避免人身伤亡、设备损坏或环境遭到破坏的认知、情感和意志的心理活动的总和。大学生在劳动中树立职业安全意识主要体现在：

第一，专业知识学习。大学生要认真学习国家及各部委颁发的安全生产方针、政策、法规，这是提高大学生职业安全素养的必要手段。

第二，自主学习。大学生要积极主动学习与职业有关的安全知识，做到自我预防、集体预防，将安全隐患与危险扼杀在生产前。

第三，保持警惕性。针对生产过程的各个环节都要提高警惕性，不能由于疏忽、失误而使自己或他人受到伤害。

第四，遵守纪律制度。在多人作业的场所，个人由于不遵守操作规程、操作失误等造成安全事故的案例屡见不鲜。因此，大学生应该树立劳动纪律和制度方面的意识，包括职业劳动纪律、安全纪律、组织纪律、工艺纪律等。

※课内检查与思考

1. 结合本专业，思考你所学习的专业涉及的劳动安全领域。

_____

_____

2. 结合本专业，阐述劳动安全对于大学生的重要性。

_____

_____

3. 结合本专业，谈谈怎样提高大学生劳动安全意识。

_____

_____

第二节　劳动安全事故

一、劳动安全事故的定义

一般来讲，劳动安全事故都是在生产劳动与管理的过程中发生的，因此，劳动安全事故也称生产安全事故。

生产安全事故是指生产经营单位在生产经营活动（包括与生产经营有关的活动）中突然发生的，伤害人身安全和健康，或者损坏设备设施，或者造成经济损失，导致原生产经营活动终止的意外事件。

二、劳动安全事故的类型

根据我国标准 GB 6441—86《企业职工伤亡事故分类标准》，安全事故可以划分为 20 类（见表 4-1）。

表 4-1　安全事故分类

序号	事故类型	定　义
1	物体打击	指由失控物体的惯性造成的人身伤亡事故。不包括因机械设备、车辆、起重机械、坍塌、爆炸等引起的物体打击
2	车辆伤害	指企业内由机动车辆引起的机械伤害。不包括起重设备提升、牵引车辆和车辆停驶时发生的事故
3	机械伤害	指机械设备与工具引起的绞、辗、碰、割、戳、切等伤害
4	起重伤害	指从事起重作业时引起的机械伤害事故
5	触电	指电流流经人体，造成生理伤害的事故
6	淹溺	指大量的水经口、鼻进入人体肺部，造成呼吸道阻塞或发生急性缺氧而窒息死亡的事故

续　表

序号	事故类型	定　　义
7	灼烫	指火焰烧伤、高温物体烫伤、化学灼伤（酸、碱、盐、有机物引起的体内外灼伤）、物理灼伤（光、放射性物质引起的体内外灼伤），不包括电灼伤和火灾引起的烧伤
8	火灾	指在时间和空间上失去控制的燃烧所造成的灾害
9	高处坠落	指因人体所具有的危险重力势能引起的伤害事故。但不包括以其他事故类别作为诱发条件的坠落事故，如触电坠落事故
10	坍塌	指建筑物、构筑物、堆置物倒塌及土石塌方引起的事故
11	冒顶片帮	冒顶是顶板失控而自行冒落的现象。片帮指矿井作业面、巷道侧壁在矿山压力作用下变形，破坏而脱落的现象。两者常同时发生造成人身伤亡事故，统称为冒顶片帮
12	透水	指矿山、地下开采或其他坑道作业时，意外水源带来的伤亡事故
13	放炮	指施工时，放炮作业造成的伤亡事故
14	火药爆炸	指火药与炸药生产过程中，如配料、运输、贮藏等发生的爆炸事故
15	瓦斯爆炸	指可燃气体瓦斯、煤尘与空气混合形成了浓度达到爆炸极限的混合物，接触明火时，引起化学爆炸事故
16	锅炉爆炸	指锅炉发生的物理爆炸事故
17	容器爆炸	指压力容器超压而发生的爆炸
18	其他爆炸	凡不属于火药爆炸、瓦斯爆炸、锅炉爆炸、容器爆炸的爆炸事故
19	中毒和窒息	指在生产条件下，有毒物进入人体引起危及生命的急性中毒以及在缺氧条件下，发生的窒息事故
20	其他伤害	指凡不属于前面各项的伤亡事故均列为其他伤害，如扭伤、跌伤、冻伤、动物咬伤，钉子扎伤脚

　　为了便于生产安全事故报告和调查处理工作，生产安全事故一般根据造成的人员伤亡情况或者直接经济损失分为四个等级（所称的"以上"包括本数，"以下"不包括本数）：

　　（1）特别重大事故，是指造成30人以上死亡，或者100人以上重伤（包括急性工业中毒，下同），或者1亿元以上直接经济损失的事故。

　　（2）重大事故，是指造成10人以上30人以下死亡，或者50人以上100人以下重伤，或者5 000万元以上1亿元以下直接经济损失的事故。

（3）较大事故，是指造成 3 人以上 10 人以下死亡，或者 10 人以上 50 人以下重伤，或者 1 000 万元以上 5 000 万元以下直接经济损失的事故。

（4）一般事故，是指造成 3 人以下死亡，或者 10 人以下重伤，或者 1 000 万元以下直接经济损失的事故。

三、劳动安全事故产生的原因

（一）企业生产安全事故发生的原因

1. 人的不安全行为

人的不安全行为是指施工人员在作业活动过程中，违背心理特征，违反劳动纪律、操作规程和施工方法等所表现出来的具有危险性的非正常行为。人的不安全行为源于人的不安全思想、错误判断、错误推测及意外动作。包括管理人员的违章指挥，工序作业前未进行安全技术交底，项目部对施工现场安全检查走过场，作业人员安全意识淡薄、岗位技能低下、施工经验缺失、操作违章、冒险盲干，安全员责任心不强，疏于管理，未能发现施工现场的安全隐患并消除。概括起来，能引起或可能引起安全事故发生的人的一切行为都是不安全行为。人是事故的肇事者，同时也是事故的受害者。预防事故的发生应首先预防人的不安全行为。大学生在劳动过程中要避免实施不安全行为。

2. 物的不安全状态

在生产过程中能发挥一定作用的机械、物料、生产对象及其他生产要素统称为物。一切能引起或可能引起事故的物的状态都是物的不安全状态，包括防护、保险、信号等装置缺乏或有缺陷；设备、设施、工具、附件有缺陷或强度不够；机械强度不够、电气设备绝缘强度不够等；设备在非正常状态下运行，如设备带"病"运转、超负荷运转等；维修、调整不良，如设备失修、保养不当等；个人防护用品缺乏或不符合安全要求。

3. 管理上存在的缺陷

管理上的缺陷主要指管理者在思想上对安全工作的重要性认识不足或者组织管理上的缺陷。如劳动组织不合理；规章制度不健全，实施不力；对岗位职工的安全教育与技术训练不够；缺乏现场作业指导与检查；隐患整改不及时，事故防范措施不落实；技术和设计上有缺陷等。

4. 可变的环境因素

良好的作业环境是安全生产必不可少的条件，但作业环境通常是可变的。环境的不安全因素主要包括两个方面：其一是自然环境的不安全因素，例如洪涝灾害、山体滑坡、高温酷暑、寒潮低温等自然环境对劳动生产造成的不利影响。其二是不良或危险工作环境潜伏的不安全，例如照明光线不良；通风不良；作业场地杂乱；作业场所狭窄；交通线路配置不安全；操作工序设计或配置不安全；地面滑；贮存方法不安全；环境湿度、温度不当。

（二）学校劳动安全事故发生的原因

中共中央、国务院发布的《关于全面加强新时代大中小学劳动教育的意见》（以下简称《意见》）对加强新时代大学生劳动教育提出了一系列新要求。《意见》指出："实施劳动教育重点是在系统的文化知识学习之外，有目的、有计划地组织学生参加日常生活劳动、生产劳动和服务性劳动，让学生动手实践、出力流汗，接受锻炼、磨炼意志，培养学生正确劳动价值观和良好劳动品质。""高等学校要注重围绕创新创业，结合学科和专业积极开展实习实训、专业服务、社会实践、勤工助学等。"各高校根据《意见》的要求积极开展大学生劳动教育，大致可分为校内劳动和校外劳动。校内劳动如参与校内环境清理、安保执勤、勤工俭学等。校外劳动以实习、校外宣讲、参加创新创业大赛等为主。在校园劳动中，学校必须从劳动场所、劳动内容、组织形式和劳作形式等方面认真筛查事故隐患，杜绝安全事故的发生。

校园劳动安全事故虽少，但也并非没有，总结原因有以下几点：

第一，劳动内容未选对。学校在确定劳动项目时未充分考虑学生的身体条件，没有考虑到学生的身体承受能力和实际实施情况，导致事故发生。

第二，学校管理制度存在漏洞。劳动活动的组织混乱，劳动管理责任制未落实，劳动环境、工具监督检查不力，劳动过程巡查监督不够，应急措施不到位等，这些制度上的缺陷是发生安全事故的重要原因。

第三，安全宣传教育不够。学校对学生劳动安全教育不够重视。在日常学习过程中，未对学生进行相关的安全宣传。在劳动活动前，也没有专业的安全教育，导致学生安全防范意识淡薄。

四、劳动安全事故的预防

安全第一，预防为主。大学生在校内外进行劳动活动时，要时刻牢记安全，防止一切安全事故的发生。掌握常见校园事故防范知识和必要的劳动安全常识至关重要。

（一）校园常见事故防范

1. 防火防爆

针对高校火灾发生的原因，各高校都制定了相应的消防管理制度，总体有以下几点：

（1）不吸烟，严禁吸烟、乱丢烟头等不文明行为。

（2）夏天驱蚊、点蚊香应防止引燃周围的可燃物。

（3）不随意燃烧纸张、信件等杂物。

（4）不私自乱接电源，防止由乱接电源使电流过载导致的火灾。

（5）严禁使用破损的插头、插座等接线板，不要购买和使用质量低劣的电器产品，一定要选用具有国家认证标志的合格电器产品。

（6）不得私自接床头灯、台灯。不要用可燃物直接遮挡白炽灯泡。

（7）不得违章使用电炉、热得快、电热杯、电炒锅、电饭锅等电热器具。

（8）做到人走灯灭，关闭电源，节约能源，消除隐患。

高校实验室是安全事故隐患的重点排查场所。通常实验室会储存、使用一定量的化学用品。因此，大学生必须做到防止爆炸伤害的几点内容：

（1）掌握常见化学品的性质、事故处理要点。

（2）加强对化学用品的储存、使用管理。

（3）进行实验时，在老师指导下，严格遵守操作规程和操作步骤。

（4）加强实验室日常安全检查，及时报备安全隐患。

2．防盗

失窃是高校常见的安全事故，易给学生造成严重的经济损失。预防失窃最重要的是做好以下几点：

（1）锁好门窗，贵重物品保存在安全保险的地方。

（2）手机、存折、信用卡等要加密，丢失后要立即挂失。

（3）增强安全意识，保护好自己的个人信息。

（4）遵守宿舍管理规定，不带外来人员进宿舍。

（5）在公共场所，保管好随身携带的财物。

（6）发现可疑人员要提高警惕，必要时打 110 报警。

3．防诈骗

近年来，高校诈骗作案时有发生，常见高校诈骗类型如下。

骗局一：冒充领导、老师

一些诈骗分子很可能会冒充学校的领导与老师，通过给学生打电话或者微信、QQ 等方式联系学生，谎报挂科费用、申请保证金等，让学生转账、打款。

骗局二：寝室推销

一些诈骗分子自称学长学姐，进入寝室楼进行上门推销，此类推销产品多为假冒伪劣产品，一旦购买很难再联系上推销者，更不会有相应的售后保障。

骗局三：网上交友诈骗

诈骗分子一般通过网络添加受害人为好友，聊天熟悉后成为好朋友或者确立恋爱关系，利用花言巧语蒙蔽受害人的理智，再编造各种理由骗取受害人钱财。

骗局四：购物、兼职、刷单

诈骗分子发布网购刷单兼职信息，承诺在交易后立即返还购物费并额外提成。刷第一单时会小额返利，刷单交易额变大后，诈骗分子就会以各种理由拒不返款，该诈骗案件最为常见，层出不穷。

骗局五：校园贷

诈骗分子通过网络贷款平台面向在校大学生开展贷款业务，而很多校园贷其实都是披着伪善外衣的高利贷，导致大学生欠下巨债，甚至留下照片、视频、身份证和家属电话号码等作为贷款抵押和担保，一旦无法如期还款，便会遭受威胁，勒索钱财。

事实上，诈骗类型远不止上述几种，要谨记天上不会掉馅饼。无论何种诈骗，最终都会归为转账。牢记"诈骗公式"：人物（网络虚拟身份）+ 交流（通过电信网络，就是不愿见面）+ 谈钱（要求点击不明链接、下载 App、授权个人信息等各种理由并要求转账）= 诈骗。大学生要提高防范意识，谨慎交友，如遇到要求转账、下载不明链接等可疑情况，要通过打电话、面谈等多种方式进行核实，不明真相前勿信、勿听、勿转账！

4. 防意外事故

除以上几类事故，大学生还需防范其他意外事故，如抢劫、拥挤踩踏、打斗伤害、食物中毒、交通事故等。大学生日常要注意做好以下几点：

（1）不炫富，不外露。不外露或向他人炫耀随身携带的贵重物品，单独外出不带过多的现金。

（2）外出必须遵守交通规则。看交通标志，走人行通道，注意避让车辆，不要边走边看手机。

（3）不坐超载或无证经营的车辆。

（4）不违反校规校纪，不私自外出。

（5）高声语，巧求助。遇到危险时，大声呼救，或故意高声说话，引起周围人的注意，巧妙向警察求救；注意观察作案人，尽量记下其身高、年龄、衣着、语言、行为等特征，为警方抓获作案人提供帮助。

（二）劳动安全常识

为了预防劳动安全事故的发生，大学生除了掌握常见校园事故防范知识，还需掌握必要的劳动安全常识，主要包括安全色、安全标志及个人防护用品。

安全色和安全标志是国家规定的两个传递安全信息的标准。从本质上来说，安全色和安全标志是一种消极的、被动的和防御性的安全警告装置，无法消除和控制危险源，更无法取代其他防范劳动安全事故的各项针对性措施和规章制度，但它们能够形象而醒目地向人们提供提示、指令、禁止和预警等安全信号，在实际劳动生产中对于预防安全生产事故的发生具有重要作用和现实意义。

1. 安全色

安全色，即传递安全信息含义的颜色，包括红、黄、蓝、绿四种颜色。与安全色同时使用的是对比色，包括黑、白两种颜色，其目的是使安全色更加醒目。我国标准规定安全色适用于公共场所、工业企业、建筑工地和其他有必要提醒人们注意安全的场所。

红、黄、蓝、绿四种安全色各自传递着不同的安全含义和信息。在日常生活中最常见的安全色就是道路路口的红绿灯，生动展示了安全色在日常生活中的应用和它们各自代表的含义。

（1）红色，表示禁止、停止、危险及消防设备的意思。凡是禁止、停止、消防和有危险的器件或环境均应涂以红色的标记作为警示的信号。

（2）黄色，表示提醒人们注意。凡是警告人们注意的器件、设备及环境都应以黄色表示。

（3）蓝色，表示指令，要求人们必须遵守的规定。

（4）绿色，表示给人们提供允许、安全的信息。

安全色与对比色的相间条纹也有不同的含义：

（1）红色与白色相间条纹——表示此处环境危险，禁止进入。

（2）黄色与黑色相间条纹——表示此处需要特别注意。

（3）蓝色和白色相间条纹——表示此规定必须遵守。

（4）绿色和白色相间条纹——与提示标志牌同时使用，更醒目地进行安全提示。

2. 安全标志

安全标志是用以表达特定安全信息的标志，一般由图形符号、安全色、几何形状（边框）或文字构成。与安全色一样，安全标志适用于公共场所、工业企业、建筑工地和其他有必要提醒人们注意安全的场所。使用安全标志能够引起劳动者对于不安全因素的注意，从而达到预防安全事故、保证劳动安全的目的。但是也要注意到，安全标志仅能起到提示和警醒的作用，需要依靠人们的安全意识和自觉遵守，无法代替有针对性的安全操作规程和相应的安全防护装备和措施。

根据国家标准《安全标志及其使用导则》（GB 2894－2008）规定，安全标志分为禁止标志、警告标志、指令标志和提示标志四大类型。

（1）禁止标志。禁止标志是禁止不安全行为的图形标志。其基本形式是带斜杠的圆边框，采用红色作为安全色，常见禁止标志如图 4－1 所示：

图 4－1 常见禁止标志

（2）警告标志。警告标志是提醒周边环境存在潜在危险，需要提高注意力防范
危险的图形标志。警告标志的基本形式是正三角形边框，采用黄色作为安全色。常
见警告标志如图 4-2 所示：

安全色之安全
标志

图 4-2　常见警告标志

（3）指令标志。指令标志是强制人们必须做出某种动作或采用防范措施的图形
标志。其基本形式是圆形边框，采用蓝色作为安全色。常见指令标志如图 4-3
所示：

图 4-3　常见指令标志

（4）提示标志。提示标志是向人们提供某种信息（如安全出口或场所等）的图
形标志。其基本形式是正方形边框，采用绿色作为安全色。常见提示标志如图 4-4
所示：

图 4- 4　常见提示标志

3. 个人防护用品

生产过程中存在的各种危险和有害因素，会伤害劳动者的身体，损害健康，甚至危及生命。个人防护用品（personal protective equipment，PPE），就是在劳动过程中为防御物理、化学、生物等有害因素伤害人体而穿戴和配备的各种物品的总称，也称劳动防护用品。

《中华人民共和国劳动法》《中华人民共和国安全生产法》等相关法律法规都规定了用人单位必须为劳动者提供符合标准的个人防护用品。大学生应具备个人防护用品相关的知识。

通常按照防护部位，个人防护用品可分为八类：头部防护用品、呼吸防护用品、眼（面）防护用品、听力防护用品、手部防护用品、足部防护用品、躯体防护用品、皮肤类防护用品、坠落防护用品和其他防护用品，如图 4- 5 所示。

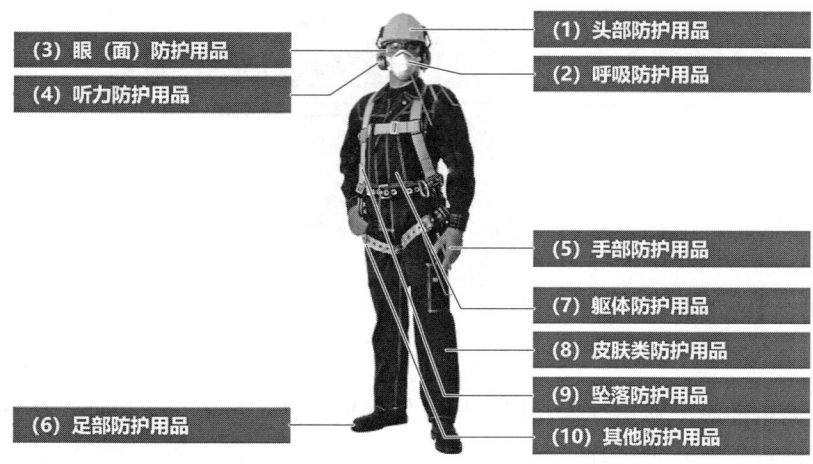

图 4- 5　个人防护用品

（1）头部防护用品。头部防护用品是为防御头部不受外来物体打击和其他因素危害而采用的个人防护用品，主要指安全帽。使用安全帽前，认真检查安全帽有无破损、老化等危及安全要求的隐患存在；安全帽内不准垫放任何物品，包括草帽、凉帽等，以免削弱安全帽的保护功能；调整帽壳与头顶保持足够的缓冲距离；使用后应将安全帽存放在干燥、通风、凉爽的环境中。

（2）呼吸防护用品。呼吸防护用品是为防止有害气体、蒸气、粉尘、烟、雾经呼吸道吸入或直接向佩用者供氧或清净空气，保证在尘、毒污染或缺氧环境中作业人员正常呼吸的防护用具。呼吸防护用品是保护劳动者健康最为重要的个人防护用品，其按防护方法可分为过滤式和隔绝式两类。

（3）眼（面）防护用品。眼（面）防护用品是用于预防烟雾、尘粒、金属火花和飞屑、热、电磁辐射、激光、化学飞溅等伤害眼睛或面部的个人防护用品，其根据防护部位分为防护眼镜和防护面罩。常见的防护眼镜有普通护目镜、UV 护目镜、防化护目镜和防射线护目镜。防护面罩是一种用于防护眼睛和面部免受粉尘、化学物质、热气、屑物等有害物质迎面侵害的面罩，该面屏支架可与安全帽一起配合使用。

（4）听力防护用品。听力防护用品是能够防止过量的声能侵入外耳道，使人耳避免噪声的过度刺激，减少听力损伤，预防噪声对人身引起的不良影响的个人防护用品。听力防护用品主要有耳塞、耳罩和防噪声帽盔三大类。

（5）手足防护用品。供作业者劳动时戴的手套称为手部防护用品，具有保护手和手臂的功能，其按防护部位可分为防护套袖和防护手套。足部防护用品则是防止生产过程中有害物质或其他有害因素损伤劳动者足部的护品，根据防护功能可分为安全鞋、防护鞋、职业鞋、电绝缘鞋、防静电鞋、导电鞋、耐化学品工业用橡胶靴、耐化学品工业用模制塑料靴、消防用鞋、高温防护鞋、焊接防护鞋、防震鞋、耐油防护鞋和低温环境作业保护靴等。

（6）躯体防护用品。躯体防护用品是替代或穿在个人衣服外，用于防止一种或多种危害因素的衣服。躯体防护用品根据结构和防护功能及防护部位可分为防护背甲、防护围裙和防护服，其中防护服包括阻燃防护服、防静电防护服、防酸防护服、焊接防护服、抗油拒水防护服、微波防护服和防尘工作服等。防护服的人类工效学、老化、尺寸、标识及生产厂商需提供的信息须符合《防护服一般要求》（GB/T 20097—2006）的规定和建议。

（7）皮肤类防护用品。护肤用品是用于防止皮肤（主要是面、手等外露部分）免受化学、物理等有害因素危害的个人防护用品，其性能须符合《劳动护肤剂通用技术条件》（GB/T 13641—2006）的规定和要求。劳动护肤剂可分为防水型护肤剂、防油型护肤剂、遮光型护肤剂、清肤型护肤剂（清除皮肤上的油、尘、毒等沾污）、驱避型护肤剂（驱避蚊、螨等刺叮骚扰）和其他用途型护肤剂六种类型。

（8）坠落防护用品。坠落防护用品用于防止人体从高处坠落，通过绳带，将高处作业者的身体系接于固定物体，或在作业场所的边沿下方张网，以防不慎坠落，这类用品主要有安全带和安全网两种。

安全带是防止高处作业人员发生坠落或发生坠落后将作业人员安全悬挂的个体防护装备，其性能须符合《坠落防护 安全带》（GB 6095—2021）的规定。安全带按作业类别分为围杆作业安全带、区域限制安全带、坠落悬挂安全带。

安全网是用来防止人、物坠落，或用来避免、减轻坠落及物击伤害的网具，其性能须符合《安全网》（GB5725－2009）的规定。安全网一般由网体、边绳、系绳等组成，其按功能分为安全平网、安全立网及密目式安全立网。

※课内检查与思考

1. 认真观察校园各处使用的安全标志，你能全部辨识它们的意义吗？思考使用安全标志的各处背后存在何种危险或危险源。

_____

_____

2. 调研我国大学生在校园中最易发生的劳动安全事故种类，思考背后的原因和警示意义。

_____

_____

3. 结合本专业，思考本专业所从事的工作都需配备哪些个人防护用品。

_____

_____

第三节　劳动职业健康

一、职业健康概述

职业性有害因素与职业病

职业性损害的三级预防

职业健康，是对工作场所内产生或存在的职业性有害因素及其健康损害进行识别、评估、预测和控制的一门科学，其目的是预防和保护劳动者免受职业性有害因素所致的健康影响和危险，使工作适应劳动者，促进和保障劳动者在职业活动中的身心健康和社会福利。

国家卫生健康委员会信息显示，我国报告新发职业病病例数从 2012 年至 2021 年，降幅达 43.8%。但 2021 年新发病例数仍然达 15 407 例，形势不容乐观。职业病防治事关劳动者的身体健康和生命安全，事关经济发展和社会稳定。党和国家一直高度重视职业病防治工作。1949 年 11 月 1 日，中央人民政府卫生部成立，下设公共卫生局，主要负责职业卫生。2009 年，国务院颁布了第一个五年职业病防治规划《国家职业病防治规划（2009—2015年）》（国办发〔2009〕43号）。2016年10月25日，中共中央、国务院颁布了《"健康中国2030"规划纲要》，并明确提出要强化行业自律和监督管理职责，推动落实企业主体责任，推进职业病危害源头治理，预防和控制职业病发生。2018年3月，设立中华人民共和国国家卫生健康委员会。从中华人民共和国成立至今，我国职业卫生工作经过了70多年的发展取得了显著成绩。在广大职业卫生工作者的艰苦努力之下，我国已建成较完善的职业卫生监管体系，以及覆盖全国的职业卫生和职业病防治网络。

二、职业病

广义上讲，职业病是指职业性有害因素作用于人体的强度与时间超过一定限度，人体不能代偿其所造成的功能性或器质性病理改变，从而出现了相应的临床症状，影响劳动能力。2016年7月2日修正的《中华人民共和国职业病防治法》中，把职业病界定为"企业、事业单位和个体经济组织等用人单位的职业从事者在职业活动中，因接触粉尘、放射性物质和其他有毒、有害因素而引起的疾病"。职业病的分类和目录由国务院卫生行政部门会同国务院安全生产监督管理部门、劳动保障行政部门制定、调整并公布。

根据2013年12月23日修订的《职业病分类和目录》，职业病包括职业性尘肺病及其他呼吸系统疾病、职业性皮肤病、职业性眼病、职业性耳鼻喉口腔疾病、职业性化学中毒、物理因素所致职业病、职业性放射性疾病、职业性传染病、职业性肿瘤、其他职业病，共10类132种。与其他疾病相比，职业病有以下特点：

（1）病因有特异性：只有在接触职业性有害因素后才可能患有职业病。在职业病诊断时必须有职业史、职业性有害因素接触的调查，现场调查的证据均可明确具体接触的职业性有害因素。在控制这些因素接触后可以降低职业病的发生和发展。

（2）病因大多可以检测：通过对职业性有害因素的接触评估，由于职业因素明确，可通过检测评价工人的接触水平。发生的健康损害一般与接触水平有关，并且在一定范围内能判定剂量—反应关系。

（3）不同接触人群的发病特征不同：接触情况和个体差异的不同，可造成不同接触人群的发病特征不同。

（4）早期诊断，合理处理，愈后较好：限于治疗病人，无助于保护仍在接触人群的健康。

（5）大多数职业病，目前尚缺乏特效治疗，应加强保护人群健康的预防措施。

三、诱发职业病的有害因素

职业性有害因素又称职业病危害因素，是指生产工作过程及其环境中产生和（或）存在的，对职业人群的健康、安全和作业能力可能造成不良影响的一切要素

职业性有害因素的识别与监测

或条件的总称。按照来源，职业性有害因素分为以下三大类。

（一）生产工艺过程中的有害因素

（1）化学因素。在生产中接触到的原料、中间产品、成品和生产过程中的废气、废水、废渣中的化学毒物可对健康产生损害。化学性毒物以粉尘、烟尘、雾、蒸气或气体的形态散布于车间空气中，主要经呼吸道进入人体内，还可以经皮肤、消化道进入体内。常见的化学性有害因素包括生产性毒物和生产性粉尘。主要包括：金属及类金属，如铅、汞、砷、锰；有机溶剂，如苯及苯系物、二氯乙烷、二硫化碳、正己烷；刺激性气体，如氯、氨、氮氧化物、光气、氟化氢、二氧化硫；窒息性气体，如一氧化碳、硫化氢、氰化氢、甲烷；苯的氨基和硝基化合物，如苯胺、硝基苯、三硝基甲苯、联苯胺；高分子化合物，如氯乙烯、氯丁二烯、丙烯腈、二异氰酸钾苯酯及含氟塑料；农药，如有机磷农药、有机氯农药、拟除虫菊酯类农药；生产性粉尘，如矽尘、煤尘、石棉尘、水泥尘及各种有机粉尘。

（2）物理因素，是指生产环境中不良的物理因素，如异常气象条件（如高温、高湿、低温、高气压、低气压）；噪声、振动、非电离辐射（如可见光、紫外线、红外线、射频辐射、激光）；电离辐射（如 X 射线，γ 射线），可对人体产生危害。

（3）生物因素，是指生产原料和作业环境中存在的致病微生物或寄生虫，如炭疽杆菌、真菌孢子、森林脑炎病毒，以及生物源病物。

（二）劳动过程中的有害因素

劳动过程是指生产中为完成某项生产任务的各种操作的总和，主要涉及劳动强度、劳动组织及其方式等。这一过程产生的影响健康的有害因素包括：
（1）劳动组织和制度不合理、劳动作息制度不合理等。
（2）精神（心理）性职业紧张，如机动车驾驶。
（3）劳动强度过大或生产定额不当，如安排的作业与生理状况不相适应。
（4）个别器官或系统过度紧张，如视力紧张、发音器官过度紧张。
（5）长时间处于不良体位、姿势或使用不合理的工具等。
（6）不良的生活方式，如吸烟或过量饮酒、缺乏体育锻炼、个体缺乏健康和预防的知识、违反安全操作规范和忽视自我保健。

（三）生产环境中的有害因素

生产环境是指职业从事者操作、观察、管理生产活动所处的外部环境，涉及作业场所建筑布局、卫生防护、安全条件和设施有关的因素。常见的生产环境中的有害因素包括：
（1）自然环境因素，如炎热季节的太阳辐射、高原环境的低气压、深井的高温高湿。
（2）厂房建筑或布局不合理、不符合职业卫生标准，如通风不良、采光照明不足、有毒与无毒工段安排在一个车间。

（3）不合理生产过程或不当管理所致环境污染。

实际生产场所和过程中，往往同时存在多种有害因素，对职业人群的健康生产联合作用，加剧了对职业从事者的健康损害。

四、职业病预防

《中华人民共和国职业病防治法》第一章总则第三条指出，职业病防治工作坚持预防为主、防治结合的方针，建立用人单位负责、行政机关监管、行业自律、职工参与和社会监督机制，实行分类管理、综合治理。其基本准则应按三级预防加以控制，以保护和促进职业人群的健康。

（一）第一级预防

第一级预防又称病因预防，是从根本上消除或控制职业性有害因素对人的作用和损害，即改进生产工艺和生产设备，合理利用防护设施及个人防护用品，以减少或消除工人接触有害因素的机会。主要有以下几个方面：

（1）改进生产工艺和生产设备，使其符合我国工业企业设计卫生标准。

（2）职业卫生立法和制定有关标准、法规制度。

（3）个人防护用品的合理使用和职业禁忌证的筛检，如为了预防生产性粉尘所导致的尘肺，可以佩戴防尘口罩；凡有职业禁忌证者，禁止从事相关工作。

（4）控制已明确能增加发病危险的社会经济、健康行为和生活方式等个体危险因素，如禁止吸烟可预防多种慢性非传染性疾病、职业病或肿瘤。

（二）第二级预防

第二级预防是早期检测和诊断人体受到职业性有害因素所致的健康损害并予以早期治疗、干预。尽管第一级预防措施是理想的方法，但所需的费用较大，在现有的技术条件下，有时难以达到理想效果，仍然会出现不同健康损害的人群，因此，第二级预防也是十分必要的。其主要手段是定期进行职业性有害因素的监测和对接触者进行定期体格检查，以尽早发现病损和诊断疾病，特别是早期健康损害，及时预防、处理。

（三）第三级预防

第三级预防是指在患病以后，给予积极治疗和促进康复的措施。第三级预防的原则主要包括：

（1）对已有健康损害的接触者应该调离原有工作岗位，并进行合理的治疗。

（2）根据接触者受到健康损害的原因，对生产环境和工艺过程进行改进，既能治疗病人，又能加强一级预防。

（3）促进病人康复，预防并发症的发生和发展。除极少数职业中毒有特殊的解毒治疗外，大多数职业病主要依据受损的靶器官或系统，采取临床治疗原则，给予对症治疗。

三级预防体系相辅相成。第一级预防针对整体人群，是最重要的，第二和第三级预防是第一级预防的延伸和补充。全面贯彻和落实三级预防措施，做到源头预防、早期检测、早期处理、促进康复、预防并发症、改善生活质量，构成职业卫生的完整体系。

五、职业卫生标准

从维护劳动者的安全、健康和保障生产发展来说，职业安全和职业卫生是同一目标的两个方面。职业安全是指在生产过程中，为避免人身或设备事故，创建安全、健康的生产和操作环境而采取的各项措施及相应的活动，最终促进经济发展、提高职业生命质量。

目前，发达国家（如美国、日本）将职业安全与职业卫生合二为一，形成"职业安全与卫生"的综合概念。我国的职业安全和职业卫生工作，自中华人民共和国成立以来一直分属国务院不同部门管辖。国家安全生产监管部门、卫生行政部门与职业病防治机构、医疗康复机构和工会等部门，彼此独立又相互沟通与合作，共同做好职业卫生与职业安全监督管理工作。

我国的职业安全的指导原则是"生产必须安全，安全促进生产"，即用人单位在"管生产"的同时，必须"管安全"，生产和安全两者是统一的，不能有所偏废。中华人民共和国成立以来，陆续制定并颁布了一系列劳动保护和技术安全的法律、法规、规章和标准，特别是近年相继颁布的《劳动法》《职业病防治法》《安全生产法》《工伤保险条例》，保障了"职业安全与卫生"任务的顺利执行。

职业卫生标准是以保护劳动者的健康为目的，对劳动条件各种卫生要求所做的技术规定，可视为技术的尺度。它可被政府采用，成为实施职业卫生法规的技术规范、卫生监督和管理的法定依据。国家职业卫生标准包括：职业卫生专业基础标准，工作场所作业条件卫生标准，工业毒物、生产性粉尘、物理因素职业接触限值，职业病诊断标准，职业照射放射防护标准，职业防护用品卫生标准，职业危害防护导则，劳动生理卫生、工效学标准，以及职业病危害因素检测、检验方法等。国家卫生健康委员会主管国家职业卫生标准工作，聘请有关技术专家组成全国卫生标准技术委员会，负责国家职业卫生标准审核工作，委托办事机构承担相关日常管理工作。

国家职业卫生标准分为强制性和推荐性标准两大类，强制性标准又分为全文强制和条文强制两种形式。强制性标准的代号为 GBZ，推荐性标准代号为 GBZ/T。我国目前与职业卫生有关的标准包括《工业企业设计卫生标准》和《工作场所有害因素职业接触限值》，前者规定了设计应考虑的一般卫生要求，主要包括物理性有害因素的限值，后者则重点规定了化学物的接触限值。

※课内检查与思考

1. 结合本专业，谈谈应该如何处理职业与健康的关系。

_____

_____

2. 结合本专业，举例说明常见的职业性有害因素。

_____

_____

3. 结合本专业，讨论个体如何做好职业病预防。

_____

_____

第四节 劳动事件应急管理

一、突发事件应急管理概述

（一）突发事件的概念与类别

安全应急逃生

突发事件是指突然发生，造成或者可能造成严重社会危害，需要采取应急处置措施予以应对的自然灾害、事故灾害、公共卫生事件和社会安全事件，其特征、诱发因素如表4-2所示。

表4-2 突发事件的特征、诱发因素

突发事件	特 征	主要诱发因素	事 例
自然灾害	自然问题导致的突发事件	自然因素	地震、龙卷风、海啸、洪水、暴风雪、干旱
事故灾害	人类活动或者人类发展而导致的计划之外的事件或事故	人为因素	化学品泄漏、设备故障、车祸
公共卫生事件	主要由病菌或病毒引起的大面积的疾病流行等事件	自然因素 人为因素	非典、新冠病毒感染、多人食物中毒
社会安全事件	主要由人们主观意愿产生，会危及社会安全的突发事件	人为因素	恐怖活动、战争

（二）我国应急管理发展

突发事件已成为构建和谐社会和实现可持续发展的重要隐患，党和国家高度重视公共安全应急处理工作，针对突发事件建立了国家统一领导、综合协调、分类管理、分级负责、属地为主的应急管理体制。我国应急管理发展历经了三个阶段：

1. 一案三制体系建成阶段

2003 年非典后国家开始建设国家应急管理体系。2006 年国家体制机制预案初步形成。2007 年国务院下发《关于加强基层应急管理工作的意见》，全国人大常委会通过《突发公共事件应对法》，并于 2007 年 11 月 1 日正式实施。2008 年温家宝在人大报告中宣布国家应急管理体系基本建立。

2. 法律法规管理提升阶段

2013 年中国共产党第十八次全国人民代表大会之后，国家领导提出一系列安全应急思想（红线意识、底线思维、责任机制等），国家安全生产委员会、应急管理局、环境保护部等出台了一系列法律法规，加强规范应急管理。

3. 体制机制改革完善阶段

党的十九大以后，机构改革，我国成立了应急管理部和国家综合性消防救援队伍，开启了我国应急管理事业的新时代，我国的应急管理主体机构变为国安办、应急管理部（整合事故灾难类和自然灾害类）、公安部（社会治安类）、卫生健康委员会（公共卫生类）四部门协同合作，建立起一套涵盖四大类突发事件的管理体系，其综合性、系统性得到进一步的加强。

2018 年 4 月 16 日，中华人民共和国应急管理部正式挂牌。新组建的应急管理部整合了 9 个单位相关职责及国家防汛抗旱总指挥部、国家减灾委员会、国务院抗震救灾指挥部、国家森林防火指挥部职责。

（三）高校突发事件应急管理

高校作为中国社会的重要组成部分，高校突发事件的管理也遵循突发事件应急管理的相关要求。并且高校突发事件通常具有群体性强、危害性大，难以预见性强、处置紧迫，传播性强、社会敏感度高等特点。因此，高校学生工作者要提高认识和突发事件应对能力，科学制定应急预案，应急预案启动要迅速准确。为进一步减少校园突发事件对学生的伤害，在大学生群体中普及自救互救和逃生避险技能至关重要。

二、现场应急救援措施

现场急救时，对一些危急的急性疾病和意外的伤害必须遵循先"救"后"送"的原则，即对伤病员先进行现场急救，采取必要的救护措施，然后再送医检查并进行抢救。大学生应掌握必备的现场应急救援技能及常见事故应急处置措施。

（一）心肺复苏

2020 年 8 月，中国红十字会总会和教育部联合印发《关于进一步加强和改进新时代学校红十字工作的通知》，将学生健康知识、急救知识，特别是心肺复苏纳入教育内容。心肺复苏术，简称 CPR，是针对骤停的心脏和呼吸采取的救命技术。具体方法如下：

（1）判断心跳、呼吸及意识。从病人两侧耳边进行呼喊，同时要触摸患者颈动脉是否搏动，耳朵贴近患者口鼻处观察有无呼吸气流通过，这是判断心跳呼吸是否骤停的三要素。一旦判断心跳呼吸确实停止，需紧急采取心肺复苏术。

（2）胸外按压。确保患者仰卧于平地上或用胸外按压板垫于其肩背下，急救者可采用跪式或踏脚凳等不同体位，将一只手的掌根放在患者胸骨中下 1/3 交界处，将另一只手的掌根置于第一只手上。按压时双肘须伸直，垂直向下用力按压，成人按压频率为 100~120 次/min，下压深度 5~6 cm，每次按压之后应让胸廓完全恢复。

（3）开放气道。遵循以下步骤实施仰头抬颏法开放气道：将一只手置于患者的前额，然后用手掌推动，使其头部后仰；将另一只手的手指置于颏骨附近的下颌下方；提起下颌，使颏骨上抬。注意在开放气道的同时应该用手指挖出病人口中异物或呕吐物，有假牙者应取出假牙。

（4）人工呼吸。给予人工呼吸前，正常吸气即可，无须深吸气；所有人工呼吸（无论是口对口、口对面罩、球囊对面罩或球囊对高级气道）均应该持续吹气 1 秒以上，保证有足够量的气体进入并使胸廓起伏；如第一次人工呼吸未能使胸廓起伏，可再次用仰头抬颏法开放气道，给予第二次通气；过度通气（多次吹气或吹入气量过大）可能有害，应避免。

（5）自动体外除颤器（AED）。自动体外除颤器，是一种便携式、易于操作，稍加培训即能熟练使用，专为现场急救设计的急救设备。如果现场有 AED，心肺复苏术可以与 AED 配合使用。开启 AED 后，依据语音提示，在患者胸部适当的位置上，紧密地贴上电极，按下"分析"键，AED 将会开始分析心率。分析完毕后，AED 将会发出是否进行除颤的建议，当有除颤指征时，不要与患者接触，同时告诉附近的其他任何人远离患者，由操作者按下"放电"键除颤。一次除颤后未恢复有效灌注心律，进行 5 个周期心肺复苏。AED 会再次分析心律，除颤，5 个周期心肺复苏，反复至急救人员到来。

（二）止血包扎

（1）较小或较表浅的伤口，应先用冷开水或洁净的自来水冲洗，但不要去除已凝结的血块。

（2）伤口处有玻璃片、小刀等异物插入时，千万不要去触动、压迫和拔出，可将两侧创缘挤拢，用消毒纱布、绷带包扎后，立即去医院处理。

（3）碰撞、击打的损伤，有皮下出血、肿痛，可在伤处覆盖消毒纱布或干净毛巾，用冰袋冷敷半小时，再加压包扎，以减轻疼痛和肿胀。伤势严重者，应去医院。

（4）伤口有出血，可用干净毛巾或消毒纱布覆盖伤处，压迫 10～20 分钟止血，然后用绷带加压包扎，以不再出血为度，视情况去医院处理。

（三）火灾应急措施

当发生火灾时，如果发现火势并不大，且尚未对人造成很大威胁时，当周围有足够的消防器材，如灭火器、消防栓，应奋力将小火控制、扑灭；千万不要惊慌失措地乱叫乱窜，置小火于不顾而酿成大灾。若火势较大应迅速拨打火警电话 119。报警时要讲清详细地址、起火部位、着火物质、火势大小、报警人姓名及电话号码，并派人到路口迎候消防车。

发生火灾时应注意以下几点：

（1）面对浓烟和烈火，首先要强令自己保持镇静，迅速判断危险地点和安全地点，决定逃生的办法，尽快撤离险地。

（2）在浓烟中逃生，要尽量放低身体，并用湿毛巾捂住嘴鼻。

（3）穿过烟火封锁区时，可向头部、身上浇冷水或用湿毛巾、湿棉被、湿毯子等将头、身裹好，再冲出去。

（4）要根据情况选择进入相对安全的楼梯通道，还可以利用屋内的天窗、阳台、落水管和竹竿等逃生自救。

（5）若逃生路线被火封锁，立即退回室内，关闭门窗，堵住缝隙，有条件的向门窗浇水。

（6）不要盲目跳楼，可用梯子或把床单撕成条状连起来，在门、窗档或重物上紧拴，顺势滑下。

（7）不要留恋财物，尽快逃出火场，逃出火场后千万不要再返回。

（8）楼上如被火围困，需快速向室外抛沙发垫、枕头等软物和其他小物品，夜间则可打手电筒发出求救信号。

（9）如果身上着火，千万不要奔跑，要就地打滚，压灭身上火苗。

（四）触电应急措施

当发现有人触电时，首先迅速切断电源开关，或用绝缘器具（如干木棒、干衣服、干绳子）迅速使伤员脱离电线或带电体。如果伤员未脱离电源，则救护人员须借助绝缘的物件掩护（如隔着干衣服），方可接触伤员的肌体，使伤员脱离电源。

伤员脱离电源以后，如果一度昏迷，但尚未失去知觉，则应使伤员在空气流通的地方静卧休息；如果呼吸暂时停止，心脏暂时停止跳动，伤员尚未真正死亡，或者虽有呼吸，但呼吸比较困难，此时，必须立即用人工呼吸法和心脏按压法进行抢救，千万不能因为要送医院而耽误抢救的最佳时机。

（五）中暑应急措施

遇到中暑病人正确的处理方法是：

（1）立即把病人抬到阴凉通风处，松解过紧的衣扣。

（2）给予含盐饮料，并服用人丹、藿香正气水等解暑药品。

（3）用冷毛巾湿敷头部或用 50% 的酒精擦拭额头、腋下等部位。

（4）如症状没有减轻，应送医院就诊。

（六）急性中毒应急措施

急性中毒的急救措施如下：

（1）将患者抬离现场至空气流通处。

（2）解开患者衣扣、腰带，保持呼吸畅通。

（3）脱去污染衣物，用温水、清水洗净皮肤。

（4）若吸入有毒物中毒，迅速给患者吸氧。

（5）若经口入毒，一般应引吐、洗胃。常用洗胃液为 1 ∶ 5 000 高锰酸钾溶液，或 1% ~ 2% 的碳酸氢钠溶液。

（6）若因煤气中毒，应用湿毛巾捂口鼻，打开门窗，将患者移至空气新鲜处；中毒较重者，要立即采用人工呼吸和胸外心脏按压法抢救，并送医治疗。

※课内检查与思考

1. 生产生活中可能遇到劳动事故应急，你掌握相关基础知识了吗？

_____

_____

2. 结合本专业，思考本专业的实验室内都有哪些安全隐患，应急措施有哪些。

_____

_____

3. 结合实践，将你学习掌握的急救技能向同学们进行演示和分享。

_____

_____

第五节　劳动心理健康

一、劳动心理因素

劳动者在生产劳动过程中，因为生产环境、条件、方式以及人际关系等不同，心理状态和心理活动有许多复杂的变化。这不仅影响健康，也影响安全生产。因此，提高劳动者的心理素养，激发劳动热情，保证身心健康，最大限度提高劳动效率是大家需要关注的问题。

（一）与职业有关的心理因素

1. 特殊作业方式

（1）单调作业，是指千篇一律、平淡无奇，重复、刻板的劳动过程，在现代工业生产中极为常见。单调作业可分为两种类型。一是在现代集体生产劳动中，将复杂的生产劳动过程分解为若干细小的阶段任务，每位劳动者要完成的工作内容有限，操作活动较为简单、刻板，并需不断地重复。二是在生产过程中被分配在密切注视感觉信息量极其有限的自动化或半自动化生产控制台前，从事观察、监视仪表的工作，任务只是在发现某一或某些数值异常时及时加以调整。

长期从事单调作业而不适应的劳动者，除产生疲劳症状外，常导致身心健康水平下降、劳动能力下降、工伤事故增多、创造精神受到抑制，如下班后不想参加社会活动。从心理卫生的角度看，应把单调作业作为一种与职业有关的心理因素来认真加以对待，特别是对那些耐受性较差的人，单调作业的危害更为明显。

（2）夜班作业，是指在一天中通常在睡眠的这段时间里进行的职业活动，是轮班劳动中对劳动者身心影响最大的作业。各国、各地区所处的地理位置、海拔高度、气象条件、文化水平不同，夜晚的长短和起止时间各异。

夜班作业对劳动者的心理健康会产生明显的不良影响。神经行为测试表明，从事夜班作业的劳动者的各项指标的得分在夜间都有所下降。例如，跟踪行为在夜间的质和量都发生了改变；对复合信号刺激的反应时间也明显延长了，警惕性明显降低。

此外，劳动者由于几次轮值夜班作业后，因睡眠不足常引起进一步的心理障碍。夜班作业对社会和家庭生活也有明显影响。长期值夜班的劳动者，白天需要休息不宜参加社会活动，断绝了社会信息接收，使他们常常产生与世隔绝的孤独感。因此要对夜班进行科学安排，既要保障生产，又要兼顾劳动者的身心健康。

（3）脑力作业。脑力劳动者应具备丰富的知识、良好的记忆力、敏锐的思维能力，以及联想、推想、归纳、想象、创新等的能力。脑力劳动的范围很广、职业种类繁多，不同岗位的脑力作业都有不同的任务与要求，存在着不同的苦与乐和不同的心理健康问题。

2. 职业暴露

职业暴露是指因为职业关系暴露在部分危险因素中，从而有可能危及生理和心理健康或者生命。主要分为三个类别：

（1）物理因素，如噪声、振动、高（低）气压、高（低）气温以及辐射，对劳动者的心理也有不同程度的影响。

（2）生产性毒物。生产性毒物种类繁多、接触面广。毒物可通过呼吸道、皮肤和消化道进入人体。绝大多数毒物在导致急、慢性中毒时，经常导致大脑皮层功能失调的症状，毒物可以引起大脑皮层抑制过程减弱，导致大脑皮层兴奋性相对增高，病人出现睡眠障碍，如入睡困难、易醒、早醒、多梦、噩梦，还可以导致易怒烦躁、情绪不稳，微不足道的事情往往引起剧烈的情绪反应，有时情绪低落、忧伤沮丧；可有紧张性疼痛，如头痛、肌肉疼痛。忧郁症、焦虑症以情感障碍为主，发病除接触毒物外也与社会因素和心理因素有关。

（3）生产性粉尘。它们不仅损害了工人的部分生理功能，还可以引起生理和心理紧张反应，使工作能力进一步下降，最终可导致尘肺病的发生和劳动能力丧失。

（二）社会心理因素

作用负荷过重超出个人的能力，或与个人的愿望不相符合，或人际关系差，缺乏社会支持，不能从社会、家庭、同事处得到帮助也可造成心理冲突。社会心理因素的刺激还可能来源于家庭生活，包括失恋、家庭人际关系不良、生活困难、家庭生活不完美、家庭成员生病、亡故等。由于家庭是一个具有密切感情接触的团体，是人们休息、娱乐、寻求感情安慰的主要场所，也是人们借以得到体力恢复、情绪调节的良好处所，这种亲密的感情遭到破坏或这种场所成了烦恼的来源，必然对人的心理造成严重的打击。社会心理因素对疾病的发生、发展有不可忽视的作用，其作用的大小在不同的个体和人群中有差异。社会心理因素刺激十分容易产生紧张状态，是否影响健康与许多因素有关，如刺激量的大小、持续时间、作用方式。

二、职业紧张

紧张是需求和能力之间的不平衡造成的生理、心理压力。紧张反应是紧张造成的生理心理应激，是一种效应。职业紧张是指在某种职业条件下，客观需求与个人适应能力之间的失衡带来的生理和心理的压力。职业紧张是长期存在的，适度的紧张对劳动者的工作和生活是有利的，但长期处于过度的紧张可损伤劳动者身心健康。

（一）劳动过程中的紧张源

1. 角色特征

与职业紧张有关的角色特征（工作岗位或职务角色的性质），一般表现在任务模糊（任务不清，目的不明），任务超重（工作的数量和质量超重，前者是指工作量大，无足够时间完成任务；后者是由于个体能力或技能低下而不能完成任务），任务不足（个体能力强，而工作任务少），任务冲突（两个人需求之间的冲突，或个人同时接受多个任务的冲突），个体价值（如大材小用的冲突及角色间的冲突）等方面。

2. 工作特征

与职业紧张有关的工作特征主要表现在以下四个方面：

（1）工作进度：包括机械设备的进度和人的进度，进度越快越紧张。

（2）工作重复：重复越多，越单一，工人越容易疲劳，越容易发生职业紧张。

（3）工作换班：不合理的换班制度可影响人的生物钟，导致生理和心理失调，造成睡眠障碍、胃肠道疾病、肌肉-骨骼疾病、情感紊乱和职业损伤的发生率增加。另外，轮班还可能影响健康的行为方式，如睡眠方式和饮食习惯的改变以及吸烟和饮酒量的增加。

（4）工作属性：工作种类，所需知识和技巧不足，均可导致情感和行为反应异常。

3. 人际关系

工作中的人际关系包括与同事、上下级、雇主（老板）、顾客（客户）间的关系等。良好的人际关系与良好的社会支持一样能对职业紧张起到缓冲作用。不良的人际关系会降低相互信任和支持，影响情感和工作兴趣，常常促进紧张反应的发生。

4. 组织关系

与职业紧张有关的组织关系特征包括：组织结构（管理层级）、个体地位、文化素质等。据国外研究发现，低层员工更有满意感。如单位给职工更多决策权，职业紧张反应明显降低，满意度更高，工作效率更好。若使职工认识到自己工作的意义与作用，则会增加工作责任感和主人翁感。比较单位中不同职位的职工发现，地位最低的职工如操作工、秘书、低级管理员和技术员有更强烈的紧张感。此外，组织结构中文化素质也是重要的因素，主要表现为竞争力，如职工晋升，技能定级、提升和进修机会等均可造成心理紧张。

5. 人力资源管理

这是职业卫生管理体系中又一重要的紧张源，包括培训、业务发展、人员计划、工资待遇和工作调离等。缺乏培训是产生紧张的重要原因。老职工对新技术也渴望再学习，以适应强烈的社会竞争机制。业务的提高和发展是职工，尤其是中年职工最关心的问题，与职业紧张密切相关。

6. 劳动条件

一些物理因素，如照明、噪声、温湿度、空间、环境卫生状况、臭气及化学污染均直接与紧张发生及其程度有关。

（二）职业紧张的表现

紧张反应主要表现在心理、生理和行为变化及精疲力竭症几个方面：

1. 心理变化

过度紧张可引起人们的心理异常反应，主要表现在情感和认知方面。例如工作满意度下降、抑郁、焦虑、易疲劳、感情淡漠、注意力不集中、记忆力下降、易怒、社会退缩。

2. 生理变化

主要是躯体不适，血压升高，心率加快，血凝加速，皮肤生理电反应增强，血和尿中儿茶酚胺和尿17-羟皮质类固醇增多，尿酸增加。对免疫功能可能有抑制作用，可致肾上腺素和去甲肾上腺素分泌增加，导致血中游离酸和高血糖素增加。

3. 行为变化

行为异常主要表现在个体和组织两个方面。个体表现是逃避工作、怠工、酗酒、频繁就医、滥用药物、食欲不振、敌对行为；组织表现为矿工、缺勤、事故倾向、生产能力下降、工作效率低下等。

4. 精疲力竭

精疲力竭又称"职业倦怠"。有研究认为，精疲力竭的发生是职业紧张的直接后果，是个体不能应对职业紧张的最重要表现之一。Maslach 提出的精疲力竭症三维模式，确认了职业紧张体验的多样性，并为深入研究提供了新思路。三维模式的主要内容是：① 情绪耗竭，指个体的情绪资源过度消耗，表现为疲乏不堪、精力丧失、体力衰弱和疲劳；② 人格解体，是一种自我意识障碍，体验自身或外部世界的陌生感或不真实感（现实解体），体验情感的能力丧失（情感解体），表现为对他人消极、疏离的情绪反应，尤指对职业服务对象的麻木、冷淡、激惹的态度；③ 职业效能下降，指职业活动的能力与效率降低，职业动机和热情下降，职业退缩（离职、缺勤）以及应付能力降低等。精疲力竭的后果是严重的，不仅会丧失工作能力，还可能危及生命。

三、劳动心理健康问题预防

预防劳动心理健康问题首先应探寻和确定影响因素，其次从个人和组织两个方面采取干预措施。对个体应增强应对能力，对组织则努力消除紧张源。无论从哪方面干预，都需要采取综合性措施。

（一）法律保障

从立法上明确生产技术、劳动组织、工作时间和福利待遇等制度都充分有利于促进生产，减少或避免个体产生心理、生理负面影响，从制度上保证个体获得职业安全与卫生的依据、自主决策权利、得到承认和尊重以及以主人翁态度参加生产计划、民主管理等。

（二）增强个体应对能力

研究指出影响个体应对能力较大的因素是社会支持。社会支持对降低职业紧张的重要性，尤其是得到同事和领导的支持，对个体的生理、心理反应极为有利。社会支持主要表现在：

（1）情感支持，遇到困难时可以得到安慰。

（2）社会的整体性，使人民感到自己是社会的一员，他们有公共的关心。

（3）社会支持是切实的、明确的，如在经济上、工具上或任务上互助。

（4）社会信息，可获得有关任务的信息，从而获得指导和帮助。

（5）相互尊重和帮助，体现在技术和能力方面得到承认和尊重。

（6）社会支持具有缓冲作用。

（三）增强应对反应

应对反应是个体对职业紧张刺激的反应活动，即个体对外部刺激所发生的为预防、避免和控制紧张情绪的反应活动。应对反应可分为三个类型：改变紧张状态的应对反应；改变紧张状态的含义的应对反应，如自感工资待遇不高，但做该项工作很有意义，这就可使发生的紧张程度降低，甚至不发生；改变已发生紧张后果的应对反应，如尽量克制、忍耐、回避或抒发情感，以将紧张状态的负面影响降至最低程度。

（四）组织实施

组织应在工作方式和劳动组织结构的设计和安排上尽可能符合卫生学要求，以满足劳动者心理需求，提高自主性和责任感，促进职业意识，充分发挥职业技能。

（五）培训和教育

为增强个体与职业环境的适应能力，应先充分了解个体特征，针对不同情况进行职业指导或就业技术培训，帮助其克服物质、精神和社会上的困难或障碍，鼓励个体主动适应或调节职业环境，创造条件以改善人与环境的协调性。

（六）健康促进

开展健康教育和健康促进活动，增强员工间的沟通和协作能力，增加工作的乐趣和生活幸福感。开展有针对性的心理健康教育和咨询服务，遇到特殊情况时，提供必要的心理援助和支持。

※课内检查与思考

1. 选择一个你熟悉的职业，分析概括影响该职业的职业心理因素。

_____

_____

2. 结合自身经历，思考学习压力较大（如高考、考研时期），会导致哪些心理反应？该如何调整？

_____

_____

3. 有的同学喜欢通宵打游戏，结合本节内容，谈谈长期通宵打游戏会对心理产生怎样的影响。

_____

_____

※劳动教育训练营

一、核心概念

　　劳动安全　劳动安全事故　职业与健康　职业病　个人防护用品　突发事件

二、简答题

　　1. 简述劳动安全事故的类型。

　　2. 简述劳动安全事故预防措施。

　　3. 简述产生职业病的有害因素。

　　4. 简述职业病三级预防。

　　5. 简述大学生现场应急救援措施主要内容。

三、论述题

　　论述大学生在商场遇到突发火灾时的应急处置措施和注意事项。

四、课外拓展

　　1. 阅读《中华人民共和国职业病防治法》。

　　2. 阅读《个体防护装备选用规范》（GB/T11651－2008）、《个体防护装备配备基本要求》（GB/T 29510－2013）。

五、实践探索

　　实践主题：寻找身边的劳动安全隐患。

　　实践目标：

　　1. 通过访谈、问卷调查等方式，调研大学生实习、实验和实践过程中发生的劳动安全事故。

　　2. 结合所学内容，思考如何避免此类事故的发生，以及发生事故后的应急处置措施。

　　实践报告要求：

　　以个人为单位，递交课外劳动实践报告；报告内容包括调研方法、实践过程、劳动安全事故描述、事故发生原因分析，以及事故预防和应急处置。

第五章　劳动社会保障

> 社会保障体系是人民生活的安全网和社会运行的稳定器。健全覆盖全民、统筹城乡、公平统一、安全规范、可持续的多层次社会保障体系。
>
> ——党的二十大报告

学习目标

1. 了解现代劳动社会保障制度的发展历程。
2. 理解劳动社会保障制度的主要功能。
3. 掌握我国劳动社会保障制度体系的基本构成。
4. 掌握"五险一金"的基本制度安排。
5. 理解"五险一金"制度的现实执行情况和面临的挑战。
6. 了解社会救助制度的基本内容。

高薪待遇能否取代社会保险待遇

管理学硕士于先生到一家外商独资企业应聘副总经理的职位。当时，公司董事长在谈到工资待遇时，对于先生说："董事会给你定的月工资为 2 万元。不过，丑话要说在前头，我们是一家外资公司，之所以工资定得这么高，是因为除了工资，再没有其他福利待遇了。像什么医药费报销、养老等问题都得自己解决，公司概不负责。"听了董事长这番话，于先生心里盘算开了："这个公司给我的工资的确是够多的，可将来万一得了什么大病，或者老了怎么办呢？"但他转念又一想："我刚 30 多岁，一般也不会有什么大病，至于养老问题，现在考虑还为时过早。倒不如趁年轻多挣些钱，实惠。"

工作以后，于先生为了解除自己的后顾之忧，每月从工资中拿出 1 000 元，向保险公司投了一份养老保险。这样一来，他在这家公司工作，倒也觉得踏实多了。

几个月后，于先生由于与董事长在公司的经营管理等重大问题上，产生了分歧，被董事长炒了"鱿鱼"。于先生不服，双方为此申诉到了劳动争议仲裁委员会。

在劳动争议仲裁委员会，于先生同时又提出了公司未给他缴纳养老保险的问题，他认为，这也是侵犯他合法权益的行为。但公司董事长抗辩道："不为你缴纳养老保险，是事先跟你讲好的。你要是不同意，当时可以不干嘛。你既然干了，就说明咱们的协议已经达成，你现在无权反悔。再说，你不是自己已经向保险公司投了养老保险了吗？"

思考：1. 能否因为于先生当初同意公司不参加养老社会保险，就免除公司的责任呢？

2. 除了养老社会保险，社会保险还包括哪些内容？

3. 社会保险和商业保险有什么区别和联系？

4. 社会保险与社会保障是什么关系？

第一节　劳动社会保障制度概述

一、劳动社会保障制度的产生与发展

（一）现代劳动社会保障制度的产生背景

社会风险是指对社会生产及人们生活造成损失的风险。1952 年，国际劳工组织

我国劳动社会
保障制度

现代社会保障
制度的发展沿
革

通过的《社会保障最低标准公约》将社会风险界定为生育、疾病、伤残、失业、养老，后来又增加住有所居、灾有所救，形成七大风险。每种风险都有共同特征和个性特征。风险发生的周期均不同。总体来讲，社会风险具有不确定性、客观性、突发性和损害性等特征。首先，社会风险是一种随机现象，无论发生的时间、地点，还是发生的概率和损害程度，都是不可预测的。但社会风险又是客观存在的，是不因人的意志而改变的。虽然人们能够通过主观努力，在一定范围内改变风险形成的条件，降低风险发生的概率，但不能彻底消除社会风险。其次，风险具有突发性，一旦发生，就会直接或间接地给人的生命财产带来意外的损失，给人们的生产生活等方面带来负面的影响，甚至巨大的灾难。

在人类社会发展的不同历史阶段，社会风险的表现方式有所差异，保障方式也不尽相同。在工业革命之前的传统社会，生产力水平低下，面对的风险主要来自自然界的灾害威胁和人类自身的生老病死，保障的方式则主要来自社会化水平低下的原始人群的互助保障，以及后来的以土地保障为基础、以血缘关系为纽带的家庭保障和社区保障。现代社会保障制度是伴随着工业革命和社会化大生产而产生和发展起来的。18世纪60年代发端于英国的工业革命，在迅速提高生产力和积累社会财富的同时，也造成了由工业化生产和城市化生活所带来的失业、伤残、疾病、年老、贫困等各种社会风险加大，传统的家庭保障在社会转型和发展的过程中日渐式微，迫切需要构建新的社会保障制度来应对日益增加的社会风险和失序的社会。

在现代社会，社会保障制度是国家依法通过强制手段对暂时或永久失去劳动能力或因各种问题导致生活困难的社会成员提供基本生活保障的制度体系，其根本目的是通过对国民收入的再分配，帮助社会成员分散并抵御各种社会风险。可以说，社会保障制度本身就是作为现代国家应对社会风险的最有效工具之一而存在的。

（二）现代劳动社会保障制度的发展历程

现代社会保障制度的产生和发展经历了萌芽、形成、初步发展、全面发展、改革等阶段，每个阶段都有一些标志性的事件。

1601年，英国伊丽莎白《济贫法》（史称旧济贫法）问世。1834年，英国政府又出台了《济贫法修正案》（史称新济贫法），确立了社会救济是公民权利和政府责任的原则，为现代社会保障制度的诞生奠定了良好的基础，标志着现代社会保障制度的萌芽。

19世纪80年代，德国颁布"社会保险三法"（1883年《疾病保险法》，1884年颁布《工伤事故保险法》，1889年颁布《老年与伤残强制保险法》），使得社会救助制度发展为社会保险制度，标志着人类历史上以社会保险为中心的现代社会保障制度形成。

1935年，美国总统罗斯福签发了国会通过的《社会保障法》，第一次使用了"社会保障"的概念，第一次在一部法律中规定了社会保险、社会福利和社会救济等内容，标志着现代社会保障制度的基本内容框架成型。

第二次世界大战之后，全球迎来了社会保障制度大发展。1952年，国际劳工组织召开第35届国际劳工大会并通过《社会保障最低标准公约》，为各国社会保障制度提供了依据，社会保障制度也进入福利国家模式、社会保险模式、强制储蓄模式、国家保险模式等多元化社会保障模式发展的阶段。

20世纪80年代，由于经济社会形势的变化，各国社会保障制度又进入反思、调整和改革的时期，目标是建立多层次、可持续的社会保障制度体系。

二、劳动社会保障制度的功能

（一）保障基本生活

国家建立社会保障体系，保障公民的基本生活，免除广大劳动者的后顾之忧，不仅是经济发展和社会稳定的需要，也是人权保障的重要内容，是社会进步的体现。

（二）保持社会公平

社会保障是保持社会公平的一个重要手段。其作用主要表现在两个方面：一是通过保障全体社会成员的基本生活，在一定程度上消除社会发展过程中因意外灾害、失业、疾病等导致的机会不均等，使社会成员在没有后顾之忧的情况下参与市场的公平竞争；二是通过在全体社会成员之间进行风险共担，实现国民收入的再分配，缩小贫富差距，减少社会分配结果的不公平。

（三）促进经济发展

首先，社会保障可以调节社会总需求，进而平抑经济波动。其次，社会保障基金的长期积累和投资运营有助于资本市场的完善和繁荣稳定健康发展。再次，社会保障确保劳动者在丧失经济收入或劳动能力的情况下，还能维持自身及其家庭成员的基本生活，有利于保证劳动力再生产进程不致受阻或中断。最后，国家还可以通过生育、抚育子女和教育津贴等形式对劳动力再生产给予资助，以提高劳动力资源的整体素质。

（四）增进国民福利

现代社会保障不仅承担着"救贫"和"防贫"的责任，而且要为全体社会成员提供更加广泛的津贴、基础设施等公共服务，从而使人们尽可能充分地享受经济社会发展成果，不断提高物质生活和精神生活的质量。

（五）维护社会稳定

实行社会保障，有利于缩小社会成员间的贫富差距，增进社会整体福利，协调社会关系，从而从根本上维护社会稳定。自社会保障制度建立之日起，各国政府就赋予其缓解社会矛盾、稳定社会秩序、保持社会安定的功能。

三、我国劳动社会保障制度体系

（一）劳动社会保障制度体系的概念与分类

所谓劳动社会保障制度体系，是指由一系列不同层次、不同内容、不同功能的社会保障制度（或计划、项目）连接而成的"社会安全网"。按照不同的划分依据，劳动社会保障制度体系可以有不同的划分结果。

1. 依据保障内容不同划分的劳动社会保障体系

（1）社会保险，是指国家通过立法建立起来的，为劳动者在遭遇经济和社会风险事故，如年老、疾病、生育、失业、伤残时提供收入补偿，从而保障基本生活的社会保障制度。

（2）社会救助，也称社会救济，是对包括劳动者在内的所有陷入生存危机的社会成员，由国家和社会依照法定的程序和标准，向其提供满足最低生活需要的物质和其他援助的一项社会保障制度。

（3）社会福利，是指政府和社会组织通过建立文化、教育、卫生等服务设施，免费或优惠提供服务，以及以实物发放、货币补贴等形式，向全体社会成员或特定人群给予帮助，以保证和改善其物质文化生活的制度。

2. 按照社会风险分类划分的劳动社会保障制度体系

建立社会保障制度的根本目的是通过政府和社会的力量帮助社会成员分散并抵御各种社会风险。因此，按照社会风险分类，社会保障的体系结构可以分为：

（1）防范、抵御生存风险的保障，包括生活救助、灾害救助、各类专项救助等。

（2）防范、抵御健康风险的保障，包括医疗保险、医疗福利与服务、医疗救助等。

（3）防范、抵御职业风险的保障，包括工伤保险、失业保险、失业救助等。

（4）防范、抵御老残风险的保障，包括养老保险、老残护理服务、老年福利和残疾人福利、困境老年人和残疾人救助等。

上述两种分类方法之间存在着密切的联系，形成社会保障制度的一横一纵的体系架构。

（二）我国四大法定保障系统

我国劳动社会保障制度经历了计划经济时期的"国家-单位保障制"到改革开放后社会主义市场经济体制下的"国家-社会保障制"的转变，是随着我国经济社会的发展变化而不断改革和完善的。一般认为，我国劳动社会保障制度体系由四大法定保障系统构成，分别是：① 社会救助——最低层次的社会保障；② 社会保险——基础层次的社会保障；③ 社会福利——最高层次的社会保障；④ 社会优抚——特殊性质的军人保障。

这四大法定保障系统各具特色又相互衔接，共同构成我国劳动社会保障制度体系。我国劳动社会保障制度的区别与联系如表 5－1 所示。

表 5－1　我国劳动社会保障制度的区别与联系

组成部分	保障对象	保障目的	基本特征	资金主要来源	定　位
社会救助	失去生活来源者、遭遇不幸者、贫困者	保障最低生活	摆脱贫困	国家及社会群体	最低保障
社会保险	工资劳动者、个体自营者	维持基本生活	补偿收入损失	用人单位和劳动者	基本保障
社会福利	全体公民	改善生活	增进福利	国家及社会群体	最高保障
社会优抚	军人及其家属	优待、抚恤、安置	优待	国家	特殊保障

（三）建立多层次的劳动社会保障制度体系

除了上述四大法定保障系统，我国还强调要建立多层次的社会保障制度体系，也就是在政府主导的法定基本社会保障项目的基础上，充分发挥员工福利（包括企业年金、职业年金、补充医疗保险等）、互助保障、慈善事业，以及商业保险等补充保障机制，坚持以政府为主体，积极发挥市场和社会的作用，同时还要发挥家庭保障的传统优势。只有这样，才能更好地帮助社会成员应对社会风险，在保基本的基础上满足人民群众多样化多层次的保障需求。

党的十九大报告指出，中国特色社会主义进入新时代，我国社会主要矛盾已经转化为人民日益增长的美好生活需要和不平衡不充分的发展之间的矛盾。幼有所育、学有所教、劳有所得、病有所医、老有所养、住有所居、弱有所扶等民生"七有"，构成了人民群众的基本民生诉求，也构成了社会保障体系建设的基本方向。城乡居民在就业、教育、医疗、居住、养老等方面遭遇的民生"五难"，是政府必须妥善应对的现实挑战，也是社会保障体系建设的重要着力点。党的十九大报告对加强社会保障体系建设也做了专门的论述，强调要"按照兜底线、织密网、建机制的要求，全面建成覆盖全民、城乡统筹、权责清晰、保障适度、可持续的多层次社会保障体系"。

党的二十大报告进一步对促进我国社会保障事业高质量发展提出新的要求。报告提出，要"健全覆盖全民、统筹城乡、公平统一、安全规范、可持续的多层次社会保障体系"。

※课内检查与思考

1. 劳动社会保障制度如何帮助劳动者应对社会风险？

_____

_____

2. 党的二十大报告如何阐述"健全社会保障体系"？

_____

_____

3. 结合社会现实，谈谈劳动社会保障制度的功能是如何发挥的。

_____

_____

_____

第二节 "五险一金"制度

职业风险与职业保障制度

通常所说的"五险一金"，是指国家和用人单位给予劳动者的几种保障性待遇的合称，包括养老保险、医疗保险、失业保险、工伤保险和生育保险，以及住房公积金。《中华人民共和国社会保险法（2018 年修正）》规定："国家建立基本养老保险、基本医疗保险、工伤保险、失业保险、生育保险等社会保险制度，保障公民在年老、疾病、工伤、失业、生育等情况下依法从国家和社会获得物质帮助的权利。"

健康风险与健康保障系统

一、养老保险

（一）养老保险的含义

老残风险与养老金改革

养老保险是指对退出劳动领域或无劳动能力的老年人，由国家立法规范，用人单位、个人和政府筹资，为其提供生活保障的制度。凡是符合退休养老条件的社会成员，在退出劳动岗位后都能获得稳定的生活保障。养老保险是对老年风险进行社会化分担的一种机制，具有社会化筹资、养老风险共担、制度设计多层次性等特点。

（二）我国现行基本养老保险制度

我国现行的基本养老保险制度由城镇职工基本养老保险制度和城乡居民基本养老保险制度构成。

1. 城镇职工基本养老保险制度

城镇职工基本养老保险制度，包括企业职工养老保险、机关事业单位养老保险，以及灵活就业人员养老保险。2015 年 1 月颁布的《国务院关于机关事业单位工作人员养老保险制度改革的决定》提出，所有机关事业单位进行养老金并轨改革，改革后机关事业单位人员参照企业等城镇从业人员缴纳养老金，打破了在我国存在 20 多年的养老金"双轨制"。这是我国养老保险体系建设的一项重大突破，是在全面深化改革背景下的一个重大举措。

（1）覆盖范围。职工应当参加基本养老保险，由用人单位和职工共同缴纳基本养老保险费。无雇工的个体工商户、未在用人单位参加基本养老保险的非全日制从业人员以及其他灵活就业人员可以参加基本养老保险，由个人缴纳基本养老保险费。

（2）养老保险基金的筹集。基本养老保险实行社会统筹与个人账户相结合。基本养老保险基金由用人单位和个人缴费以及政府补贴等组成。用人单位应当按照国家规定的本单位职工工资总额的比例缴纳基本养老保险费，记入基本养老保险统筹基金。职工应当按照国家规定的本人工资的比例缴纳基本养老保险费，记入个人账户。无雇工的个体工商户、未在用人单位参加基本养老保险的非全日制从业人员以及其他灵活就业人员参加基本养老保险的，应当按照国家规定缴纳基本养老保险费，分别记入基本养老保险统筹基金和个人账户。基本养老保险基金出现支付不足时，政府给予补贴。

（3）养老金的发放、调整和转移接续。参加基本养老保险的个人，达到法定退休年龄时累计缴费年限满足最低缴费年限要求的，按月领取基本养老金。第十四届全国人民代表大会常务委员会第十一次会议批准通过了《国务院关于渐进式延迟法定退休年龄的办法》，规定自 2025 年 1 月 1 日起，用十五年时间，逐步将男职工的法定退休年龄从原六十周岁延迟至六十三周岁，将女职工的法定退休年龄从原五十周岁、五十五周岁分别延迟至五十五周岁、五十八周岁，同时还规定从 2030 年 1 月 1 日起，将职工按月领取基本养老金最低缴费年限由十五年逐步提高至二十年。

国家建立基本养老金正常调整机制。根据职工平均工资增长、物价上涨情况，适时提高基本养老保险待遇水平。自 2005 年至 2022 年，我国已经实现退休人员养老金 18 连涨，使退休人员能够共享经济社会发展成果。个人跨统筹地区就业的，其基本养老保险关系随本人转移，缴费年限累计计算。个人达到法定退休年龄时，基本养老金分段计算、统一支付。

2. 城乡居民基本养老保险制度

2009 年 9 月，国务院印发《国务院关于开展新型农村社会养老保险试点的指导意见》，逐步建立和完善新型农村社会养老保险制度（简称"新农保"）。新型农村社会养老保险实行个人缴费、集体补助和政府补贴相结合。新型农村社会养老保险待遇由基础养老金和个人账户养老金组成。参加新型农村社会养老保险的农村居民，符合国家规定条件的，按月领取新型农村社会养老保险待遇。

2011 年 6 月，国务院办公厅发布《国务院关于开展城镇居民社会养老保险试点的指导意见》，逐步建立和完善城镇居民社会养老保险制度（简称"城居保"）。城镇居民社会养老保险由个人缴费和政府补贴相结合，实行社会统筹和个人账户相结合，与家庭养老、社会救助、社会福利等其他社会保障政策相配套，保障城镇居民老年基本生活。

2014年2月，国务院公布了《关于建立统一的城乡居民基本养老保险制度的意见》，各省、自治区、直辖市人民政府根据实际情况，逐步将城镇居民社会养老保险和新型农村社会养老保险合并实施，年满16周岁（不含在校学生），非国家机关和事业单位工作人员及不属于职工基本养老保险制度覆盖范围的城乡居民，可以在户籍地参加城乡居民养老保险。

改革开放以来，我国的基本养老保险制度（包括城镇职工基本养老保险和城乡居民基本养老保险）在发展中不断改革完善，目前覆盖面已经达到十亿四千万人。但是，随着我国人口年龄结构的变化和其他经济社会因素的影响，这一制度仍然存在着个人和单位缴费负担较重、养老金替代率低、群体间待遇差异大、空账和缺口严重、基金保值增值压力大等问题，面临着不小的挑战，需要采取进一步措施深化改革和持续完善。2017年，党的十九大报告指出，要"完善城镇职工基本养老保险和城乡居民基本养老保险制度，尽快实现养老保险全国统筹"。2022年，党的二十大报告也指出我国养老保险制度未来改革的方向，即要"完善基本养老保险全国统筹制度，发展多层次、多支柱养老保险体系。实施渐进式延迟法定退休年龄"。

（三）多层次养老保险制度

基本养老保险又称养老保险的第一支柱，此外，为了提高退休后养老金的替代率，多层次的养老保险制度还应包括第二支柱和第三支柱，也就是补充养老保险和个人储蓄性养老保险等。所谓多层次、多支柱养老保险体系，即以基本养老保险为基础、以企业（职业）年金为补充、与个人储蓄性养老保险和商业养老保险相衔接的"三支柱"养老保险体系。

1. 补充性养老保险

我国的补充性养老保险主要包括企业年金和职业年金。企业年金即企业补充养老保险，是指企业及其雇员在依法参加基本养老保险的基础上，依据国家政策和本企业经济状况建立的、旨在提高雇员退休后生活水平、对国家基本养老保险进行重要补充的一种养老保险形式。在我国，与基本养老保险相比，企业年金的保障水平整体很低，在行业和地区之间分布严重不均，而且将中小企业基本排除在外。职业年金，是指机关事业单位及其工作人员在参加机关事业单位基本养老保险的基础上，建立的补充养老保险制度。

2. 个人储蓄性养老保险

职工个人储蓄性养老保险也是我国多层次养老保险体系的一个组成部分，是由职工自愿参加、自愿选择经办机构的一种补充保险形式。多年以来，个人储蓄性养老保险在我国的发展非常滞后，甚至很多人并不了解这种养老保险。2022年4月，国务院办公厅印发了《关于推动个人养老金发展的意见》，明确个人养老金是政府政策支持、个人自愿参加、市场化运营的补充养老保险制度，是多层次、多支柱养老保险体系的重要组成部分。截至 2022 年底，个人养老金制度已在 36 个先行城市（地区）启动实施。

二、医疗保险

（一）医疗社会保险的含义

医疗社会保险是指由国家立法，通过强制性社会保险原则和方法筹集医疗资金，保障人们平等地获得适当的医疗服务的一种制度。除具有社会保险的共性特征外，医疗社会保险还具有普遍性、复杂性、短期性与经常性、医疗费用为准则等特点。

（二）我国现行基本医疗保险制度

我国现行的基本医疗保险制度由城镇职工基本医疗保险制度和城乡居民基本医疗保险制度构成。国家医疗保障局 2023 年发布的《2022 年全国医疗保障事业发展统计公报》显示，截至 2022 年底，全国基本医疗保险参保人数为 13.46 亿人，参保率稳定在 95% 以上。

1. 城镇职工基本医疗保险制度

城镇职工基本医疗保险制度，包括企业职工医疗保险、机关事业单位医疗保险，以及灵活就业人员医疗保险。1998 年 12 月，国务院颁布了《关于建立城镇职工基本医疗保险制度的决定》，形成了覆盖城镇所有从业人员的医疗保险制度。

（1）城镇职工医疗社会保险的覆盖对象。城镇企业职工和机关事业单位职工应当参加职工基本医疗保险，由用人单位和职工按照国家规定共同缴纳基本医疗保险费。无雇工的个体工商户、未在用人单位参加职工基本医疗保险的非全日制从业人员以及其他灵活就业人员可以参加职工基本医疗保险，由个人按照国家规定缴纳基本医疗保险费。

参加职工基本医疗保险的个人，达到法定退休年龄时累计缴费达到国家规定年限的，退休后不再缴纳基本医疗保险费，按照国家规定享受基本医疗保险待遇；未达到国家规定年限的，可以缴费至国家规定年限。

（2）城镇职工医疗社会保险的资金来源。我国目前城镇职工医疗保险采取部分积累制的资金筹集模式，采用单位和个人缴费及政府补贴相结合模式。用人单位和职工按照工资总额的一定比例缴纳基本医疗保险费，形成社会医疗统筹基金和个人医疗账户基金。

（3）城镇职工医疗社会保险基金的支付方式。医疗社会保险的费用支付，是指医疗社会保险机构作为付款人，代替被保险人支付他们因接受医疗服务所发生的医疗费用，对医疗机构提供医疗服务所消耗的经济资源进行补偿。因此，费用支付既涉及医疗保险方与被保险方之间的关系，又涉及医疗保险方与医疗服务提供者之间的关系，是两者之间的经济纽带。

医疗保险机构对医疗服务者的费用支付方式从总体上可以分为后付制（或称事后报销制）和预付制（或称前瞻性付费）。前者指按服务项目付费；后者有总额预算包干、按人头付费、按病种付费等方式。不同的支付方式对费用控制、服务质量以及管理的要求不同。

参保人参与费用分担的方式主要有起付线法、按比例分担法（共付法）、封顶线法和混合支付法。起付线法也称扣除保险，是指被保险人在就医时必须先自付一笔固定的费用，其余费用全部或部分由社会保险机构支付，其中自付的医疗费用水平又称起付线或起保线。按比例分担法也称共付保险，是指参保人在第三方为其支付医疗费用的同时，本人也要支付一定比例的费用。封顶线法也称限额保险，是指保险机构设立最高支付限额，超出这一限额的医疗费用由病人自己负担，这个最高支付限额就是医疗社会保险支付的"封顶线"。医疗社会保险费用分担的各种形式并不是完全独立的，也各有利弊，因此一般都是结合起来加以运用。我国采用的也是几种方式结合的混合支付法。

（4）城镇职工医疗社会保险基金的支付范围。符合基本医疗保险药品目录、诊疗项目、医疗服务设施标准以及急诊、抢救的医疗费用，按照国家规定从基本医疗保险基金中支付。参保人员医疗费用中应当由基本医疗保险基金支付的部分，由社会保险经办机构与医疗机构、药品经营单位直接结算。社会保险行政部门和卫生行政部门应当建立异地就医医疗费用结算制度，方便参保人员享受基本医疗保险待遇。个人跨统筹地区就业的，其基本医疗保险关系随本人转移，缴费年限累计计算。

下列医疗费用不纳入基本医疗保险基金支付范围：应当从工伤保险基金中支付的；应当由第三人负担的；应当由公共卫生负担的；在境外就医的。医疗费用依法应当由第三人负担，第三人不支付或者无法确定第三人的，由基本医疗保险基金先行支付。基本医疗保险基金先行支付后，有权向第三人追偿。社会保险经办机构根据管理服务的需要，可以与医疗机构、药品经营单位签订服务协议，规范医疗服务行为。医疗机构应当为参保人员提供合理、必要的医疗服务。

2. 城乡居民基本医疗保险制度

2003 年 1 月，国务院办公厅转发卫生部、财政部、农业部《关于建立新型农村合作医疗制度的意见》，逐步建立和完善新型农村合作医疗制度。新型农村合作医疗（简称"新农合"）是指由政府组织、引导、支持，农民自愿参加，个人、集体和政府多方筹资，以大病统筹为主的农民医疗互助共济制度，采取个人缴费、集体扶持和政府资助的方式筹集资金。

2007 年 7 月，国务院印发《关于开展城镇居民基本医疗保险试点的指导意见》，逐步建立和完善城镇居民基本医疗保险制度。

2016 年，国务院印发《关于整合城乡居民基本医疗保险制度的意见》，开始整合城镇居民医疗保险和新农合两项制度，实施统一的城乡居民基本医保制度，建立完善的全民参保制度、动态调整筹资机制和医保治理体系。

根据 2018 年修订的《中华人民共和国保险法》，城镇居民基本医疗保险实行个人缴费和政府补贴相结合。享受最低生活保障的人、丧失劳动能力的残疾人、低收入家庭、六十周岁以上的老年人和未成年人等所需个人缴费部分，由政府给予补贴。

（三）多层次医疗保险制度

在基本医疗保险的基础上，我国提出建立以基本医疗保障为主体、其他多种形式如补充医疗保险和商业健康保险为补充，覆盖城乡居民的多层次医疗保障体系。补充医疗保险制度具体包括：大病保险制度、职工补充医疗保险制度、职工互助医疗保险制度等。

（1）大病保险是对城乡居民因患大病发生的高额医疗费用给予报销，目的是解决群众反映强烈的"因病致贫、因病返贫"问题，使绝大部分人不会再因为疾病陷入经济困境。

（2）职工补充医疗保险是在参加了城镇职工基本医疗保险之后的一项补充保障。城镇职工补充医疗保险，能够有效降低职工个人负担，解除职工后顾之忧，提升职工工作效率。基本医疗保险与补充医疗保险不是相互矛盾的，而是互为补充、不可替代的，其目的都是给职工提供医疗保障。

（3）职工互助医疗保险是一种政策性惠民保险，是在职工及家属患大病享受基本医疗保险待遇后，如果个人负担的医疗费比较高，给予经济帮助的一种保险。职工医疗互助保险的承办一般是单位的工会等独立机构，采用职工自愿参加的形式，费用主要由职工个人缴纳，一般是职工个人一次性交纳职工医疗互助保险费，当个人负担的医疗费超过一定数额时，可以从职工互助补充医疗保险基金中领取一定费用的待遇。

三、失业保险

（一）失业保险的含义

失业保险是指国家通过立法强制实行的，对因失业而暂时中断生活来源的劳动者提供物质帮助进而保障失业人员失业期间的基本生活，并促进其再就业的一种社会保险制度。建立失业保险，有助于保障符合条件的失业人员的基本生活，缓解失业人员暂时的经济压力，促进失业职工再就业，进而有利于促进和保证社会稳定。

（二）我国现行失业保险制度

1. 失业保险的覆盖范围

《社会保险法》规定，职工应当参加失业保险。我国境内依法成立的各类企业、事业单位、社会团体、民办非企业单位、有雇工的个体工商户及与之建立劳动合同关系的劳动者，应当参加失业保险。

2. 失业保险的资金来源

《社会保险法》规定，由用人单位和职工按照国家规定共同缴纳失业保险费。省、自治区、直辖市人民政府根据行政区域失业人员数量和失业保险基金数额，报经国务院批准，可以适当调整本行政区域的失业保险费率。费率调整应当考虑两个因素：一是基金支付的实际需要；二是单位和个人的承受能力。职工跨统筹地区就业的，其失业保险关系随本人转移，缴费年限累计计算。此外，失业保险的资金来源还包括失业保险基金的利息、财政补贴，以及依法纳入失业保险基金的其他资金等。

3. 领取失业保险的条件

《社会保险法》规定，失业人员符合下列条件的，从失业保险基金中领取失业保险金：失业前用人单位和本人已经缴纳失业保险费满一年的；非因本人意愿中断就业的；已经进行失业登记，并有求职要求的。

4. 失业保险的待遇给付

《社会保险法》规定，失业保险金的标准，由省、自治区、直辖市人民政府确定，不得低于城市居民最低生活保障标准。

5. 失业保险基金的支出范围

失业保险基金的支出范围主要包括：失业保险金；领取失业保险金期间的医疗补助金；领取失业保险金期间死亡失业人员的丧葬补助金和其供养的配偶、直系亲属的抚恤金；领取失业保险金期间接受职业培训、职业介绍的补贴；国务院规定或者批准的与失业保险有关的其他费用。

6. 失业保险金的领取期限

失业保险是短期保险，保险金不能无限期支付，因此各国都会设立一个领取期限。我国现行的规定是：失业人员失业前用人单位和本人累计缴费满一年不足五年的，领取失业保险金的期限最长为十二个月；累计缴费满五年不足十年的，领取失业保险金的期限最长为十八个月；累计缴费十年以上的，领取失业保险金的期限最长为二十四个月。重新就业后，再次失业的，缴费时间重新计算，领取失业保险金的期限与前次失业应当领取而尚未领取的失业保险金的期限合并计算，最长不超过二十四个月。

用人单位应当及时为失业人员出具终止或者解除劳动关系的证明，并将失业人员的名单自终止或者解除劳动关系之日起十五日内告知社会保险经办机构。失业人员应当持本单位为其出具的终止或者解除劳动关系的证明，及时到指定的公共就业服务机构办理失业登记。失业人员凭失业登记证明和个人身份证明，到社会保险经办机构办理领取失业保险金的手续。失业保险金领取期限自办理失业登记之日起计算。

7. 停止领取失业保险待遇的情形

失业人员在领取失业保险金期间有下列情形之一的，停止领取失业保险金，并同时停止享受其他失业保险待遇：重新就业的；应征服兵役的；移居境外的；享受基本养老保险待遇的；无正当理由，拒不接受当地人民政府指定部门或者机构介绍的适当工作或者提供的培训的。

（三）我国全方位的就业保障制度

除了保障失业人员基本生活，预防失业和促进就业也是失业保险的重要功能。失业预防、失业保险、就业扶助构成我国全方位的就业保障制度。

失业保险不能满足于使失业者有一定的生活保障，还应当积极促进和帮助他们经过职业培训或转业培训实现再就业，各地在制定失业保险的实施方案时，一是要注意失业保险津贴水平不能过高，防止一些福利国家"养懒人"和"失业保险促进失业"的现象在我国发生；二是失业保险机构和职业介绍机构要根据劳动力市场供需信息，有针对性地为失业人员开展岗位开发、鼓励创业、转业训练、生产自救、职业介绍等再就业服务工作，尤其是拿出一部分失业保险基金用于失业者的再就业培训。同时，还要注重失业预防，也就是采取各种有效措施积极避免和减少劳动者失业，具体措施包括：对企业解雇的约束；建立失业预警制度；广泛开展职业教育和培训等。

（四）完善大学生就业保障制度

大学毕业生作为国家高层次的知识和技术型人才，其就业必然会受到全社会的高度关注。缓解大学生就业压力关系到国家的长远发展、社会的公平稳定与高校的教育方向。通过建立以大学生失业保险制度为核心的长效性的大学生就业保障制度以减缓失业带来的种种社会问题，已成为我国通过经济发展增加大学生就业岗位之外解决大学生失业问题的必然选择。

根据大学生就业保障措施重要性和地域性的特点，大学生就业保障制度的立法应进行不同立法位阶的选择。一是就业促进法的进一步完善。应在《中华人民共和国就业促进法》中确立有利于促进大学生就业的产业、财税等各方面的相关政策，如创业津贴、创业贷款政府担保、企业雇工补贴、税费优惠、再就业政策。二是失业保险制度的构建。针对大学生实际情况，将大学生群体纳入《失业保险条例》的调整范围，适用失业保险条例和社会保险法的相关规定以构建高校毕业生的失业保险制度是切实可行的。三是职业培训制度的立法。根据各个地区的实际情况制定大学生职业培训的地方性法规或者地方性规章，一方面可以充分考虑本地区的实际情况，另一方面较政策而言又相对长效和稳定。四是大学生就业服务和就业保障政策的完善。各地区、各高校要发展并健全就业服务体系，各地方要制定促进大学生就业的税费优惠政策，以及鼓励大学生自主创业政策等。

四、工伤保险

（一）工伤保险的含义

工伤保险是指劳动者在工作中或在规定的特殊情况下，遭受意外伤害或患职业病导致暂时或永久丧失劳动能力以及死亡时，劳动者或其遗属从国家和社会获得物质帮助的一种社会保险制度。建立工伤保险的目的是保障因工作遭受事故伤害或者患职业病的职工获得医疗救治和经济补偿，促进工伤预防和职业康复，分散用人单位的工伤风险。

（二）我国现行工伤保险制度

1. 工伤保险的覆盖范围

《社会保险法》规定，职工应当参加工伤保险。我国境内的企业、事业单位、社会团体、民办非企业单位、基金会、律师事务所、会计师事务所等组织和有雇工的个体工商户应当参加工伤保险，为本单位全部职工或者雇工缴纳工伤保险费。

2. 工伤保险的资金来源

由用人单位缴纳工伤保险费，职工不缴纳工伤保险费。

3. 工伤保险的费率

用人单位应当按照本单位工资总额，根据社会保险经办机构确定的费率缴纳工伤保险费。国家根据不同行业的工伤风险程度确定行业的差别费率，并根据使用工伤保险基金、工伤发生率等情况，在每个行业内确定费率档次。行业差别费率和行业内费率档次由国务院社会保险行政部门制定，报国务院批准后公布施行。社会保险经办机构根据用人单位使用工伤保险基金、工伤发生率和所属行业费率档次等情况，确定用人单位缴费费率。

4. 工伤的认定

（1）应当认定为工伤的情形。

工作时间、工作场所内、工作原因受到事故伤害的；工作时间前后在工作场所内，从事工作有关的预备性或收尾性工作受到事故伤害的；工作时间、工作场所内，因履行工作职责受到暴力等意外伤害的；患职业病的；因公外出期间，由于工作问题受到伤害或者发生事故下落不明的；上下班途中，受到机动车事故伤害的；法律、行政法规规定应当认定为工伤的其他情形。

（2）视同工伤的情形。

在工作时间和工作岗位，突发疾病死亡或者在 48 小时内经抢救无效死亡的；在抢险救灾等维护国家利益、公共利益活动中受到伤害的；职工原在军队服役，因战、因公负伤致残，已取得革命伤残军人证，到用人单位后旧伤复发的。

（3）不认定为工伤的情形。

故意犯罪；醉酒或者吸毒；自残或者自杀；法律、行政法规规定的其他情形。

5. 工伤保险基金的支出范围

（1）因工伤发生的下列费用，按照国家规定从工伤保险基金中支付：治疗工伤的医疗费用和康复费用；住院伙食补助费；到统筹地区以外就医的交通食宿费；安装配置伤残辅助器具所需费用；生活不能自理的，经劳动能力鉴定委员会确认的生活护理费；一次性伤残补助金和一至四级伤残职工按月领取的伤残津贴；终止或者解除劳动合同时，应当享受的一次性医疗补助金；因工死亡的，其遗属领取的丧葬补助金、供养亲属抚恤金和因工死亡补助金；劳动能力鉴定费。

（2）因工伤发生的下列费用，按照国家规定由用人单位支付：治疗工伤期间的工资福利；五级、六级伤残职工按月领取的伤残津贴；终止或者解除劳动合同时，应当享受的一次性伤残就业补助金。

6. 停止享受工伤保险待遇的情形

工伤职工有下列情形之一的，停止享受工伤保险待遇：丧失享受待遇条件的；拒不接受劳动能力鉴定的；拒绝治疗的。

（三）工伤康复与服务

早期的工伤保险实际上是"工伤赔偿"，而现代意义上的工伤保险是一种"补偿、预防、康复"三位一体的保险体制，不仅包括对因工伤、残、亡者的经济补偿和物质照顾，而且包括促进企业安全生产、降低事故率及职业病发生率，并通过现代康复手段，使受害者尽快恢复劳动能力。

在完善工伤保险赔付的同时，要注重建立一整套安全生产措施，防止职业病和工伤事故的扩大。职业伤害保险的赔偿，只是对职业伤害受害人事后的赔偿，是一种消极被动的行为。各国的实践证明，从单纯的事后赔偿向职业事故预防转变，可以减少事故的发生率和基金支付率，既帮助了企业，也维护了工人的权益，还形成了基金的良性循环局面。各国的实践还证明，向受害人提供医疗康复和职业康复服务，是对受害人的损失更积极、更深层的补偿，必须把职业伤害的赔偿、职业事故的预防和职业康复三者有机结合起来。

五、生育保险

（一）生育保险的含义

生育保险是指妇女劳动者因怀孕、分娩导致不能工作，收入暂时中断，国家和社会给予必要物质帮助的社会保险制度。建立生育保险的目的是保证生育状态的劳动妇女的身体健康，减轻其因繁衍后代而产生的经济困难，同时也是保证劳动力再生产的延续。生育保险不单单是指对女职工生育子女所花费的生育手术费、住院费等费用的补偿，而且包括通过建立社会生育基金的方式，对女职工在规定的生育假期内因未从事劳动而不能获得工资收入的补偿。

（二）我国现行生育保险制度

1. 覆盖范围

生育保险覆盖所有城镇从业人员。起步阶段覆盖医疗保险参保单位人员。2019年3月，国务院办公厅印发《关于全面推进生育保险和职工基本医疗保险合并实施的意见》，生育保险和医疗保险合并实施后，参加职工基本医疗保险的在职职工同步参加生育保险。这并非取消生育保险，而是和职工医疗保险统一参保登记、统一基金征缴和管理、统一医疗服务管理、统一经办和信息服务，不增加单位和个人缴费负担，参保人待遇不变，手续更加简化。

2. 缴费办法

生育保险费根据"以支定收，收支基本平衡"的原则筹集，用人单位按规定为本单位全部职工或者雇工（以下简称职工）按时足额缴纳生育保险费，职工个人不缴纳生育保险费。具体费率由各地医疗保障部门会同财政部门确定。生育保险和职工医疗保险合并实施后，不再单独征收生育保险费，原费率增加到职工医保费中合并征收。

3. 待遇规定

生育保险待遇主要包括生育医疗费用和生育津贴。

（1）生育医疗费用。包括女职工生育的产前检查费用、住院分娩医疗费用，计划生育手术费用，法律、法规规定的其他项目费用。生育医疗政策设计和待遇规定上各统筹地区有一定差异，通常采取按比例报销的方式或者定/限额支付的方式，保障水平总体较高。参加生育保险的男职工，其未就业配偶按照国家规定享受生育医疗费用待遇，所需资金从生育保险基金中支付。

（2）生育津贴。参保企业和实行企业化管理的事业单位及城镇有雇工的个体工商户参保女职工生育享受生育津贴。机关事业单位女职工生育不享受生育津贴，按照规定享受产假期间的工资正常发放，福利待遇不变，所需经费按原渠道列支。生育津贴用于弥补职工在产休假期间工资的损失，与女职工本人工资不重复享受。一般按照"用人单位上年度在职职工月平均缴费基数÷30天×产（休）假天数"的方式计算。

2012年国务院发布的《女职工劳动保护特别规定》第七条规定：女职工生育享受98天产假，其中产前可以休假15天；难产的，增加产假15天；生育多胞胎的，每多生育1个婴儿，增加产假15天。女职工怀孕未满4个月流产的，享受15天产假；怀孕满4个月流产的，享受42天产假。同时，育儿是夫妻双方的共同责任，为了给男性更多的时间照顾产妇和新生儿，近年来各地相继出台了男职工陪产假（又名陪护假或护理假），即女方在享受产假期间，男方享受一定时间看护、照料对方的权利。男性陪产假的天数具体要看各省、自治区及直辖市的实际规定，基本在各地的计划生育条例中都有规定，而且各地标准是不一样的，至少7天，最多则可以达到30天，主要省市基本上为15天。在国家规定的产假基础上，各地还规定了当地的生育假，尤其是2021年放开"三孩"以后，各地政府都出台了相应政策进一步延长生育假。目前全国各地规定的女性产假加生育假范围大概是128～190天，主要省市基本上都是158天。

六、住房公积金

(一)住房公积金的含义

住房公积金是指国家机关、国有企业、城镇集体企业、外商投资企业、城镇私营企业及其他城镇企业、事业单位、民办非企业单位、社会团体（以下统称单位）及其在职职工缴存的长期住房储金。住房公积金应当用于职工购买、建造、翻建、大修自住住房，任何单位和个人不得挪作他用。

(二)我国现行住房公积金制度

1. 住房公积金的缴存

职工个人缴存的住房公积金和职工所在单位为职工缴存的住房公积金，属于职工个人所有。职工住房公积金的月缴存额为职工本人上一年度月平均工资乘以职工住房公积金缴存比例。单位为职工缴存的住房公积金的月缴存额为职工本人上一年度月平均工资乘以单位住房公积金缴存比例。职工和单位住房公积金的缴存比例均不得低于职工上一年度月平均工资的5%；有条件的城市，可以适当提高缴存比例。具体缴存比例由住房公积金管理委员会拟订，经本级人民政府审核后，报省、自治区、直辖市人民政府批准。

住房公积金管理中心在受委托银行设立住房公积金专户。单位向住房公积金管理中心办理住房公积金缴存登记，并为本单位职工办理住房公积金账户设立手续。每个职工只能有一个住房公积金账户。住房公积金管理中心建立职工住房公积金明细账，记载职工个人住房公积金的缴存、提取等情况。

2. 住房公积金的提取

职工有下列情形之一的，可以提取职工住房公积金账户内的存储余额：

(1) 购买、建造、翻建、大修自住住房的。

(2) 离休、退休的。

(3) 完全丧失劳动能力，并与单位终止劳动关系的。

(4) 出境定居的。

(5) 偿还购房贷款本息的。

(6) 房租超出家庭工资收入的规定比例的。

职工死亡或者被宣告死亡的，职工的继承人、受遗赠人可以提取职工住房公积金账户内的存储余额；无继承人也无受遗赠人的，职工住房公积金账户内的存储余额纳入住房公积金的增值收益。

缴存住房公积金的职工，在购买、建造、翻建、大修自住住房时，可以向住房公积金管理中心申请住房公积金贷款。

※课内检查与思考

1. 如果你去参加求职应聘，你知道如何了解和洽谈"五险一金"吗？

_____

_____

2. 不同性质的工作单位，"五险一金"有什么差异？

_____

_____

3. 选择一家企业，你能够分析这家企业员工的"五险一金"情况吗？

_____

_____

第三节　社会救助制度

生存风险与社
会救助制度

　　社会救助是帮助社会成员应对生存风险的基本制度安排，是以克服贫困为目标的社会保障事业，在现代社会保障体系中处于基础保障地位，是保证社会成员生存权利的最后一道防线。我国的社会救助制度主要包括基本生活救助、临时救助、自然灾害救助和专项救助等类型。

一、基本生活救助

　　基本生活救助主要包括最低生活保障制度和特困人员供养制度，是社会救助的主体部分。

（一）我国的最低生活保障制度

　　1993年6月，上海率先建立了城市最低生活保障制度。1997年9月，国务院颁发了《关于在全国建立城市居民最低生活保障制度的通知》。2007年，国务院决定在全国建立农村最低生活保障制度，将符合条件的农村贫困人口全部纳入保障范围，稳定、持久、有效地解决全国农村贫困人口的温饱问题。伴随着城市化的进程，目前全国很多地区已经实现城乡最低生活保障标准并轨，即城镇居民和农村居民的低保补贴采取统一标准，不再区别对待。

　　1. 保障对象的确定

　　国家对共同生活的家庭成员人均收入低于当地最低生活保障标准，且符合当地最低生活保障家庭财产状况规定的家庭，给予最低生活保障。最低生活保障家庭收入状况、财产状况的认定办法，由省、自治区、直辖市或者设区的市级人民政府按照国家有关规定制定。

2. 保障标准的确定

最低生活保障标准，由省、自治区、直辖市或者设区的市级人民政府按照当地居民生活必需的费用确定、公布，并根据当地经济社会发展水平和物价变动情况适时调整。

3. 申请程序

由共同生活的家庭成员向户籍所在地的乡镇人民政府、街道办事处提出书面申请；家庭成员申请有困难的，可以委托村民委员会、居民委员会代为提出申请。乡镇人民政府、街道办事处应当通过入户调查、邻里访问、信函索证、群众评议、信息核查等方式，对申请人的家庭收入状况、财产状况进行调查核实，提出初审意见，在申请人所在村、社区公示后报县级人民政府民政部门审批。县级人民政府民政部门经审查，对符合条件的申请予以批准，并在申请人所在村、社区公布；对不符合条件的申请不予批准，并书面向申请人说明理由。

4. 最低生活保障金的发放

对批准获得最低生活保障的家庭，县级人民政府民政部门按照共同生活的家庭成员人均收入低于当地最低生活保障标准的差额，按月发给最低生活保障金。对获得最低生活保障后生活仍有困难的老年人、未成年人、重度残疾人和重病患者，县级以上地方人民政府应当采取必要措施给予生活保障。

5. 最低生活保障对象的动态管理

最低生活保障家庭的人口状况、收入状况、财产状况发生变化的，应当及时告知乡镇人民政府、街道办事处。县级人民政府民政部门以及乡镇人民政府、街道办事处应当对获得最低生活保障家庭的人口状况、收入状况、财产状况定期核查。最低生活保障家庭的人口状况、收入状况、财产状况发生变化的，县级人民政府民政部门应当及时决定增发、减发或者停发最低生活保障金；决定停发最低生活保障金的，应当书面说明理由。

（二）我国的特困人员供养制度

我国的特困人员供养制度源于计划经济时期的农村五保户供养。五保户是指农村中的"三无"老人、残疾人和未成年人。五保是指：保吃、保穿、保医、保住、保葬（孤儿保教）。从 20 世纪 50 年代起，各地相继兴办了敬老院，将部分五保对象集中供养，逐步形成了集中供养和分散供养相结合的五保供养模式。五保制度在发展中不断完善，2014 年改名为特困人员供养制度。

1. 特困人员

国家对无劳动能力、无生活来源且无法定赡养、抚养、扶养义务人，或者其法定赡养、抚养、扶养义务人无赡养、抚养、扶养能力的老年人、残疾人以及未满 16 周岁的未成年人，给予特困人员供养。

2. 特困人员供养的内容和标准

特困人员供养的内容：提供基本生活条件；对生活不能自理的给予照料；提供疾病治疗；办理丧葬事宜。

特困人员供养标准，由省、自治区、直辖市或者设区的市级人民政府确定、公布。

特困人员供养应当与城乡居民基本养老保险、基本医疗保障、最低生活保障、孤儿基本生活保障等制度衔接。

3. 特困人员供养的申请和审批程序

申请特困人员供养，由本人向户籍所在地的乡镇人民政府、街道办事处提出书面申请；本人申请有困难的，可以委托村民委员会、居民委员会代为提出申请。乡镇人民政府、街道办事处应当及时了解掌握居民的生活情况，发现符合特困供养条件的人员，应当主动为其依法办理供养。特困供养人员不再符合供养条件的，村民委员会、居民委员会或者供养服务机构应当告知乡镇人民政府、街道办事处，由乡镇人民政府、街道办事处审核并报县级人民政府民政部门核准后，终止供养并予以公示。

4. 特困人员供养的方式

特困供养人员可以在当地的供养服务机构集中供养，也可以在家分散供养。特困供养人员可以自行选择供养形式。

二、临时救助

国家对因火灾、交通事故等意外事件，家庭成员突发重大疾病等，导致基本生活暂时出现严重困难的家庭，或者因生活必需支出突然增加超出家庭承受能力，导致基本生活暂时出现严重困难的最低生活保障家庭，以及遭遇其他特殊困难的家庭，给予临时救助。申请临时救助的，应当向乡镇人民政府、街道办事处提出。

国家对生活无着的流浪乞讨人员的救助管理也属于临时救助。国家对生活无着的流浪乞讨人员提供临时食宿、急病救治、协助返回等救助。流浪乞讨人员向救助站提出求助需求采取自愿原则，救助期限一般不超过 10 天。公安机关和其他有关行政机关的工作人员在执行公务时发现流浪、乞讨人员的，应当告知其向救助管理机构求助。对其中的残疾人、未成年人、老年人和行动不便的其他人员，应当引导、护送到救助管理机构；对突发急病人员，应当立即通知急救机构进行救治。

三、自然灾害救助

自然灾害救助简称救灾，是指国家和社会对因自然灾害造成生存危机的社会成员进行抢救与援助，以维持其基本生活，并使其脱离灾难和危险，恢复生产生活的一项社会保障措施。我国地域辽阔，地理气候复杂，是一个灾害多发的国家，国家建立健全自然灾害救助制度，对基本生活受到自然灾害严重影响的人员，提供生活救助。

自然灾害救助实行属地管理，分级负责。设区的市级以上人民政府和自然灾害多发、易发地区的县级人民政府应当根据自然灾害特点、居民人口数量和分布等情况，设立自然灾害救助物资储备库，保障自然灾害发生后救助物资的紧急供应。自然灾害发生后，县级以上人民政府或者人民政府的自然灾害救助应急综合协调机构应当根据情况紧急疏散、转移、安置受灾人员，及时为受灾人员提供必要的食品、饮用水、衣被、取暖、临时住所、医疗防疫等应急救助。灾情稳定后，受灾地区县级以上人民政府应当评估、核定并发布自然灾害损失情况。受灾地区人民政府应当在确保安全的前提下，对住房损毁严重的受灾人员进行过渡性安置。自然灾害危险消除后，受灾地区人民政府应急管理等部门应当及时核实本行政区域内居民住房恢复重建补助对象，并给予资金、物资等救助。自然灾害发生后，受灾地区人民政府应当为因当年冬寒或者次年春荒遇到生活困难的受灾人员提供基本生活救助。

四、专项救助

我国的专项救助制度主要包括医疗救助、教育救助、住房救助、就业救助等方面。

（一）医疗救助

国家建立健全医疗救助制度，保障医疗救助对象获得基本医疗卫生服务。下列人员可以申请相关医疗救助：最低生活保障家庭成员；特困供养人员；县级以上人民政府规定的其他特殊困难人员。

医疗救助采取下列方式：对救助对象参加城镇居民基本医疗保险或者新型农村合作医疗的个人缴费部分，给予补贴；对救助对象经基本医疗保险、大病保险和其他补充医疗保险支付后，个人及其家庭难以承担的符合规定的基本医疗自负费用，给予补助。医疗救助标准，由县级以上人民政府按照经济社会发展水平和医疗救助资金情况确定、公布。

（二）教育救助

国家对在义务教育阶段就学的最低生活保障家庭成员、特困供养人员，给予教育救助。对在高中教育（含中等职业教育）、普通高等教育阶段就学的最低生活保障家庭成员、特困供养人员，以及不能入学接受义务教育的残疾儿童，根据实际情况给予适当教育救助。

教育救助根据不同教育阶段需求，采取减免相关费用、发放助学金、给予生活补助、安排勤工助学等方式实施，保障教育救助对象基本学习、生活需求。教育救助标准，由省、自治区、直辖市人民政府根据经济社会发展水平和教育救助对象的基本学习、生活需求确定、公布。

（三）住房救助

国家对符合规定标准的住房困难的最低生活保障家庭、分散供养的特困人员，给予住房救助。住房救助通过配租公共租赁住房、发放住房租赁补贴、农村危房改造等方式实施。

住房困难标准和救助标准，由县级以上地方人民政府根据本行政区域经济社会发展水平、住房价格水平等因素确定、公布。城镇家庭申请住房救助的，应当经由乡镇人民政府、街道办事处或者直接向县级人民政府住房保障部门提出，经县级人民政府民政部门审核家庭收入、财产状况和县级人民政府住房保障部门审核家庭住房状况并公示后，对符合申请条件的申请人，由县级人民政府住房保障部门优先给予保障。农村家庭申请住房救助的，按照县级以上人民政府有关规定执行。各级人民政府按照国家规定通过财政投入、用地供应等措施为实施住房救助提供保障。

（四）就业救助

国家对最低生活保障家庭中有劳动能力并处于失业状态的成员，通过贷款贴息、社会保险补贴、岗位补贴、培训补贴、费用减免、公益性岗位安置等办法，给予就业救助。最低生活保障家庭有劳动能力的成员均处于失业状态的，县级以上地方人民政府应当采取有针对性的措施，确保该家庭至少有一人就业。

※课内检查与思考

1. 我国的社会救助制度包括哪些主要内容？

_____

_____

2. 申请专项救助和临时救助的条件分别是什么？

_____

_____

3. 结合你的实际情况，谈谈可能面临的生存风险及应对方式。

_____

_____

※劳动教育训练营

一、名词解释

社会风险　社会保障　社会保险　社会福利与服务　社会救助

二、简答题

1. 现代劳动社会保障制度经历了哪些发展阶段？

2. 通常所说的"五险一金"包括哪些内容？

3. 我国目前的养老保险制度存在什么问题和挑战？

4. 简述我国多层次医疗社会保险制度的主要内容。

5. 什么是职业风险，如何防范？

6. 简述我国社会救助制度的类型。

三、论述题

1. 如何理解社会风险与社会保障制度的发展？

2. 我国的社会保障制度体系包括哪些层次和内容？

四、课外拓展

1. 结合身边案例，理解社会保障制度在帮助劳动者应对社会风险方面发挥的作用。

2. 结合自身专业，谈谈如何在未来的工作中更好地应对各种社会风险。

五、实践探索

实践主题：分析"五险一金"制度。

实践目标：

1. 以身边某一具体企业为例，了解企业的"五险一金"制度。

2. 通过政策研究、当面访谈等方式，进一步理解"五险一金"制度的内涵。

实践报告要求：

以个人为单位，递交课外劳动实践报告；报告内容包括企业基本情况、企业的"五险一金"制度、"五险一金"的缴费方式、"五险一金"的领取条件等。

第六章　劳动法律

要健全劳动法律法规，完善劳动关系协商协调机制，完善劳动者权益保障制度，加强灵活就业和新就业形态劳动者权益保障。

——习近平

学习目标

1. 了解劳动法律体系。
2. 理解劳动基准法律对劳动者权益保护的相关规定。
3. 理解劳动合同订立、履行、解除、终止过程中的法律问题。
4. 了解劳动争议处理原则和机制。

在校大学生与用人单位成立劳动关系的认定

范某 2012 年 9 月就读于广东某大学。自 2016 年 1 月 14 日始，范某到广州某信息科技有限公司（以下简称信息公司）工作。

双方于 2016 年 4 月 28 日签订了《普通高等学校毕业生、毕业研究生就业协议书》，约定范某在信息公司从事销售工作，服务期 3 年，试用期 2 个月，从 2016 年 5 月 1 日起计，收入为 3 200 元/月，试用期满后收入为 4 000 元/月等。

2016 年 6 月 28 日范某毕业后，继续在信息公司就职，服从信息公司的管理，提供劳动（包括出差），领取报酬。双方没有订立书面劳动合同。2016 年 7 月 31 日范某离职。

仲裁裁决：一、确认范某与信息公司自 2016 年 6 月 28 日起至 2016 年 7 月 31 日止存在劳动关系；二、信息公司一次性支付范某 2016 年 7 月 1 日至 2016 年 7 月 31 日的工资 4 000 元、经济补偿金 2 000 元、2016 年 7 月 28 日至 2016 年 7 月 31 日未订立书面劳动合同的工资 516.13 元。

裁决后，范某不服，向一审法院起诉。

一审法院判决：双方自 2016 年 5 月 1 日起至 2016 年 7 月 31 日止存在劳动关系。信息公司向范某支付 2016 年 7 月 1 日至 2016 年 7 月 31 日的工资 4 000 元、经济补偿金 2 000 元、未订立书面劳动合同的工资 8 000 元等。判后，信息公司不服上诉。二审判决驳回上诉，维持原判。

现行法律规定并没有将在校大学生排除在劳动法适用主体之外，因此，劳动者的学生身份并不必然成为其作为劳动主体资格的限制。在校大学生为完成学习任务或因勤工俭学到用人单位提供劳动的，双方不构成劳动关系。但如果在校大学生以就业为目的进入用人单位，双方用工关系符合劳动关系实质特征，应认定为劳动关系，不应以大学生尚未毕业而否认双方存在劳动关系。

本案中，范某以就业为目的入职信息公司，范某入职时已满 18 周岁，双方签订的《就业协议书》明确了岗位、服务期、试用期及报酬等情况，范某接受信息公司的管理，从事信息公司安排的劳动，信息公司按月向范某支付工资并报销差旅费，双方用工关系符合劳动关系的基本特征，应认定成立劳动关系。

思考：1. 大学生可能遇到的劳动法律纠纷有哪些？
　　　2. 大学生在劳动过程中如何保护自己的合法权益？

第一节　劳动法律体系

劳动法发展
改革

　　劳动关系是劳动者与用人单位依法签订劳动合同而在劳动者与用人单位之间产生的法律关系。劳动法律是调整劳动关系的法律规范。为规范劳动关系，目前我国已形成了包括《宪法》《劳动法》《就业促进法》《工会法》《劳动合同法》《社会保险法》《劳动争议调解仲裁法》《民事诉讼法》等实体法、程序法在内的一系列调整劳动关系、保护劳动者权益的法律法规体系。

一、劳动基本法

劳动法律关系

　　在劳动法律体系中，居于基本法地位的是《劳动法》。《劳动法》于 1994 年通过，并于 2009 年、2018 年经过了两次修正，是我国第一部系统规范劳动关系，规定劳动权利和义务的法律。其内容总共有十一章，包括总则、促进就业、劳动合同和集体合同、工作时间和休息休假、工资、劳动安全卫生、女职工和未成年工特殊保护、职业培训、社会保险和福利、劳动争议、监督检查等。《劳动法》基本确立了我国劳动法律制度体系的结构，但由于《劳动法》只是劳动领域的基本法，其涉及的内容尚需具体的法律做详细具体的规定，其后颁布的《就业促进法》《劳动合同法》《劳动争议调解仲裁法》等，都是在《劳动法》确立的框架结构下对相关问题所做的更为具体、详细的规定。这些法律法规共同构成了我国的劳动法律体系。

二、劳动合同法

　　《劳动合同法》于 2007 年 6 月 29 日第十届全国人大常委会第二十八次会议高票表决通过，于 2008 年 1 月 1 日起正式实施。《劳动合同法》就劳动合同的订立、内容、履行、解除、终止等做了详细具体的规定。立法的一大亮点是对劳动者进行了倾斜立法保护，其中有较多的强制性的规范，如无固定期限劳动合同、试用期、劳动合同的解除、赔偿、劳务派遣及非全日制用工等。这些强制性规范更多的是对用人单位的限制，体现了对劳动合同履行中处于弱势地位的劳动者的保护。本法的实施对于推动构建和谐劳动关系，注重社会公平，解决社会民生问题具有巨大影响和深远意义。

三、就业促进法

　　就业是民生之本。在人口众多和劳动力资源过剩的客观背景下，促进就业与促进经济增长在中国的未来发展中具有同等重要性。我国的《就业促进法》于 2007

年 8 月 30 日通过，2008 年 1 月 1 日起正式生效。《就业促进法》在《劳动法》就业促进原则性规定的基础上进行了系统的规定，涉及了政策支持、公平就业、就业服务和管理、职业教育和培训、就业援助、监督检查等内容，将促进就业增长用法律的形式固定下来，使有关促进就业的政策长期化、稳定化，有利于就业的持续增长和劳动力市场的健康发展。

四、劳动争议处理法律

没有救济就没有权利，在劳动过程中，劳动者与用人单位之间难免发生争议，及时有效的解决争议依赖于劳动争议处理制度。2007 年 12 月 29 日通过的《劳动争议调解仲裁法》就是为了公正及时解决劳动争议，保护当事人合法权益，促进劳动关系和谐稳定而制定的。我国劳动争议的处理结合了劳动纠纷的特点，采用"一调一裁二审"的模式。另外，最高人民法院还出台了相关的司法解释，对劳动争议处理中具体应用法律问题做了详细具体的说明，对劳动争议的顺利解决发挥着重要作用。

五、劳动保障法律

国家通过社会保险制度为劳动者提供社会保障。《劳动法》规定，国家发展社会保险，建立社会保险制度，设立社会保险基金。社会保险不同于商业保险，是国家依法建立的，由国家、用人单位和个人共同筹集资金、建立基金，使个人在年老（退休）、患病、工伤（因工伤残或者患职业病）、失业、生育等情况下获得物质帮助和补偿的一种社会保障制度。社会保险是依靠国家立法强制实行的社会化保障，我国于 2010 年 10 月 28 日通过了《社会保险法》，并根据社会发展需要于 2018 年进行了适时的修订。目前我国的社会保险项目主要有基本养老保险、基本医疗保险（生育保险于 2019 年并入基本医疗保险）、工伤保险和失业保险。

六、劳动安全法律体系

劳动安全的首要目的是防止劳动者在劳动活动过程中发生各种伤亡事故。要保护劳动者的劳动安全，就要依法进行安全生产，只有使生产过程在符合安全要求的物质条件和工作秩序下进行，才能有效预防各种事故的发生，从而保障劳动者的安全健康和促进生产率的提高。我国有关安全生产的法律法规已经形成了体系化。

（一）安全生产法律与国际公约

我国现行的安全生产专门法律有《安全生产法》《矿山安全法》《道路交通安全法》《海上交通安全法》《消防法》。与安全生产相关的法律有《刑法》《劳动法》《矿产资源法》《煤炭法》《职业病防治法》《突发事件应对法》《行政处罚法》《民法典》和《劳动合同法》等。

国际劳工组织自 1919 年创立以来，在指导各成员国劳动立法及其贯彻执行方面起了很大作用。其通过了近两百个国际公约和为数较多的建议书，内容大多数是改善劳动条件、保护工人安全健康等方面的。如《职业安全和卫生公约》（第 135 号公约）、《保护工人免遭因工作场所中的空气污染、噪声和振动而造成的职业危害公约》（第 148 号公约）等。我国政府参加或缔约的这些国际性公约（除了提出保留的）与我国安全生产法律不同时，应优先采用国际公约的规定。

（二）安全生产法规

国务院制定的关于安全生产的行政法规主要有《煤炭安全监察条例》《安全生产许可证条例》《危险化学品安全管理条例》《国务院关于预防煤炭生产安全事故的特别规定》《民用爆炸物品安全管理条例》《生产安全事故报告和调查处理条例》《国务院关于特大安全事故行政责任追究的规定》等。

（三）安全生产地方性法规

地方性法规主要有各省、自治区、直辖市颁布的有关加强安全生产、保障人民群众生命和财产安全的地方性法规，例如《辽宁省安全生产条例》《云南省高速铁路安全管理规定》《广东省劳动人事争议处理办法》《无锡市特种设备安全管理办法》。

（四）安全生产行政规章

1. 部门安全生产规章

国务院有关部门依照安全生产法律、行政法规规定或国务院授权制定和发布的安全生产规章，主要有《安全生产违法行为行政处罚办法》《安全生产非法违法行为查处办法》《关于进一步加强煤矿瓦斯防治工作的若干意见》《关于进一步加强煤矿企业安全技术管理工作的指导意见》《建设项目实施"三同时"监督管理办法》《煤矿领导带班下井及安全监督检查规定》《煤炭生产许可证管理办法》《安全生产行政处罚自由裁量适用规则》《企业安全生产责任体系五落实五到位规定》《煤矿重大安全事故隐患判定标准》《安全生产举报奖励办法》《生产经营单位安全培训规定》《安全生产培训管理办法》《生产安全事故罚款处罚规定（试行）》等。

2. 地方政府安全生产规章

地方政府安全生产规章是指由省级人民政府、省会城市和计划单列市人民政府制定的有关安全生产工作具体规定，如《江苏省安全生产条例》《江苏省金属非金属矿山企业风险分级监管实施办法（试行）》《南京市安全生产条例》《深圳市安全管理条例》。

※课内检查与思考

1. 结合实际，思考大学生可能遇到的劳动法律问题。

_____

_____

2. 结合本节内容，思考《劳动法》在劳动法律体系中的地位。

_____

_____

3. 结合身边实例，思考我国劳动立法体系化的必要性。

_____

_____

第二节　劳动者合法权益的保护

保护劳动者的合法权益是《劳动法》的立法宗旨。《劳动法》就保证劳动者生存的相关劳动条件规定了底线性标准，其内容包含工作时长、薪资、特殊劳动者保护、休息休假和劳动安全卫生等各类与劳动环境、劳动条件密切相关的基准规范，为用人单位与劳动者提供订立劳动合同的底线和基础，对劳动者的合法权益予以保护。

劳动风险防范

劳动条件与劳动保护

一、工时制度

工作时间是指劳动者根据国家法律规定，在一个昼夜或一周之内从事生产或工作的时间。工作时间具有以下法律特征：

（1）较强法定性。最长限度由法律规定，用人单位安排劳动者劳动不得超过法定最高工时。

知识产权风险防范

（2）履行劳动义务和计发劳动报酬的依据。劳动者按照用人单位依法规定的时间从事生产或工作，用人单位按照劳动者在工作时间内提供的劳动数量和质量计发劳动报酬。

（3）实际工作时间与有关活动时间的总和。不仅包括实际工作时间，还包括生产或工作准备时间、结束前的整理和交接时间，以及工作休息时间、女职工哺乳时间、行政活动时间、工会活动时间、出差时间、履行社会职责时间等。

我国实行劳动者每日工作八小时，每周工作四十小时的标准工时制度。有些企业因工作性质和生产特点不能实行标准工时制度的，应保证劳动者每日工作时间不超过八小时、平均每周工作时间不超过四十四小时的工时制度，每周至少休息一日。用人单位由于生产经营需要，经与工会和劳动者协商后可以延长工作时间，一般每日不得超过一小时；因特殊情况需要延长工作时间的，在保障劳动者身体健康的条件下延长工作时间每日不得超过三小时，但每月不得超过三十六小时。

企业因生产特点不能实行上述规定的，经劳动行政部门批准，也可以实行不定时工作制或者实行以周、月、季、年等为周期的综合计算工时制度，但企业应根据国家有关规定，在保障职工身体健康并充分听取职工意见的基础上，采取集中工作、集中休息、轮休调休、弹性工作时间等适当的工作和休息方式，确保职工的休息、休假权利。

二、工资制度

（一）工资的概念、形式与构成

工资也称薪金，是指劳动者因履行劳动合同义务获得的，用人单位以法定或约定方式以货币形式向劳动者支付的劳动报酬。工资具有以下特征：① 工资的产生基于劳动者与用人单位之间的劳动关系；② 工资标准的确定依据劳动法、集体合同、劳动合同的规定和约定；③ 工资形式及支付方法是法定的；④ 工资体现国家与劳动关系主体之间、劳动关系主体之间的双重属性，一定程度上体现公法性质。工资分配应当遵循按劳分配原则，实行同工同酬。工资水平在经济发展的基础上逐步提高。国家对工资总量实行宏观调控。用人单位根据本单位的生产经营特点和经济效益，依法自主确定本单位的工资分配方式和工资水平。

我国现行工资形式分为计时工资和计件工资两种基本形式，在一定范围内实行年薪制。计时工资是按照单位时间工资率（计时工资标准）和工作时间支付劳动者个人工资的形式，分为月工资制、日工资制和小时工资制三种。计件工资是按照劳动者完成的合格产品的数量和预先规定的计件单位计算工资的形式。年薪是指对符合一定条件的劳动者实行以一个财务年度为核算依据计发劳动报酬的工资形式。

用人单位在劳动者完成劳动定额或规定的工作任务后，根据实际需要安排劳动者在法定标准工作时间之外工作的，应当按照下列标准支付高于劳动者正常工作时间工资的工资报酬：① 安排劳动者延长工作时间的，支付不低于工资的百分之一百五十的工资报酬；② 休息日安排劳动者工作又不能安排补休的，支付不低于工资的百分之二百的工资报酬；③ 法定休假日安排劳动者工作的，支付不低于工资的百分之三百的工资报酬。

工资通常由基本工资、奖金、津贴、补贴等构成。其中，基本工资是劳动者与用人单位在劳动合同中约定的与工作岗位相适应的相对固定的工资单位。奖金是用人单位支付给劳动者的超额劳动后相关非基本工资核算要素的报酬。津贴是指补偿劳动者在特殊条件下的额外劳动和生活费额外支出的工资补充形式。补贴一般是指特定条件下因物价变动影响而对劳动者所作的临时性工资补助。

（二）最低工资制度

最低工资标准，是指劳动者在法定工作时间或依法签订的劳动合同约定的工作时间内提供了正常劳动的前提下，用人单位依法应支付的最低劳动报酬。最低工资保障劳动者及其家庭成员的基本生活需要，是国家立法确立的法定标准，也是劳动者获得劳动报酬的最低标准。我国实行最低工资保障制度，最低工资的具体标准由省、自治区、直辖市人民政府规定，报国务院备案。确定和调整月最低工资标准，应参考当地就业者及其赡养人口的最低生活费用、城镇居民消费价格指数、职工个人缴纳的社会保险费和住房公积金、职工平均工资、经济发展水平、就业状况等因素。用人单位支付劳动者的工资不得低于当地最低工资标准。确定和调整最低工资标准应当综合参考劳动者本人及平均赡养人口的最低生活费用、社会平均工资水平、劳动生产率、就业状况、地区之间经济发展水平的差异。2004年，我国劳动和社会保障部颁布了《最低工资规定》，对最低工资标准等规范做出了全方位规定。

（三）工资保障制度

工资保障制度包括劳动者实际工资水平保障和工资支付保障两方面，前者主要通过工资调整和物价补贴来保障劳动者实际工资水平，不过分受到物价波动影响；后者则对工资支付项目、水平、形式、对象、时间及特殊情况下的工资支付做出规定。工资应当以货币形式按月支付给劳动者本人。不得克扣或者无故拖欠劳动者的工资。劳动者在法定休假日和婚丧假期间，以及依法参加社会活动期间，用人单位应当依法支付工资。

对工资支付更为细化的规定体现在《工资支付暂行规定》及其《补充规定》中，包括：

（1）支付形式：工资应当以法定货币支付，不得以实物及有价证券替代货币支付。

（2）支付对象：用人单位应将工资支付给劳动者本人，劳动者本人因故不能领取工资时，可由其亲属或委托他人代领。

（3）支付方式：用人单位可委托银行代发工资。用人单位必须书面记录支付劳动者工资的数额、时间、领取者的姓名及签字，并保存两年以上备查。用人单位在支付工资时应向劳动者提供一份其个人的工资清单。

（4）支付时间：工资必须在用人单位与劳动者约定的日期支付。如遇节假日或休息日，则应提前在最近的工作日支付。工资至少每月支付一次，实行周、日、小时工资制的可按周、日、小时支付工资。对完成一次性临时劳动或某项具体工作的劳动者，用人单位应按有关协议或合同规定在其完成劳动任务后即支付工资。

（5）支付保障：劳动关系双方依法解除或终止劳动合同时，用人单位应在解除或终止劳动合同时一次付清劳动者工资。

三、休息休假制度

休息时间是指劳动者依法获得的以工作日或工作周为循环周期的不计付工资报酬的自由支配时间。休假是指劳动者依法获得的具有某种特定意义的计付工资的自由支配时间。休息与休假之间有以下区别：① 休息时间总量大于休假；② 休息时间固定且普遍存在，而休假除法定节日外，不具有固定性且享有程度不同；③ 休息不带薪，休假一般都带薪；④ 休假往往具有特定目的或价值。

我国用人单位应当保证劳动者每周至少休息一日。用人单位在元旦、春节、国际劳动节、国庆节，以及法律、法规规定的其他休假节日应当依法安排劳动者休假。在部分公民放假的节日期间，如妇女节，对参加社会活动或单位组织庆祝活动和照常工作的职工，用人单位应支付工资报酬，但不支付加班工资。国家实行带薪年休假制度，劳动者连续工作一年以上的，享受带薪年休假。职工在年休假期间享受与正常工作时间相同的工资收入。职工累计工作满一年不满十年的，年休假五天；已满十年不满二十年的，年休假十天；已满二十年的，年休假十五天，国家法定休假日、休息日不计入年休假的假期。年休假根据情况可以在一个年度内集中安排，也可以分段安排，一般不跨年度安排。职工新进用人单位且符合享受带薪年休假条件的，当年度年休假天数按照在本单位剩余日历天数折算确定，折算后不足一整天的部分不享受年休假。对女职工而言，女职工生育享受不少于九十天的产假。此外，根据相关劳动法律法规，劳动者还享有探亲假、婚丧假等休假。

四、特殊群体保护制度

劳动者就业遵循权利平等原则，不因民族、种族、性别、宗教信仰不同而受歧视，同时法律针对女职工、未成年工、少数民族人员、退役军人等特殊群体实行就业保障，如《劳动法》规定"残疾人、少数民族人员、退出现役的军人的就业，法律、法规有特别规定的，从其规定"。对于未成年工，不得安排其从事矿山井下、有毒有害、国家规定的第四级体力劳动强度的劳动和其他禁忌从事的劳动。同时规定了对未成年工定期进行健康检查的制度。此外，《刑法》对拐骗童工、强迫童工劳动、非法使用童工等构成了犯罪的行为规定了刑事责任，彰显对未成年人的保护。

基于女性生理特征，女职工禁忌从事的劳动范围包括：

（1）禁止安排女职工从事矿山井下、国家规定的第四级体力劳动强度的劳动和其他禁忌从事的劳动。

（2）不得安排女职工在经期从事高处、低温、冷水作业和国家规定的第三级体力劳动强度的劳动。

（3）不得安排女职工在怀孕期间从事国家规定的第三级体力劳动强度的劳动和孕期禁忌从事的劳动。对怀孕七个月以上的女职工，不得安排其延长工作时间和夜班劳动。

（4）不得安排女职工在哺乳未满一周岁的婴儿期间从事国家规定的第三级体力劳动强度的劳动和哺乳期禁忌从事的其他劳动，不得安排其延长工作时间和夜班劳动。

※**课内检查与思考**

1. 结合国内外劳动立法史，思考工时制度的立法价值。

_____

_____

2. 结合生活实际，思考工资制度的重要意义。

_____

_____

3. 结合实例，思考对特殊群体劳动保护的必要性。

_____

_____

第三节　劳动合同

一、劳动合同的签订

劳动合同是劳动者与用人单位确立劳动关系，明确双方权利和义务的协议。建立劳动关系应当订立劳动合同，劳动合同是确立劳动者与用人单位劳动关系的基本前提，在《劳动法》中占据核心地位。

劳动合同概述

（一）劳动合同的形式

根据《劳动合同法》的规定：建立劳动关系，应当订立书面劳动合同。签订书面劳动合同，用文字将劳动权利与义务约定得清清楚楚，一旦发生劳动纠纷，劳动合同本身就是一个很好的证据。因此，法律硬性规定"要订立书面劳动合同"。这是对劳动合同形式的要求。

用人单位若没有与劳动者及时签订书面劳动合同，就可能会有法律风险。用人单位应自用工之日起1个月内与劳动者订立书面劳动合同。自用工之日起超过1个月不满1年，如果用人单位还没有与劳动者订立书面劳动合同的，法律规定用人单位要向劳动者每月支付二倍工资。多出来的一倍工资实际上是对用人单位没有与劳动者依法签订书面劳动合同的惩罚。自用工之日起满一年，用人单位仍未与劳动者订立书面劳动合同的，视为用人单位与劳动者已订立无固定期限劳动合同。

（二）劳动合同的期限

根据劳动期限不同，劳动合同可以分为固定期限劳动合同、无固定期限劳动合同和以完成一定工作任务为期限的劳动合同。固定期限劳动合同即明确约定合同终止日期的合同，如一年期合同、二年期合同。无固定期限劳动合同是指没有终止日期的合同。以完成一定工作任务为期限的劳动合同，即以一定工作任务的完成作为终止条件的合同，这样的合同不存在续订的问题。固定期限劳动合同劳动者风险大，职业稳定感差，是否续订很大程度取决于用人单位；无固定期限劳动合同实际上是对劳动者的一种就业保障，对劳动者更有利，可以防止用人单位使用完劳动者"黄金年龄段"后不再使用劳动者。因此，在符合签订无固定期限劳动合同条件时，劳动者应及时主张签订无固定期限劳动合同，保护自己的合法权益。

关于无固定期限劳动合同，法律规定在符合一定的条件时，用人单位应当与劳动者签订无固定期限劳动合同：① 劳动者在该用人单位连续工作满十年的；② 连续订立两次固定期限劳动合同，且劳动者没有《劳动合同法》规定的相关特定情形，续订劳动合同的；③ 用人单位初次实行劳动合同制度或者国有企业改制重新订立劳动合同时，劳动者在该用人单位连续工作满十年且距法定退休年龄不足十年的。在这三种情况下，除非劳动者明确要求签订固定期限劳动合同，否则，用人单位应与劳动者签订无固定期限劳动合同。用人单位如果违反规定不与劳动者订立无固定期限劳动合同的，自应当订立无固定期限劳动合同之日起向劳动者每月支付二倍的工资。

二、劳动合同的内容

（一）劳动合同必备条款

劳动合同应当具备以下条款：① 用人单位的名称、住所和法定代表人或者主要负责人；② 劳动者的姓名、住址和居民身份证或者其他有效身份证件号码；③ 劳动合同期限；④ 工作内容和工作地点；⑤ 工作时间和休息休假；⑥ 劳动报酬；⑦ 社会保险；⑧ 劳动保护、劳动条件和职业危害防护；⑨ 法律、法规规定应当纳入劳动合同的其他事项。

用人单位提供的劳动合同文本未载明《劳动合同法》规定的劳动合同必备条款或者用人单位未将劳动合同文本交付劳动者的，由劳动行政部门责令改正；给劳动者造成损害的，应当承担赔偿责任。

（二）劳动合同的可备条款

除劳动合同必备条款外，用人单位与劳动者还可以在劳动合同中约定试用期、培训、保守秘密等事项，称为可备条款。但约定事项不能违反法律、行政法规的强制性规定，否则该约定无效。

1. 试用期条款

（1）试用期的期限。

劳动合同期限不同，试用期的期限规定也不同。以完成一定工作任务为期限的劳动合同或者劳动合同期限不满 3 个月的，不得约定试用期。劳动合同期限 3 个月以上不满 1 年的，试用期不得超过 1 个月；劳动合同期限 1 年以上不满 3 年的，试用期不得超过 2 个月；3 年以上固定期限劳动合同和无固定期限的劳动合同，试用期不得超过 6 个月。试用期包含在劳动合同期限内。劳动合同仅约定试用期的，试用期不成立，该期限为劳动合同期限。同一用人单位与同一劳动者只能约定一次试用期。

（2）试用期工资。

劳动者在试用期的工资不得低于本单位相同岗位最低档工资或者劳动合同约定工资的 80%，并不得低于用人单位所在地的最低工资标准。在试用期内，除劳动者符合特殊情形外，用人单位不得解除劳动合同。用人单位在试用期解除劳动合同的，应当向劳动者说明理由。违法解除劳动合同，用人单位应向劳动者支付赔偿金。试用期的约定如果违反了法律的规定，就需要补足劳动者应得工资的差额部分。如果是试用期期限超过了法律的规定，超过规定的那段时间的工资就应当按照试用期过后的正常工资补足；试用期工资标准低于法律规定的标准，也要按照应当达到的标准补足。

2. 服务期与竞业限制条款

（1）服务期条款。

用人单位为劳动者提供专项培训费用对其进行专业技术培训的，可以与该劳动者订立协议，约定服务期，即单位出资培训劳动者，劳动者要在培训结束后在用人单位持续工作一定的时间。服务期的约定主要是保护用人单位的利益的，用人单位对劳动者出资培训，是一个人力资本的投资，其利益应当得到保护。劳动者违反服务期约定的，应当按照约定向用人单位支付违约金。但违约金的数额不得超过用人单位提供的培训费用，用人单位要求劳动者支付的违约金不得超过服务期尚未履行部分所应分摊的培训费用。

（2）竞业限制条款。

劳动法规定的竞业限制是指依据法律规定或合同约定，劳动者离职后一定期限内不得到与原单位有竞争关系的用人单位就业，也不得从事与原单位有竞争关系的业务活动。换言之，不管是离职后受雇就业或自营就业都不得与原单位形成同业竞争关系。可见，竞业限制主要是要保护雇主的秘密信息。竞业限制条款必须在劳动合同中或者专项协议中有明确约定的情况下才能适用。竞业限制条款主要是对劳动者就业权的限制。法律对竞业限制规定了强行性规则。主要有"三限"：限人、限时、限钱。① 限人：只有"高级管理人员、高级技术人员和其他负有保密义务的人员"才可以成为竞业限制的义务人，对于一般的员工，不能约定竞业限制条款；②限时：竞业限制的最长期限——离职之日起2年，超过2年的约定无效；③"限钱"原单位要向劳动者支付经济补偿，补偿金标准不得低于合同解除或终止前12个月平均工资的30%，且不得低于当地的最低工资标准。劳动者违反竞业限制约定的，应当按照约定向用人单位支付违约金；给用人单位造成损失的，应当承担赔偿义务。

三、劳动合同的解除

劳动合同的解除包括协议解除与法定解除两种类型。劳动者与用人单位协商一致解除劳动合同即协议解除，在符合法律规定的情形下，劳动者与用人单位也可单方面解除劳动合同。在劳动合同解除过程中，劳动合同解除的理由及用人单位是否需向劳动者支付经济补偿金，如表6-1所示。

表6-1　劳动合同解除的理由及用人单位是否需向劳动者支付经济补偿金

劳动合同解除情形		《劳动合同法》依据	用人单位是否需支付经济补偿
协商解除	用人单位提出	第36条、第46条	是
	劳动者提出	第36条	否
劳动者单方面解除	提前通知解除	第37条	否
	随时通知解除	第38条第1款、第46条	是
	即时解除	第38条第1款、第46条	是
用人单位单方面解除	随时通知解除	第39条	否
	预告解除	第40条、第46条	是
	裁员解除	第41条、第46条	是

四、劳动合同的终止

劳动合同的终止是指用人单位与劳动者之间的劳动关系因某种法律事实的出现而自动归于消灭，或导致劳动关系继续履行成为不可能而不得不消灭。劳动合同的终止一般不涉及用人单位与劳动者的意思表示，只要法定事实出现，一般情况下都会导致双方劳动关系的终止。《劳动合同法》规定的劳动合同终止的情形包括：①劳动合同期满的；②劳动者开始依法享受基本养老保险待遇的；③劳动者死亡，或者被人民法院宣告死亡、失踪的；④ 用人单位被依法宣告破产的；⑤ 用人单位被吊销营业执照、责令关闭、撤销，或者用人单位决定提前解散的；⑥ 法律、行政法规规定的其他情形。除用人单位维持或者提高劳动合同约定条件续订劳动合同，劳动者不同意续订的情形外，依照上述第①项规定终止固定期限劳动合同的，或者第④⑤项规定终止劳动合同的，用人单位应当向劳动者支付经济补偿。

※课内检查与思考

1. 结合劳动纠纷案例，思考订立书面劳动合同的必要性。

_____

_____

2. 结合本专业实际，思考竞业限制条款的法律风险及其防范。

_____

_____

3. 结合劳动纠纷案例，思考劳动合同解除过程中的风险及其防范。

_____

_____

第四节　劳 动 争 议

一、劳动争议的概念与特征

劳动争议调节
与仲裁

劳动争议诉讼

劳动争议即劳动纠纷，是指劳动关系双方当事人因实现劳动权利、履行劳动义务发生的争议。《劳动争议调解仲裁法》对劳动争议处理的方式与程序进行了规定，包括中华人民共和国境内的用人单位与劳动者发生的下列劳动争议：

（1）因确认劳动关系发生的争议。

（2）因订立、履行、变更、解除和终止劳动合同发生的争议。

（3）因除名、辞退和辞职、离职发生的争议。

（4）因工作时间、休息休假、社会保险、福利、培训及劳动保护发生的争议。

（5）因劳动报酬、工伤医疗费、经济补偿或者赔偿金等发生的争议。

（6）法律、法规规定的其他劳动争议。

劳动争议具有以下特征：

（1）劳动争议主体特定。劳动争议双方为劳动关系当事人，即劳动者与用人单位，双方法律地位平等。

（2）劳动争议的内容是为实现劳动权利、履行劳动义务而发生的争议。包括法定与约定两方面，前者如劳动者休息休假、获得报酬权，后者如工作岗位、任务约定，劳动关系双方任何一方当事人违反上述规定引发的争议均属于劳动争议。劳动者与用人单位因其他法律关系发生的争议，如签订租赁合同等发生的争议不属于劳动争议。

（3）不同劳动争议按不同程序处理。劳动争议处理方式与程序包括协商、调解、仲裁与诉讼，应根据法律规定与合同约定选择不同处置范式与程序。

二、劳动争议的处置原则与机制

劳动争议处置原则有三个方面：

（1）着重调解原则。调解方式及时、灵活，容易达成谅解，避免矛盾激化。劳动者与用人单位之间的关系具有互惠性和依赖性，调解有利于快捷地解决纠纷、维护和谐稳定的劳动关系。

（2）合法、公正、及时原则。合法原则是指劳动争议处理应当严格依法进行，无论采用何种方式解决纠纷，都必须遵照法定程序。公正原则是指要平等对待劳动者和用人单位，给予同等表达意见和辩论机会。及时原则是指要尽快解决劳动争议，解决不及时会影响劳动者的生活，也会影响用人单位的生产经营。

（3）三方原则。在处理劳动争议时，应由雇主、职工和政府主管部门三方代表参加，县级以上人民政府劳动行政部门会同工会和企业方面代表建立协调劳动关系三方机制。

我国现行劳动争议处理体制为"一调一裁二审"，对部分劳动案件实行有限制的"一裁终局"。发生劳动争议时，劳动者可以与用人单位协商，也可以请工会或者第三方共同与用人单位协商，达成和解协议。当事人不愿协商、协商不成或者达成和解协议后不履行的，可以向调解组织申请调解。不愿调解、调解不成或者达成调解协议后不履行的，可以向劳动争议仲裁委员会申请仲裁。对仲裁裁决不服的可以向人民法院起诉。

（一）调解

劳动争议调解是指劳动争议调解组织对当事人双方自愿申请调解的劳动争议，依据法律的规定或当事人的约定，在查明事实、分清是非的前提下，通过说服、劝导等方式，促使双方当事人达成调解协议、消除纷争的制度。在仲裁和诉讼阶段均可以进行调解。可以在庭前调解、开庭中调解，还可以在庭后调解。因此，调解贯穿于劳动争议处理始终。

1. 调解组织

我国的劳动争议调解组织包括：① 企业劳动争议调解委员会；② 社会化调解组织；③ 依法设立的基层人民调解组织；④ 在乡镇、街道设立的具有劳动争议调解职能的组织。

2. 调解程序

当事人申请劳动争议调解，可以书面申请，也可以口头申请。口头申请的，调解组织应当当场记录申请人基本情况、申请调解的争议事项理由和时间。调解劳动争议，应当充分听取双方当事人对事实和理由的陈述，耐心疏导，帮助其达成协议。经调解达成协议的，应当制作调解协议书，调解协议书由双方当事人签名或者盖章，经调解员签名并加盖调解组织印章后生效，对双方当事人具有约束力，当事人应当履行。自劳动争议调解组织收到调解申请之日起 15 日内未达成调解协议的，当事人可以依法申请仲裁。

3. 调解效力

达成调解协议后，一方当事人在协议约定期限内不履行调解协议的，另一方当事人可以依法申请仲裁。因支付拖欠劳动报酬、工伤医疗费、经济补偿或者赔偿金事项达成调解协议，用人单位在协议约定期限内不履行的，劳动者可以持调解协议依法向人民法院申请支付令，人民法院应当依法发出支付令。

（二）仲裁

劳动争议仲裁是指劳动争议仲裁机构对当事人请求仲裁的劳动争议依法居中进行裁决的活动。在我国劳动争议处理体制中，一般情况下仲裁是诉讼的法定前置程序，即劳动仲裁原则上是处理劳动争议的必经程序，对仲裁裁决不服的，才可以向人民法院提起诉讼。

1. 仲裁组织

劳动争议仲裁委员会是依法设立的，经国家授权独立处理劳动争议案件的专门机构。劳动争议仲裁委员会的设立原则是：统筹规划，合理布局，适应实际需要，且不按行政区划层层设立。

2. 仲裁程序

劳动者要向合同履行地或单位所在地的仲裁机构提起仲裁申请。仲裁公开进行，但当事人协议不公开进行或者涉及国家秘密、商业秘密和个人隐私的除外。劳动争议申请仲裁的时效期间为一年，从当事人知道或者应当知道其权利受到侵害之日起计算。当事人在仲裁过程中有权质证和辩论。当事人提供的证据经查证属实的，仲裁庭应当将其作为认定事实的依据。劳动者无法提供由用人单位掌握管理的与仲裁请求有关的证据，仲裁庭可以要求用人单位在指定期限内提供，用人单位在指定期限内不提供的，应当承担不利后果。劳动争议案件应当自劳动争议仲裁委员会受理仲裁申请之日起 45 日内结束。仲裁庭对追索劳动报酬、工伤医疗费、经济补偿的案件，根据当事人的申请，可以先予裁决执行，移送人民法院执行。

3. 仲裁裁决的效力

劳动争议仲裁一般是非终局性的，不服仲裁裁决可以向人民法院起诉。有些情形下会是终局性裁决，即"一裁终局"，仲裁裁决书自做出之日起发生法律效力。仲裁裁决具有终局效力的情况主要包括：① 追索劳动报酬、工伤医疗费、经济补偿或者补偿赔偿金，不超过当地月最低工资标准 12 个月金额的争议；② 因执行国家的劳动标准在工作时间、休息休假、社会保险等方面发生的争议。对于上述"一裁终局"仲裁事项以外的其他仲裁事项，当事人对非终局性仲裁裁决不服的，可以自收到仲裁裁决之日起 15 日内向人民法院提起诉讼。劳动争议仲裁不收费，劳动争议仲裁委员会的经费由财政予以保障。

（三）诉讼

劳动争议诉讼是人民法院依法对劳动争议案件进行审理和裁判的活动，还包括当事人一方不履行仲裁委员会已发生法律效力的裁决书或调解书，另一方当事人申请人民法院强制执行的情况。劳动争议诉讼并非必经程序，只有劳动争议当事人一方或双方均不服劳动争议仲裁委员会做出的仲裁裁决，才有可能进入诉讼程序。劳动争议诉讼是解决劳动争议的最终程序，具有中立性、权威性。原则上，劳动争议案件必须经过仲裁才能进入诉讼程序，但存在个别例外情形——劳动者以用人单位的工资欠条为证据直接向人民法院起诉，诉讼请求不涉及劳动关系其他争议的，视为拖欠劳动报酬争议，按照普通民事纠纷受理。用人单位拖欠或者未足额支付劳动报酬的，劳动者可以依法向当地人民法院申请支付令，进入督促程序。如果用人单位对支付令未提出异议，劳动者可申请人民法院强制执行，进入执行程序；如果用人单位对支付令提出异议，督促程序终结，劳动者不能直接诉讼，应先申请仲裁。

三、经济补偿与经济赔偿

（一）经济补偿

经济补偿是指劳动合同解除或终止时，用人单位应当在法定情形下向劳动者支付相应的补偿，即俗称的"遣散费"。解除或终止劳动合同，用人单位需要支付经济补偿金的情形（见表 6 - 2）比较多。

表 6 - 2　用人单位需要支付经济补偿金的情形

用人单位应当支付经济补偿金的情形	《劳动合同法》的依据
因单位有违法情形，劳动者单方解除劳动合同的	第 38 条、第 46 条
协商解除劳动合同，但是用人单位主动提出的	第 36 条、第 46 条
用人单位单方面通知解除劳动合同，劳动者没有过错的	第 40 条、第 46 条
用人单位经济性裁员，解除劳动合同的	第 41 条、第 46 条
劳动合同终止，劳动者没有过错的	第 44 条第 1、4、5 项，第 46 条

经济补偿金具有一定的补偿性。经济补偿金制度主要是考虑到劳动者与用人单位终结劳动关系后，对处于弱势地位的劳动者权益的特别保护，从另一个角度来讲，也是用人单位对劳动者多年的贡献给予认可和人性化的经济关照。经济补偿金按劳动者在该单位工作的年限，按每满一年支付一个月工资的标准向劳动者支付；六个月以上不满一年的，按一年计算；不满六个月的，向劳动者支付半个月工资。这里所称的月工资是指劳动者在劳动合同解除或终止前十二个月的平均工资。劳动者月均工资高于用人单位所在直辖市、设区的市级人民政府公布的本地上年度职工月均工资三倍的，向其支付的经济补偿的标准按职工月均工资的三倍的数额支付，支付经济补偿金的年限最高不超过十二年。

（二）经济赔偿

经济赔偿是用人单位违法解除或终止劳动合同应向劳动者支付的赔偿。主要包括以下四种情形：

（1）未经协商，用人单位擅自单方面解除劳动合同。

（2）未出现可以解除劳动合同或终止劳动合同的情形而解除劳动合同。

（3）具有法定不得解除或者终止合同的情形而解除合同：① 从事接触职业病危害作业的劳动者未进行离岗前职业健康检查，或者疑似职业病病人在诊断或者医学观察期间的；② 在本单位患职业病或者因工负伤并被确认丧失或者部分丧失劳动能力的；③ 患病或者非因工负伤，在规定的医疗期内的；④ 女职工在孕期、产期、哺乳期的；⑤ 在本单位连续工作满十五年，且距法定退休年龄不足五年的；⑥ 法律、行政法规规定的其他情形。

（4）违反了解除劳动合同的程序性规定，如单方面解除劳动合同，没有通知工会或者没有提前通知劳动者等。

经济赔偿具有惩罚性。经济赔偿一般是按经济补偿的二倍标准支付。经济赔偿比经济补偿多的一倍，实际上是对用人单位违法解除或终止劳动合同的惩罚。

※课内检查与思考

1. 结合劳动纠纷案例，思考劳动争议解决机制的立法目的。

_____

_____

2. 结合劳动纠纷案例，思考劳动争议过程中，如何保护自己的合法权益。

_____

_____

3. 结合劳动纠纷案例，思考劳动仲裁在劳动争议解决中的重要意义。

_____

_____

※劳动教育训练营

一、核心概念

　　劳动法　劳动合同　劳动纠纷　经济补偿　经济赔偿

二、简答题

　　1. 简述劳动者可主张签订无固定期限劳动合同的情形。

　　2. 简述加班工资的计算标准。

　　3. 简述试用期的期限。

　　4. 简述劳动者可随时通知用人单位解除劳动合同的情形。

　　5. 简述竞业限制的强行性规定内容。

　　6. 简述劳动仲裁"一裁终局"的情形。

三、论述题

　　论述解除劳动合同，劳动者可以主张经济补偿的情形。

四、课外拓展

　　1. 阅读《劳动合同法》及《劳动合同法实施条例》。

　　2. 阅读《最高人民法院公报》发布的典型劳动争议案件。

五、实践探索

　　实践主题：大学生劳动风险及其防范

　　实践目标：

　　1. 调查大学生可能遇到的劳动法律风险。

　　2. 思考如何防范劳动法律风险。

　　3. 结合案例，探讨在劳动合法权益受到侵害时，如何救济自己的权利。

　　实践报告要求：

　　5~6 个人为一个小组，以小组为单位，递交课外劳动实践报告。报告内容包括调查过程、各种法律风险总结、防范法律风险的建议、劳动权利救济途径等。

下篇

劳动实践项目

本篇主要包括日常生活劳动、生产劳动、服务性劳动、创新劳动四章。创新劳动是为了适应产业变革、新技术发展、学生劳动素养和职业能力可持续提升设计的劳动实践活动。

第七章　日常生活劳动

一室之不治，何以天下家国为？

——［清］刘蓉《习惯说》

实践目标

1. 了解日常生活劳动的概念和基本内容。
2. 理解日常生活劳动蕴含的人格、健康与审美价值。
3. 掌握日常生活劳动的基本技能。
4. 培养使用常见劳动工具、解决生活常见问题的能力。
5. 养成自我管理、独立生活的劳动习惯和品质。

项目一　整理收纳物品

一、项目要求

课时：4 课时（家庭）。

实践目标：

1. 学习目标：了解整理日常生活劳动的一般性方法。

2. 技能目标：学会使用劳动工具进行整理收纳。

3. 价值目标：提升动手实践能力，培养正确的劳动价值观和良好的劳动品质。

重点：掌握常用日常生活劳动的方法，提高日常生活劳动技能。

难点：理解"断舍离"的选择和决断的思维方式，巧妙运用各种收纳创意，增强体力、智力和创造力，具备完成一定劳动任务所需要的设计、操作能力。

二、实践准备

（一）微课先看

登录"百度好看视频"，在搜索框里搜索"家庭必备""整理收纳小技巧"，观看"4 个家庭生活必备整理收纳小技巧，赶快让你的房间整洁起来吧"视频，并做好学习笔记。

（二）价值意义

通过训练提升收纳整理的劳动技能，学会自己整理物品，学会物尽其用。

积极参加日常生活劳动，培养物品保管和整理的意识，养成井然有序的工作和生活习惯，巩固劳动最光荣、劳动最崇高、劳动最伟大、劳动最美丽的思想观念。

（三）劳动提示

（1）你理解整理、收纳、收拾的区别吗？这是三件完全不同的事情。整理的精髓是取舍，收纳的目的是有效分类与美化，而收拾是快速将物品归类。

（2）你养成了物品整理收纳的好习惯了吗？要先从最容易下手的物品开始整理，首先彻底清空与集中，顺便做一些简单的清洁工作。然后分类，为物品找到合适的"家"。

（3）你养成了生活物品"断舍离"的生活态度吗？舍弃那些不必需、不合适、过时的东西，才能更加整洁有序。

三、知识准备

（1）断舍离。一种生活态度，意思是把那些不必需、不合适、过时的东西统统断绝、舍弃，并切断对它们的眷恋，"断舍离"之后才能过简单清爽的生活。

（2）整理收纳师：是通过对客户色彩风格的诊断，进而有针对性地为客户上门整理衣橱，然后再陪同客户购买适合他们的衣物的专业性指导顾问。整理师，就是通过与客户深度交流，为客户提供家居整理、收纳方案和服务的专业人士。

（3）收纳方法：以实用性为前提。收纳大体可分为开放型的展示收纳和封闭型的隐藏收纳，使用哪种方法视物品种类与收纳空间而定，两者可变化出丰富的创意。不想被看见的就用隐藏收纳，喜欢的设计单品就采用展示收纳。即使是同一类物品，也可以使用不同的收纳方法，但千万不要忽略实用性。

（4）选择合适的收纳方式：物品的使用频率和外观造型是一大重点。经常使用的一定要好拿好收，重在使用方便。不经常使用的物品可根据外观造型使用收纳箱、收纳柜、挂钩收纳架或抽屉。常用的收纳方式有临时收纳，即对物品进行临时整理，既保证物品整理有序，又方便临时取放；隐藏收纳，即将物品隐藏起来，放在视线看不到的地方，但能轻松取用；展示收纳，即将物品有序摆放，同时兼具环境美化、氛围营造、文化显现的作用；长时段收纳：即将不常用的物品放置于不经常活动的场域，进行长时间保存。

四、"一体化任务式"劳动实践

第一步：任务描述

放假啦，英子回到家里，妈妈让她好好收拾一下她的房间，再帮忙做一下全家的收纳整理工作。家里东西很多，英子决定先从最容易下手的物品开始整理。

第二步：任务分析

任务类型：独立完成。

工具设备：锤子、钉子、梯子、挂钩、衣架、胶带、绳子、标签纸、燕尾夹、收纳盒等。

原辅材料：从网上或其他渠道购买必要数量的收纳箱、收纳盒、收纳袋、收纳架、分隔板等。

人员配备：在家人帮助下，独立完成。

场地空间：家庭。

第三步：实施方案

劳动提示：

（1）拍摄整理收纳物品前的原貌。

（2）思考整理收纳物品的顺序。

（3）选择整理收纳物品的方法。

（4）记录整理收纳物品的数量。

（5）拍摄整理收纳物品后的崭新面貌。

劳动示范：

（1）登录"www.bilibili.com"网页，输入"实用收纳方法"，观看视频并做好记录。

（2）登录"www.bilibili.com"网页，输入"衣被收纳""厨房收纳""书桌收纳""电器收纳"，观看视频并做好记录。

第四步：任务执行

家长：

（1）布置整理收纳物品的任务。

（2）讲解整理收纳物品的要点。

（3）强调整理收纳物品过程的安全保护注意事项。

（4）必要的拍摄记录。

学生：

（1）按步骤开展衣被收纳、厨房收纳、书桌收纳、电器收纳、工具存放、垃圾清扫。

（2）及时请家长监督、指导，完成整理收纳物品劳动实践。

第五步：检查控制

（1）整理物品：审视自己的生活区域，清点物品的数量，确定是否只留下必要的物品，将多余的不需要的物品清理、丢弃或卖掉。

（2）衣被收纳：确定是否先清空衣柜，把所有的衣服集中在干净的地方。将当季常穿的衣服挂进衣柜，不常穿的衣服叠好放进衣柜抽屉，羽绒服和被子放进压缩袋后抽真空，收纳到衣柜高层或床底抽屉。挂进衣柜的衣服分类、分色，还要将不同家庭成员的衣服分开，这样方便寻找。

（3）厨房收纳：确定是否先丢掉过期食品，餐具只保留够用的数量。接着，按照使用频率和物品种类将餐具厨具收进橱柜，厨房台面上只留必需品。使用收纳工具将橱柜里的物品分类摆放，既整齐美观又容易查找。冰箱里用同样大小的方形保鲜盒进行收纳，更加便于堆叠。食品可借助标签来分清保质期，把保质期短的食品摆在最外层。

（4）书柜收纳：确定是否在整理之前，先把所有书籍文件集中起来，然后按照文学书籍、专业书籍、绘本漫画、工具书、杂志、文件等逐一分类，淘汰掉不用的书籍，再更新工具书。书柜里保留经常看的，把同系列的或一样尺寸的书放在一起。

（5）电器收纳：除了电视机、冰箱、洗衣机等大型且不易挪动的电器，可以把其他电器分成三类——季节性电器、偶尔使用的电器、经常使用的电器。把当季不用的季节性电器放进储藏室或储物柜深处，同一类物品尽可能放在同一个区域。偶尔使用的电器放在它们应在的空间，如榨汁机放进厨房的橱柜，电熨斗放进更衣室或卧室的抽屉。经常使用的电器要放在某一个专属区域。电线可以绕成圈或使用收纳盒隐藏，不同的电线或电子配件用标签来区分，淘汰过时的及功能重复的。

第六步：评价反馈

（1）劳动成果：对比整理收纳物品前后的情况，分享劳动喜悦，并撰写上交劳动实践报告。

（2）成果评价（见表7-1）：

表7-1　成果评价

评 价 项 目	自我评价	
	是	否
1. 整理与分类：对物品进行合理分类，检查家中库存，留下必需品，并按照使用频率再次分类		
2. 日用品收纳：各类物品收纳方法得当，收纳场所清爽整洁，常用物品好收易拿，不浪费空间		
3. 存放标识：物品各归其位，做出明确标记，能迅速找到		
4. 养成习惯：意识到整理收纳物品的不足，养成随时整理的习惯		
5. 家具拆卸和安装到位		
6. 提升收纳整理的劳动技能，积极参加日常生活劳动，培养物品保管和整理的意识，养成井然有序的工作和生活习惯		

五、劳动实践拓展

（1）结合整理收纳物品劳动实践，养成集体宿舍物品的及时整理收纳。

（2）结合家居环境氛围营造，尝试在整理收纳物品时进一步优化可视化收纳方法。

※课内检查与思考

1. 在整理收纳过程中，你是否遇到了无法取舍的问题？是怎么解决的？

2. 在整理收纳了家居物品之后，你能否总结一些收纳的技巧和经验？

3. 怎样自我约束，养成随时收纳物品的习惯？

_____

_____

项目二　健康饮食料理

一、项目要求

课时：4 课时（校内 1 课时，家庭 3 课时）。

实践目标：

1. 学习目标：掌握"2022 中国居民膳食指南"及料理基础理论。

2. 技能目标：培养家庭料理技能，学习和掌握基本劳动知识技能。

3. 价值目标：提高饮食健康的意识，珍惜劳动成果，养成良好的消费习惯。

重点：理解"2022 中国居民膳食指南"及料理基础理论，掌握基本劳动知识技能。

难点：掌握日常饮食的原料选择和料理技能，提高劳动技能水平。

二、实践准备

（一）微课先看

（1）登录"腾讯视频"网站，搜索"2022 年中国居民膳食指南"，观看视频并做好学习记录。

（2）登录"腾讯视频"网站，搜索"看懂食品标签"，观看视频并做好学习记录。

（3）登录"www.bilibili.com"网站，搜索"如何掌握火候和辨别油温"，观看视频并做好学习记录。

（4）登录"搜狐视频"，搜索"不健康饮食的危害"，观看视频并做好学习记录。

（二）价值意义

认识健康饮食的重要性，感知居家劳动的乐趣，爱惜劳动成果。

树立健康饮食的意识，领悟劳动的意义价值。

（三）劳动提示

你了解健康饮食应遵循什么原则吗？

你知道家庭料理对饮食健康的重要性吗？

你知道家庭料理应该具备什么样的能力吗？

三、知识准备

（1）饮食健康：是指通过合理选择多种类和适当分量的食物，为维持身体组织的正常生存提供各种营养素和恰当热量，并增强抵抗力。健康饮食应遵循的原则：食物多样、合理搭配；吃动平衡，健康体重；多吃蔬果、奶类、全谷、大豆；适量吃鱼、禽、蛋、瘦肉；少油少盐，控糖限酒；规律进餐，足量饮水；会烹会选，会看标签；公筷分餐，杜绝浪费。

（2）料理：即烹调，指将可食性原料根据菜肴的要求进行初加工、切配、加热、调味等工序，加工成可以直接食用的具有卫生、营养、美感（色香味形质俱全）的美食的过程。

（3）选料：选料指根据料理的需要，选择合适的食材的过程，包括生鲜原料的选择和包装食材的选择。原料选择一方面要考虑料理对原料风味的需求，比如红烧肉需要选择五花肉，而非里脊肉；另一方面要考虑原材料的安全性，具体有理化鉴定和感官鉴定两种方法。

（4）火候：原料在加热时火力大小与加热时间长短的总和称为火候。火候的目的是使原料便于咀嚼、确保菜肴安全和释放好风味。对于质地较老、韧的原料采用小火长时间烹调，使食材酥烂，这类原料有生长期比较长的禽畜肉及筋膜比较丰富的部位等；质地软、嫩的原料绝大部分采用旺火短时烹调，使原料完全成熟并保留食材软、嫩的优秀质感，这类原料有大部分水产、生长期比较短的禽类及蔬菜等。

（5）调味：通过原料间的组配、调味品的添加赋予菜肴美感的操作过程。调味不仅可以运用调味品，同时也可以通过原料间的组配赋予菜肴美感，比如蒜、洋葱等辛辣食材可以掩盖组配食料的异味；冬笋、菌菇等鲜味足的食材可以赋予组配食材的鲜味。

调味应该遵循补、盖、突的原则。补指食材鲜香味不足，需要通过较多鲜味剂或鲜香味的辅料与之组配，赋予食材鲜香。盖指食材存在较重的腥膻异味，需要通过辛香味调料或辅料进行掩盖使菜肴达到较好味道。这类食材主要有动物内脏、次新鲜的肉类等。突指食材具有优秀的风味并无腥膻异味，调味和辅料就应该清淡，以体现食材的本味，比如新鲜的老鸡、鲜活的鱼虾及蔬果，调料主要为盐。

四、"一体化任务式"劳动实践

第一步：任务描述

利用假期，在家进行红烧肉制作，学生需完成原料采购、清洗、切配和烹调整个料理过程。

第二步：任务分析

任务类型：以家庭为主，建议家长协同完成菜品制作。

工具设备：炉具、炊具、餐具、电子秤。

原辅材料：纸、笔等。

人员配备：家长及劳动实践教学老师。

场地空间：菜市场、家庭厨房。

第三步：实施方案

劳动提示：关于红烧肉料理，你了解以下关键要点吗？

（1）了解如何看食品标签。

（2）掌握如何选新鲜猪肉和部位。

（3）掌握对肉进行初加工和刀工方法。

（4）掌握"红烧"工艺的流程。

（5）掌握如何进行调味。

劳动示范：

（1）播放新鲜猪肉选择方法视频。

（2）播放红烧肉制作视频。

第四步：任务执行

教师（课内讲解与示范）：

（1）讲解红烧工艺流程及红烧肉的工艺要领。

（2）演示红烧肉的制作方法。

学生（课外劳动实践）：

（1）设计采购计划。

（2）采购调料品及原材料。

（3）对食材进行料理，包括：清洗、切配、烹调、装盘。

（4）与家人一起品尝、点评。

（5）撰写劳动实践报告。

第五步：检查控制

（1）原材料检查控制：检查原材料准备是否到位，具体原料及量控制在：五花肉 750 g，葱姜各 20 g，料酒 100 g，生抽 23 g，白糖 40～80 g，水 750 g，油 20 g。整块五花肉应先用温水清洗干净，沥干表面的水分。

（2）刀工检查控制：刀使用前是否整洁，肉皮朝下放在砧板上，右手持刀，左手手指应弯曲轻轻按住原料并贴紧刀身，右手利用手腕力量用刀头推拉把五花肉切割成 3 cm×3 cm 的方块。切割过程中，刀要轻拿轻放轻用，避免用刀头斩剁食材或砧板；使用完后洗干净并擦干，刀口朝内放在刀架上，避免刀放置不稳而滑落。砧板使用好以后也应清洗干净，竖起来放置在阴凉的地方吹干，避免滋生细菌；木制、竹制砧板不可以在太阳下暴晒，避免开裂。

（3）炉灶检查控制：检查炉灶是否有能源，是否卫生，使用结束后应该立即关闭能源并擦洗干净。电磁炉要选用锅底厚实的平底锅，打开电源后先开中档位，再调最小档位把肉焖烂，最后开最大档位加热收汁，烧好后清理干净并等风扇停止后才能关闭电源。天然气、液化气灶在使用中也是先中火，再开最小的火，最后开最大的火加热。烧好后及时关闭燃气阀门并清理好炉灶及台面。

（4）油烟机检查控制：油烟机是否保持清洁，加热过程一定要打开油烟机，以防油烟对人体的危害和环境的破坏。

（5）料理工艺控制：锅上灶用中火烧热后放油，随即放入肉、糖煸炒至起香并使肉表面微红，加入酱油煸炒半分钟上色；加入水、酒、葱姜，汤烧开后再调至炉灶最小火，加盖焖大约90分钟至用筷子能轻松戳穿肉皮；调大火加热使汤汁浓稠，加盐拌匀，关火装盘即可。

（6）餐具检查控制：餐具是否整洁，无水渍，使用前最好进行杀菌消毒，同时避免二次污染。冬天可以用蒸箱或烤箱先把餐具预热，再装菜肴，避免因为餐具太凉而影响菜肴的温感。餐具清洗遵循一洗、二清、三消毒的原则。

第六步：评价反馈

（1）劳动成果：

成果一：提交料理过程的图像资料。

成果二：提交劳动实践报告。

（2）成果评价（见表7-2）：

表7-2　成果评价

评 价 项 目	自我评价	
	是	否
1. 理解饮食对健康的重要意义		
2. 具有原料采购鉴别的意识		
3. 会使用厨房用具		
4. 会制作红烧类菜肴		
5. 通过成果分享具有了家庭烹调的兴趣		
6. 认识健康饮食的重要性，感知居家劳动的乐趣，爱惜劳动成果，领悟劳动的价值		

五、劳动实践拓展

（1）结合饮食健康料理劳动实践，掌握红烧的工艺技法，并能举一反三地掌握更多的红烧菜肴料理技法。

（2）结合饮食健康料理劳动实践，养成热爱家庭料理的习惯。

※课内检查与思考

1. 家庭料理、社会餐饮料理中，哪种料理更健康，为什么？

_____

_____

2. 在饮食健康料理中，如何做好控糖、控油、控盐？

_____

_____

3. 怎样自我约束，养成家庭饮食健康料理的习惯？

_____

_____

项目三　起居环境简装

一、项目要求

课时：4 课时（校内 1 课时，课外 3 课时）。

实践目标：

1. 学习要求：了解宿舍环境对于生活学习的重要性。

2. 技能要求：学会使用常见的工具和设备装饰宿舍。

3. 价值要求：提高生活自理能力，学会与人合作。

重点：掌握常用材料和工具装饰宿舍的方法，提高日常生活劳动技能。

难点：根据宿舍成员的喜好、本专业的特色，装饰出和谐美观的宿舍环境。

二、实践准备

（一）微课先看

（1）登录 https：//www.bilibili.com/，输入"室内简装""宿舍装修"等主题词，并做好学习笔记。

（2）登录 https：//www.bilibili.com/，输入"如何自己贴墙纸""如何铺设地板"等主题词，并做好学习笔记。

（二）价值意义

通过实践提升生活能力，学会自己装饰宿舍，打理生活环境。

（三）劳动提示

做好规划：宿舍往往是几人合住的，大家的兴趣爱好不一，一定要在装饰宿舍前取得一致意见，再一起分工合作。

功能为先：宿舍首先要满足学习和生活的需要，不能为了装饰而装饰，美化环境的同时也要注重实用性。

三、知识准备

（1）室内装饰：是满足人们的社会活动和生活需要，合理地组织和塑造具有美感而又舒适、方便的室内环境的一种综合性艺术，是环境艺术的一个门类，又称室内设计。宿舍装饰要以利于学习休息为主，坚持简单、整洁、和谐的原则，避免改变原有结构及复杂装饰。宿舍装饰主要是做好各功能区的合理布局、点缀、物品的有序收纳和摆放，空间布局应遵循紧凑、规整原则。

（2）宿舍装饰风格：是以不同的文化背景及不同的地域特色为依据，通过各种设计元素来营造一种特有的装饰氛围和表现形式，如文雅、温馨、活泼。各宿舍可以结合专业，发挥宿舍成员的想象力，可通过装饰墙壁（禁止涂鸦、张贴低俗海报）、天花板，张贴宿舍铭，悬挂健康向上的书画作品，或摆放富有特色的饰物，或利用照片、彩带、气球等装饰，体现宿舍装饰风格。

（3）色彩搭配：是指对色彩进行搭配，可以取得更好的视觉效果。室内色彩可分为三部分，即主体色彩、辅助色彩和强调色彩。色彩选择首先应与风格相匹配，例如如果选择田园风，那么窗帘、壁纸、床单、枕套都可以使用同一色系。配色应尽量以利于放松心情的浅色、温柔的颜色为主，比如浅灰、白色、米黄色、浅粉色、浅蓝色。

（4）统一与变化：宿舍布置在整体设计上应遵循"寓多样于统一"的形式美原则，饰品根据大小、色彩、位置使之与家具构成一个整体，成为室内一景，营造出自然和谐、极具生命力的"统一与变化"。最好在装饰布置的初始就应该有一个完整的计划和构思，这样才不会出现纰漏。

四、"一体化任务式"劳动实践

第一步：任务描述

以宿舍为单位，宿舍全体成员对自己所在宿舍环境布置进行设计及环境布置实施工作。

第二步：任务分析

任务类型：宿舍成员合作完成。

工具设备：梯子、彩笔、毛笔、剪刀、胶水、双面胶、锤子、钉子等专用工具。

原辅材料：装饰品、纸张、颜料、超轻黏土、收纳盒、墙贴、软木板、台灯、挂钩、床帘、简单工艺品等。

人员配备：宿舍成员及指导老师。

场地空间：学生宿舍。

第三步：实施方案

劳动提示：

（1）拍摄宿舍原貌。

（2）商讨宿舍环境布置主题方案。

（3）考虑宿舍环境布置的安全性和整体性。

（4）提前采购所需工具和材料。

（5）拍摄宿舍环境布置后的面貌。

劳动示范：登录 https：//www.bilibili.com/，输入"书桌布局装饰""宿舍环境装饰物件""设计装修风格"等主题词，跟着示范者学习。

第四步：任务执行

教师：

（1）播放、讲解宿舍环境装饰的相关视频。

（2）讲解宿舍环境装饰的基本步骤。

（3）强调宿舍环境装饰的原则。

学生：

（1）宿舍环境装饰方案设计。

（2）宿舍环境装饰实施。

第五步：检查控制

（1）装饰方案评估：对装饰方案在可行性、整体性、安全性、美观性等方面进行全面评估。可行性指自己的装饰能力能否完成装饰任务，计划采购的物品是否满足空间及实用要求，比如吊椅往往不实用。整体性指每位同学床位装饰是否与宿舍整体风格一致。安全性指装饰材料是否环保，需不需要私拉电线，有没有不符合宿舍安全的小电器，装饰风格是否利于睡眠等。美观性指物品摆放、装饰、色彩搭配是否和谐、舒适。

（2）工具、材料是否到位：提前通过各种途径采购工具和材料，在装饰前对所需的工具和材料进行清点、归类，便于全体舍友集中时间进行装饰布置。

（3）人员分工及实施步骤：宿舍装饰不仅有个人空间，还有较多的公共空间，为此全体成员应把公共空间清理及布局分工责任落实到位。在实施步骤上，先把宿舍全面打扫、清理干净，再按先公共区域后个人空间、先上后下的步骤进行装饰。实施前应坚持分工及实施步骤的计划工作。

（4）实施过程规范性：宿舍装饰过程存在操作安全和质量的问题，在整个装饰过程中必须相互配合。这不仅仅体现在公共区域的装饰过程，在个人空间装饰中宿舍同学也应相互关注实施过程中规范性操作、物品的规范性摆放等问题。

（5）效果评估改进：宿舍装饰好后全体成员首先对整体效果及公共区域效果进行检查评估，再对每位同学的个人空间在空间布局、物品整理收纳、装饰质量上逐一进行检查评估。效果检查应及时发现问题并进行改进，直到大家满意为止。

第六步：评价反馈

（1）劳动成果：

成果一：提交装饰过程的图像资料。

成果二：提交劳动实践报告。

（2）成果评价（见表7-3）：

表7-3 成果评价

序号	评价内容	参考评价标准	自我评价	
			是	否
1	墙面	清爽干净，营造的风格和气氛令人赏心悦目		
2	衣柜、置物柜	布局对称，颜色与墙面匹配		
3	床铺	床品为统一色系，叠放整齐		
4	个人物品	具有装饰效果，摆放有序		
5	整体效果	整体观感和谐统一，个人空间彰显个性		

五、劳动实践拓展

（1）结合宿舍环境简装实践，掌握家庭环境布置的基本方法。

（2）通过宿舍全体成员对本宿舍环境简装的合作，培养团队合作精神。

※课内检查与思考

1. 在装饰宿舍的过程中，你遇到了哪些困难？是怎么解决的？

2. 装饰宿舍应遵循哪些规则？

3. 在与同学一起合作的过程中，大家给了你什么样的灵感？

_____

_____

项目四   五金工具使用

一、项目要求

课时：4 课时（校内）。

实践目标：

1. 学习目标：了解常用五金工具的规格、结构、功能及使用方法。

2. 技能目标：学会正确使用常用的劳动工具，培养劳动意识和劳动安全意识。

3. 价值目标：提高生活自理能力。

重点：掌握常用五金工具的使用办法，提高日常生活劳动技能。

难点：结合专业，理解五金工具的设计原理，思考潜在的劳动工具开发、推广、使用等优化方向。

二、实践准备

（一）微课先看

（1）登录"百度经验"网站，搜索"电钻"，观看"电钻的安装""电钻的使用技能"，并做好学习记录。

（2）登录"百度经验"网站，搜索"正确使用锤子和钉子"，观看视频并做好学习记录。

（二）价值意义

提高常用五金工具使用技能，能够完成日常生活中经常面临的家具拼装等劳动任务；

提高复杂五金工具使用技能，能够满足生活和工作中可能面临的工具、工艺改进劳动任务。

（三）劳动提示

你掌握了常用五金工具的基本使用技能吗？

你具备发现、使用、创造工具完成劳动任务的习惯和品质吗？

你掌握了常用电动工具的劳动安全相关知识和技能吗？

三、知识准备

（1）五金工具：是指铁、钢、铝等金属经过锻造、压延、切割等物理加工，制造而成的各种金属器件的总称。按照产品的用途来划分，五金工具可以分为工具五金、建筑五金、日用五金、锁具磨具、厨卫五金、家居五金、五金零部件等。

（2）螺丝刀：将螺丝刀特化形状的端头对准螺丝的顶部凹坑，固定压紧，然后开始旋转手柄。根据规格标准，顺时针方向旋转为嵌紧；逆时针方向旋转则为松出（极少数情况下相反）。

（3）活动扳手：扳动大螺母时，常用较大的力矩，手应握在接近柄尾处。扳动小螺母时，所用力矩不大，但螺母过小易打滑，故手应握在接近扳头的位置。这样可随时调节涡轮，收紧活动扳唇，防止打滑。

（4）开口扳手：选择与螺栓头部尺寸相匹配的型号，确保钳口与螺栓头部匹配无间隙，然后才能进行工作。使用时先将开口扳手套住螺栓六角的两个对面，施力时一只手推住开口扳手与螺栓的连接处，另一只手大拇指抵住扳头，另外四只手指紧握扳手柄部施力。

（5）六角扳手：选择与螺栓头部内六角尺寸相匹配的型号，确保扳手与螺栓沉头配合无间隙，然后才能进行工作。使用时先将六角扳手套在螺栓内六角沉头内，施力时一只手推住内六角扳手与螺栓的连接处，另一只手大拇指抵住扳头，另外四只手指紧握扳手柄部施力。

（6）锤子：敲打物体使其移动或变形的工具。最常用来敲钉子，矫正或是将物件敲开。锤子有着各式各样的形式，常见的形式是一柄把手及顶部。顶部的一面是平坦的以便敲击，另一面则是锤头。锤头的形状可以像羊角，也可以是楔形，其功能为拔出钉子。另外也有着圆头形的锤头。

（7）电钻：是利用电源做动力的钻孔机具，是电动工具中的常规产品，也是需求量最大的电动工具类产品；电钻主要规格有 4 mm、6 mm、8 mm、10 mm、13 mm、16 mm、19 mm、23 mm、32 mm、38 mm、49 mm 等，数字指在抗拉强度为 390 N/mm^2 的钢材上钻孔的钻头最大直径。对有色金属、塑料等材料最大钻孔直径可比原规格大 30% ~ 50%。

四、"一体化任务式"劳动实践

第一步：任务描述

与后勤服务总公司（资产管理部）联系，拆卸并安装学校淘汰的木质组合沙发（或办公桌、实验室组合家具等）。

第二步：任务分析

任务类型：2 人一组。

工具设备：五金工具箱 1 套。

原辅材料：电源，创口贴、胶带、纱布等医用防护用品。

人员配备：劳动实践教学老师。

场地空间：劳动教育实训室、后勤部旧家具仓库。

第三步：实施方案

劳动提示：

（1）拍摄家具的原貌。

（2）商讨并记录关键的拆卸、装接部位。

（3）思考五金工具的使用规范。

（4）记录家具拆卸的流程。

（5）记录家具安装的流程。

劳动示范：

（1）观看五金工具的使用规范（百度视频：五金工具的使用）。

（2）观看六角扳手的使用规范（百度视频：六角扳手的使用）。

（3）学习五金工具使用小技巧（百度视频：五金工具使用技巧）。

第四步：任务执行

教师：

（1）播放、讲解五金工具使用的相关视频。

（2）讲解家具的材质、结构。

（3）强调协作劳动和劳动安全保护注意事项。

学生：

（1）拆卸家具。

（2）重新安装家具。

第五步：检查控制

（1）是否规范使用螺丝刀：使用螺丝刀紧固或拆卸带电的螺钉时，手不得触及金属部分。螺丝刀手柄要保持干燥清洁，使用前要擦净螺丝刀柄和口端的油污，以免工作时滑脱。在使用小头较尖的螺丝刀紧松螺钉时，用力要均匀，防止损伤螺丝刀。

（2）是否规范使用活动扳手：活动扳手不可反用以免损坏扳唇，也不可用钢管接长手柄加大力矩。在使用活动扳手时，应使扳手的活动钳口承受推力，而固定钳口承受拉力，即拉动扳手时，活动钳口朝向内侧，用力要均匀，以免损坏扳手或螺栓、螺母的棱角变形，造成打滑发生事故。扳手不得当作撬棒或手锤使用。不可采用钢管套在活络扳手的手柄上来增加扭力，因为这样极易损伤活络唇或螺母，导致螺母无法取出。

（3）是否规范使用开口扳手：不能在扳手尾端加接套管延长力臂，以防损坏扳手。扳手不得当作撬棒或手锤使用。扳手应与螺栓或螺母的平面保持水平，以免用力时扳手滑出受伤。不能将公制扳手与英制扳手混用，以免造成打滑，伤及使用者。

（4）是否规范使用六角扳手：不能在扳手尾端加接套管延长力臂，以防损坏扳手。扳手不得当作撬棒或手锤使用。扳手应与螺栓沉头完全匹配,以免用力时扳手滑出伤人。不能将公制扳手与英制扳手混用,以免造成打滑而伤及使用者。

(5)是否规范使用锤子:锤头与把柄连接必须牢固,凡是锤头与锤柄松动,锤柄有劈裂和裂纹的绝对不能使用。锤头与锤柄在安装孔的加楔,以金属楔为好,楔子的长度不要大于安装孔深的2/3。为了在击打时有一定的弹性,把柄的中间靠顶部的地方要比末端稍狭窄。使用大锤时,必须注意前后、左右、上下,在大锤运动范围内严禁站人,不许用大锤与小锤互打。锤头不准淬火,不准有裂纹和毛刺,发现飞边卷刺应及时修整。

(6)是否规范使用电钻:注意是否做好了电钻使用的个人防护。面部朝上作业时,要戴上防护面罩。在生铁铸件上钻孔要戴好防护眼镜,以保护眼睛。钻头夹持器应妥善安装。作业时钻头处在灼热状态,应注意灼伤肌肤。站在梯子上工作或高处作业应做好高处坠落措施,梯子应有地面人员扶持等。

第六步:评价反馈

(1)劳动成果:按既定流程拆卸并重新安装指定家具;以小组为单位上交劳动实践报告。

(2)成果评价(见表7-4):

表7-4　成果评价

评 价 项 目	自我评价	
	是	否
1. 提高五金工具使用技能		
2. 掌握五金工具使用规范		
3. 做好五金工具使用的个人防护		
4. 理顺指定家具拆卸和安装的流程		
5. 家具拆卸和安装到位		
6. 提高常用五金工具使用技能,能够完成日常生活中经常面临的家具拼装等劳动任务		
7. 提高复杂五金工具使用技能,能够满足生活和工作中可能面临的工具、工艺改进劳动任务		

五、劳动实践拓展

(1)结合家务劳动,动手安装网络购买的电视柜、衣架、桌椅,并分享劳动心得。

（2）结合美丽校园劳动，尝试设计创新劳动工具，提高劳动效率并加强劳动保护。

※课内检查与思考

1. 你有没有树立使用常用工具解决生活问题的劳动意识？

_____

_____

2. 你有没有提高劳动协作的意识？

_____

_____

3. 结合专业，你认为现有的工具存在哪些优化的方向？

_____

_____

项目五　正确使用消毒剂

一、项目要求

课时：4 课时（校内）。

实践目标：

1. 学习目标：了解消毒剂的主要成分及作用。

2. 技能目标：① 掌握消毒剂的配比方法；② 熟练掌握日常生活劳动中消毒剂的使用方法；③ 熟知日常生活劳动中消毒剂的使用注意事项。

3. 价值目标：提高个人卫生与公共卫生意识，提高生活自理能力。

重点：掌握消毒剂的配比方法。

难点：结合专业，熟练掌握日常生活劳动中消毒剂的使用方法。

二、实践准备

（一）微课先看

（1）登录"www.bilibili.com"网站，搜索"常用消毒剂的配置方法"，观看视频并做好学习记录。

（2）登录"www.bilibili.com"网站，搜索"消毒剂的使用方法"，观看"居家消毒的技巧"视频，并做好学习记录。

（二）价值意义

提高常用消毒的使用技能，能够完成日常生活劳动中经常面临室内、物品消毒等劳动任务。

（三）劳动提示

你掌握了常用消毒剂的基本使用技能吗？
你具备发现、使用、创造工具完成劳动任务的习惯和品质吗？
你掌握室内、物品消毒的劳动安全相关的知识和技能吗？

三、知识准备

（1）消毒水：又叫含氯消毒剂，是利用氯的强氧化性作用于细菌和病毒，杀灭它们的消毒剂。家庭中的消毒常用 84 消毒液、含氯消毒片，稀释到水中后，具有较强的消毒效果。

（2）擦拭消毒：对可能接触使用的物品表面，用含有效氯 250~500 mg/L 的含氯消毒剂或 75% 乙醇（酒精）擦拭，30 min 后用清水洗净。地面用 250~500 mg/L 的含氯消毒剂溶液进行湿式拖地。皮肤和手可用 75% 乙醇（酒精）、0.5% 碘伏消毒液和含醇手消毒剂涂抹消毒。

（3）浸泡消毒：日常的织物（如毛巾、衣物、被罩等）用 250~500 mg/L 的含氯消毒剂溶液浸泡 30 min；食（饮）具等用 250~500 mg/L 的含氯消毒剂浸泡 30 min。织物和食（饮）具消毒后均用清水洗干净。

（4）喷洒消毒：地面、墙面和不畏湿的表面可用 250~500 mg/L 的含氯消毒剂溶液喷洒消毒，作用 30 min。

四、"一体化任务式"劳动实践

第一步：任务描述
与后勤管理部联系，请其提供消毒剂。
第二步：任务分析
任务类型：2 人一组。
工具设备：消毒剂、口罩、橡胶手套、抹布、脸盆等。
原辅材料：电源，创可贴、胶带、纱布等医用防护用品。
人员配备：劳动实践教学老师。
场地空间：劳动教育实训室、宿舍、卫生间等。

第三步：实施方案

劳动提示：

（1）拍摄消毒剂的原貌。

（2）商讨并记录关键的消毒剂的选择和配比。

（3）思考消毒剂的使用规范。

（4）记录消毒剂配比的流程。

（5）记录不同场景消毒的流程。

第四步：任务执行

教师：

（1）播放、讲解消毒剂配比及使用的相关视频。

（2）强调协作劳动和劳动安全保护注意事项。

学生：

（1）消毒剂配制。

（2）室内消毒。

第五步：检查控制

（1）是否佩戴口罩、橡胶手套和防水围裙。同时建议佩戴护目镜防止溶液溅入眼内造成伤害。

（2）是否在通风良好的区域配置和使用消毒液。

（3）是否用冷水配置消毒液，热水会影响杀菌效果。

（4）酒精虽然也有消毒功效，但与84消毒液共用，也将威力不再。因为84消毒液中的次氯酸钠，具有氧化性。次氯酸钠与乙醇发生反应，会形成乙酸，消毒液会降低或者失去消毒、杀菌的作用。

第六步：评价反馈

（1）劳动成果：按既定流程配比消毒液进行消毒；以小组为单位上交劳动实践报告。

（2）成果评价（见表7-5）：

表 7-5 成 果 评 价

评 价 项 目	自我评价	
	是	否
1. 提高日常生产生活中消毒液配比使用技能		
2. 掌握日常生产生活中消毒液使用规范		
3. 做好生常生产生活中消毒液使用的个人防护		
4. 理顺指定消毒液配比及消毒的流程		

评　价　项　目	自我评价	
	是	否
5. 消毒到位		
6. 完成日常生活劳动中经常面临的室内、物品消毒等劳动任务		

五、劳动实践拓展

（1）结合家务劳动，使用消毒剂进行室内消毒，并分享劳动心得。

（2）结合"健康中国行动"，学习健康百科知识，让每个人成为自我健康的第一责任人。

（3）归纳、总结，完成活动总结报告。

※课内检查与思考

1. 你有没有树立使用常用消毒剂解决生活问题的劳动意识？

_____

_____

2. 你是否学会了居家消毒的基本技能？

_____

_____

3. 你能否尝试配比消毒液？

_____

_____

第八章　生　产　劳　动

劳动创造幸福，实干成就伟业。

——习近平

实践目标

1. 了解生产劳动的意义。

2. 理解生产劳动的主要内容。

3. 树立学习专业技能、提高劳动能力、崇尚生产劳动的观念。

4. 树立在劳动过程中自我防护的意识。

5. 树立科学的就业观和职业观，体会从简单劳动、原始劳动向复杂劳动、创造性劳动的转变。

项目一　生活垃圾分类社会调查

一、项目要求

课时：4 课时（校内 0.5 课时；校外 3.5 课时）。

实践目标：

1. 知识目标：掌握垃圾分类的概念和方法。

2. 技能目标：锻炼社会调查技能，增强沟通和团队合作能力。

3. 价值目标：① 树立生活垃圾分类意识，养成良好的生活和劳动习惯；② 增强尊重劳动、尊重普通劳动者的意识，树立正确的劳动观念。

重点：掌握生活垃圾分类方法，培养良好的生活和劳动习惯。

难点：通过社会调查，树立尊重劳动、尊重普通劳动者的观念，理解劳动创造美好生活的道理。

二、实践准备

（一）微课先看

登录"百度好看视频"，搜索"生活垃圾分类困境""什么是生活垃圾分类？""新《生活垃圾分类标志》标准发布"，观看视频并做好学习记录。

登录"优酷视频"，搜索"调查方案的设计技能""社会调查方法"，观看视频并做好学习记录。

（二）价值意义

认识生活垃圾分类面临的现实困境，理解劳动创造美好生活的道理。

通过调查找到生活垃圾分类推行困难的原因，提高分析问题的能力。

提出切实可行的推进生活垃圾分类的对策建议，尝试新方法、探索新技能，解决生产劳动的相关问题。

（三）劳动提示

你了解生活垃圾分类的原因和意义吗？

你了解推行生活垃圾分类存在哪些现实问题吗？

你掌握了社会调查方案撰写的基本规范吗？

三、知识准备

（1）生活垃圾分类：通过回收有用物质减少生活垃圾的处置量，提高可回收物质的纯度，增加其资源化利用价值，减少对环境的污染。

（2）生活垃圾分类原则：可回收物与不可回收物分开；可燃物与不可燃物分开；干垃圾与湿垃圾分开；有毒有害物质与一般物质分开。具体的分类方法要根据当地的生活垃圾处理设施条件进行选择。

（3）生活垃圾分类标志：新版《生活垃圾分类标志》分别由四大类标志和11个小类标志组成。四大类为可回收物、有害垃圾、厨余垃圾和其他垃圾。11小类为纸类、塑料、金属、玻璃、织物、灯管、家用化学品、电池、家庭厨余垃圾、餐厨垃圾、其他厨余垃圾。除四大类外，家具、家用电器等大件垃圾和装修垃圾单独进行分类。

（4）调查方案设计：就是根据调查的目的和调查对象的性质，在进行实际调查之前，对调查工作总任务的各个方面和各个阶段进行的通盘考虑和安排，提出相应的调查实施方案，制定出合理的工作程序。调查方案的内容主要包括以下部分：确定调查目的、确定调查对象和调查单位、确定调查项目、拟定调查提纲和调查表、设计调查问卷、确定调查时间和调查工作期限、确定调查地点、确定调查方式和方法、调查经费预算及调查人员的分工、确定调查资料整理和分析方法、确定提交报告的方式、制订调查的组织计划。

四、"一体化任务式"劳动实践

第一步：任务描述

聚焦生活垃圾分类议题，以某一小区或村庄为调查对象，调查生活垃圾分类的现状、存在哪些主要问题，提出改善生活垃圾分类的对策建议。

第二步：任务分析

任务类型：视班级规模和辅导需要，建议2~3人一组，协同完成生活垃圾分类调查方案撰写。

工具设备：互联网、电脑。

原辅材料：白板、笔、纸等。

人员配备：劳动实践教学老师。

场地空间：劳动教育实训室（校内）；小区或村庄（校外）。

第三步：实施方案

劳动提示：你了解生活垃圾分类的基础知识吗？

（1）生活垃圾的含义是什么？

（2）当前生活垃圾一般怎么处理？

（3）生活垃圾为什么要分类？

（4）生活垃圾如何分类？

（5）如何设计社会调查方案？

（6）如何实施社会调查方案？

劳动示范：

（1）生活垃圾社会调查方案的主要内容，写清楚确定调查目的、调查对象和调查单位、调查项目、调查提纲和调查表等详细事宜。

（2）阅读《生活垃圾分类标志》标准：清晰掌握可回收物、有害垃圾、厨余垃圾及其他垃圾4个大类的垃圾分类，清楚识别11个生活垃圾分类标志。

第四步：任务执行

教师（课内讲解，课外示范）：

（1）播放、讲解生活垃圾分类及社会调查的相关视频。

（2）阐述生活垃圾分类调查方案的撰写规范与要求。

（3）讲解社会调查中的注意事项。

学生（课外劳动实践）：

（1）课前复习和巩固生活垃圾分类、社会调查相关专业基础知识。

（2）学生分组，一般每组3人；课前撰写生活垃圾分类调查方案。

（3）课前准备好调查问卷和访谈提纲。

（4）参照校内教师意见对方案、问卷和访谈提纲进行必要的修改。

（5）对接社区业主和物业。

（6）实施社会调查方案，并采集劳动实践过程影像资料。

（7）对一手数据资料进行整理分析，撰写劳动教育实践报告。

第五步：检查控制

（1）有没有收集生活垃圾分类的相关政策？

《关于进一步加强城市生活垃圾处理工作意见的通知》（国发〔2011〕9号）。《国家发展改革委住房城乡建设部生活垃圾分类制度实施方案的通知》（国办发〔2017〕26号）。所在省份（直辖市）生活垃圾管理条例。《关于进一步推进生活垃圾分类工作的若干意见》的通知（建城〔2020〕93号）等。

（2）有没有掌握社会调查方案的基本内容？填写检查控制表（见表8-1）。

表 8-1　检查控制表

检查内容	是	否
1. 是否确定调查目的		
2. 是否确定调查对象和调查定位		
3. 是否拟定了调查提纲和调查表		

续　表

检　查　内　容	是	否
4. 是否设计了调查问卷		
5. 是否确定了调查时间和调查工作期限		
6. 是否确定了调查地点		
7. 是否确定了调查方式和方法		
8. 是否确定了调查经费预算及调查人员的分工		
9. 是否确定了调查资料整理和分析方法		
10. 是否确定了提交报告的方式		
11. 是否制定了调查的组织计划		

第六步：评价反馈

（1）劳动成果：生活垃圾分类调查方案；所在小区或村庄生活垃圾分类调查报告；以小组为单位上交劳动实践报告。

（2）成果评价（见表8-2）：

表8-2　成果评价表

评　价　项　目	自我评价	
	是	否
1. 真切感受到生活垃圾分类的重要意义		
2. 真切体会普通劳动者对美好生活的巨大贡献		
3. 从我做起自觉做好生活垃圾分类工作		
4. 社会调查提高了居民（村民）生活垃圾分类意识		
5. 社会调查增强了沟通和团队合作能力		
6. 进一步巩固和提升了社会调查能力		
7. 提出切实可行的推进生活垃圾分类的对策建议，尝试新方法、探索新技能解决生产劳动的相关问题		

五、劳动实践拓展

（1）以劳动实践的小区或村庄为对象，思考如何更好地引导居民自觉做好生活垃圾分类工作。

（2）结合学科专业，探索生活垃圾科学治理的优化方案。

※课内检查与思考

1. 你是否掌握了生活垃圾分类的方法？

_____

_____

2. 你是否掌握了社会调查方案撰写的基本技能？

_____

_____

3. 你是否更加尊重普通劳动者并促进自身养成良好的生活和劳动习惯？

_____

_____

项目二　汉字书写训练

一、项目要求

课时：4 课时（校内）。

实践目标：

1. 知识目标：初步掌握《教师书写技能训练》课程的知识内容，基本掌握课程所涉的传统文化知识。对三笔字特别是硬笔字、粉笔字的书写姿势和执笔姿势铭记于心。

2. 技能目标：初步掌握关于《教师书写技能训练》课程包含的实践能力。书写姿势和执笔姿势合乎要求。深刻认识规范汉字。具备毛笔字、硬笔字、粉笔字的基本笔画书写能力，熟悉硬笔字的间架结构。

3. 价值目标：了解《教师书写技能训练》课程背后所承载的文化知识，汉字作为人类文化延续和发展的中介，有着极其重要的作用。

明确认识学习汉字书写技能的必要性和重要性，理解汉字书写技能训练的重要意义，培养目标意识和持之以恒的良好习惯，培养坚韧的性格。

重点：汉字的组织结构，执笔与坐姿。钢笔笔画书写的运笔规律，结构要领。规范汉字的书写原则、结构原理。

难点：掌握汉字的组织结构、正确的执笔姿势与坐姿。掌握正确的运笔规律及书写方法、粉笔的运笔。

二、实践准备

（一）微课先看

登录"www.bilibili.com"网站，搜索"教你写一手漂亮的钢笔字，零基础""粉笔字实用教程""零基础，系统毛笔字教程"，并做好学习记录。

（二）价值意义

认识学习汉字书写技能的必要性和重要意义，激发兴趣，培养目标意识和持之以恒的良好习惯、坚韧性格。激发学生热爱民族文化。

汉字基本功训练，介绍传统书写工具。德育元素：增强学生热爱传统艺术的热情和传承传统文化的使命感。

将马克思主义劳动观，纳入歌颂劳模、歌颂普通劳动者的选文选材，纳入阐释勤劳、节俭、艰苦奋斗等中华民族优良传统的内容，加强学生辛勤劳动、诚实劳动、合法劳动等方面的教育。

（三）劳动提示

你知道什么是"三字一话"吗？
你了解汉字的组织结构和汉字的发展演变过程吗？
你熟悉钢笔字间架结构要领和偏旁写法吗？
你懂得粉笔字楷书技法吗？

三、知识准备

（一）汉字的起源、发展、演变及组织结构

（1）明确汉字书写技能是当代大学生，特别是师范生必备的技能之一，增强书法修养、培养良好的书写习惯。

（2）汉字的组织结构，汉字起源及发展，汉字的发展演变，文房四宝及其他书写工具。

（二）毛笔字

（1）基本功训练，写字姿势，执笔方法。
（2）笔画横、竖、撇、捺的写法及训练。
（3）笔画点、钩、挑、折的写法及训练。

（三）硬笔字

（1）钢笔书写基本知识，书写姿势，执笔姿势，基本笔画的写法及训练。

（2）钢笔间架结构和偏旁写法及训练。

（3）钢笔综合训练（笔法、字法、章法）。

（四）粉笔字

（1）粉笔字的基本知识及训练，书写姿势，执笔姿势。

（2）粉笔楷书的笔画形态及训练（点、横、竖、撇、捺、挑、钩、折）。

（3）粉笔楷书的结构和常用偏旁写法（十九种基本偏旁）。

（4）训练粉笔楷书到行书的过渡（加钩加挑，减省笔画，改换笔顺，圆转与替代）。

（5）粉笔行书的笔画形态及写法。

（6）粉笔行书常用偏旁写法（十九类偏旁的行书基本写法）。

（7）板书设计（板书的意义与作用，书写要求，板位安排，书写原则、方法及评价）。

四、"一体化任务式"劳动实践

第一步：任务描述

精选古诗词名家名篇（如《滕王阁序》《岳阳楼记》），学生可选择其中一篇的某几个段落进行书写训练。

第二步：任务分析

任务类型：2~4人一组。

工具设备：小黑板；专门练习硬笔字的方格纸；笔墨纸砚；能够进行拍摄的手机。

人员配备：劳动实践教学指导老师。

场地空间：大教室，或者技能训练教室。

第三步：实施方案

劳动提示：

（1）商讨并选择名家名篇中的一段章节内容。

（2）进行粉笔字的训练。

（3）进行钢笔字的训练。

（4）进行毛笔字的训练。

（5）由教学指导老师进行评价和组内同学进行互相评价。

第四步：任务执行

教师：

（1）讲解书写训练在教师基本功中的重要性。

（2）讲解粉笔字、钢笔字和毛笔字的执笔、坐姿、运笔和书写的原则。

（3）强调劳动书写训练的注意事项。

学生：

（1）选择名家名篇中的一段章节内容。

（2）进行粉笔字、钢笔字和毛笔字的书写训练。

（3）进行组内互评，相互取长补短。

第五步：评价反馈

（1）劳动成果：按照规定时间，以小组为单位提交书写训练作品。

（2）成果评比：在提交作品中，按照表8-3所示的评比标准选出5～10个优秀作品。

表 8-3   评 比 标 准

指　　标	指　标　说　明
粉笔字要求（25分）	粉笔楷书的笔画形态 （点、横、竖、撇、捺、挑、钩、折）的完成度
钢笔字要求（25分）	钢笔间架结构、偏旁结构和综合完成度 （笔法、字法、章法）
毛笔字要求（25分）	毛笔字中横、竖、撇、捺、点、钩、挑、折的完成度
综合要求（25分）	书写训练时的写字姿势，执笔方法和板书设计等

（3）成果评价（见表8-4）：

表 8-4   成 果 评 价

评　价　项　目	自我评价	
	是	否
1. 掌握汉字的组织结构，汉字起源及发展，汉字的发展演变		
2. 熟练掌握粉笔字的基本知识及训练，书写姿势，执笔姿势		
3. 熟练掌握钢笔书写基本知识，书写姿势，执笔姿势，基本笔画的写法及训练		
4. 熟练掌握毛笔字基本笔画的书写，写字姿势和执笔方法		
5. 加强学生辛勤劳动、诚实劳动、合法劳动等方面的教育		

五、劳动实践拓展

（1）结合各自专业和任务要求，开展汉字书写训练。

（2）师范专业学生认真完成汉字书写训练的劳动实践，并提交总结报告。

※课内检查与思考

1. 你有没有树立利用专业知识进行劳动实践的意识？

_____

_____

2. 你有没有提高小组劳动协作的意识？

_____

_____

3. 结合专业特点，现有的汉字书写训练存在哪些优化的方向？

_____

_____

项目三 实验室卫生与安全管理

一、项目要求

课时：4 课时（校内）。

实践目标：

1. 知识目标：① 掌握公实验室卫生与劳动安全管理规定；② 了解实验室药品的分类储存及使用过程中的劳动安全事项。

2. 技能目标：掌握实验室相关设施的整理和检查方法。

3. 价值目标：树立美化环境、安全第一、预防为主、劳动保障的观念。

重点：实验室卫生与劳动安全管理规定的学习与实践。

难点：实验室药品的分类储存方法及仪器设备等相关设施的整理与检查。

二、实践准备

（一）微课先看

登录"www.bilibili.com"网站，搜索"安全管理"，观看"筑牢高校实验室安全管理防线，科学管理提高师生安全意识"视频，做好学习记录。

（二）价值意义

认识实验室卫生与安全的重要意义，提高劳动安全意识。

树立美化环境、安全第一、预防为主、劳动保障的理念。

（三）劳动提示

你了解实验室卫生与安全管理规定吗？

你会对实验室药品进行分类存储吗？会对实验室相关设施进行整理和检查吗？

你具有实验室卫生与安全的强烈意识吗？

三、知识准备

（1）危险化学品：根据《危险化学品安全管理条例》（国务院令第591号），危险化学品，是指具有毒害、腐蚀、爆炸、燃烧、助燃等性质，对人体、设施、环境具有危害的剧毒化学品和其他化学品。

（2）危险化学品分类：爆炸品、压缩气体和液化气体、易燃液体、易燃固体、自燃物品和遇湿易燃物品、氧化剂和有机过氧化物、放射性物品、有毒品和腐蚀品，共8类。

（3）危险化学品事故带来的危害：危险化学品大多易燃易爆、有毒有害、易腐蚀，直接接触或吸入会给人体带来巨大伤害，一旦发生泄漏或燃烧爆炸等事故，极易造成人员伤亡、财产损失和环境污染。

（4）危险化学品储存原则：储存危险品必须遵照国家法律、法规和其他有关规定。储存的化学品应有明显的标志，标志应符合《安全标志》的规定。根据危险化学品性能分区、分类、分库储存。储存危险品的建筑物、区域内严禁吸烟和使用烟火。剧毒化学品必须做到"四无一保"和严格遵守"五双"制度。"四无一保"即无被盗、无事故、无丢失、无违章、保安全。"五双"制度即双人收发、双人使用、双人运输、双人双锁、双本账。

四、"一体化任务式"劳动实践

第一步：任务描述

深入专业实验室（例如功能材料实验室），通过对实验室卫生状况、化学品储存情况、实验设施规范情况进行观察分析，对实验室进行全面的卫生清洁，对化学品进行规范存储，对实验设施进行整理，提高学生实验室卫生与安全的意识。

第二步：任务分配

任务类型：视班级规模和辅导需要，建议3~5人一组。

工具设备：手机、扫把、拖把、抹布等。

原辅材料：纸、笔、标签纸、防护手套、护目镜等。

人员配备：劳动实践教学老师。

场地空间：功能材料专业实验室。

第三步：实施方案

（1）拍摄实验室的原貌。

（2）实验台台面、地面、门窗等打扫擦拭，试剂瓶和玻璃仪器的清洗及规范摆放，清理废旧纸箱等废弃物。

（3）清点实验室的化学品，对化学品进行归类，并规范存储。

（4）检查实验室其他设施，摆放规范整洁。

（5）记录打扫及整理过程，拍摄整理后的照片。

第四步：任务执行

教师（课内讲解，课外示范）：

（1）播放、讲解实验室卫生与安全的相关视频。

（2）讲解实验室情况、化学品性质及存储。

（3）强调协作劳动和劳动安全保护注意事项。

学生：

（1）实验室整洁与整理工作。

（2）撰写劳动实践报告。

第五步：检查控制

（1）是否了解实验室卫生管理规定？

（2）是否了解化学品存储管理规定？

第六步：评价反馈

（1）劳动成果：以小组为单位上交劳动实践报告。

（2）成果评价（见表 8-5）：

表 8-5　成 果 评 价

评 价 项 目	自我评价	
	是	否
1. 了解实验室卫生及安全的重要意义		
2. 具备实验室卫生及安全的理论知识		
3. 做好个人防护		
4. 实验室的卫生及化学品整理到位		
5. 完成劳动实践报告		
6. 提高劳动安全意识，树立美化环境、安全第一、预防为主、劳动保障的理念		

五、劳动实践拓展

（1）学习实验室卫生及安全的相关理论知识，为劳动实践活动奠定基础。

（2）做好实验室的卫生及化学品存储工作。

（3）归纳、总结，完成活动总结报告。

※课内检查与思考

1. 你是否具备实验室卫生及安全的理论知识？

_____

_____

2. 你是否掌握化学品的分类及存储方式？

_____

_____

3. 你能否有效应对实验室化学品使用管理中的突发问题？

_____

_____

项目四　劳动安全事故应急预案编制

一、项目要求

课时：4 课时（实训室 3 课时；实验室 1 课时）。

实践目标：

1. 知识目标：了解劳动安全教育与管理基本常识。

2. 技能目标：深入了解劳动安全保障体系，掌握各种劳动事故发生时的应对方法。

3. 价值目标：提高劳动安全意识。

重点：掌握劳动安全事故应急方法，提高劳动安全意识。

难点：通过对劳动教育与管理相关基础知识的学习和文献调研，完成劳动应急预案的编制。

二、实践准备

（一）微课先看

登录"www.bilibili.com"网站，搜索"高处坠落及火灾事故应急演练""安全生产月安全警示教育片《红线》""安全警示片《安全的名义》""十大安全生产事故案例分析，学习避免安全事故的方法""实验室安全事故应急处置演练"，观看视频并做好学习笔记。

（二）价值意义

了解劳动安全生产事故类型，认识劳动安全的重要性。

通过应急演练了解劳动事故应急预案编制的重要性。

提出劳动事故应急方案，提升劳动风险防范能力。

（三）劳动提示

你了解安全生产事故的基础知识吗？

（1）安全生产事故的分类是什么？

（2）针对每种事故，应急处理方法要点是什么？

（3）事故应急预案包括哪些要素？

（4）事故应急预案的编制依据有哪些？

（5）事故应急预案编制步骤是什么？

（6）如何对编制任务进行拆解？

三、知识准备

（1）安全生产事故：是指生产经营单位在生产经营活动（包括与生产经营有关的活动）中突然发生的，伤害人身安全和健康，或者损坏设备设施、造成经济损失的，导致原生产经营活动（包括与生产经营活动有关的活动）暂时中止或永远终止的意外事件。

（2）事故应急预案：为有效预防和控制可能发生的事故，最大限度地减少事故及其造成损害而预先制定的工作方案。

（3）应急演练：应急演练是指各级人民政府及其部门、企事业单位、社会团体等组织相关单位及人员，依据有关应急预案，模拟应对突发事件的活动。

（4）事故应急预案编制步骤：

第一，成立工作组，结合本单位部门职能分工，成立以单位主要负责人为领导的应急预案编制工作组，明确编制队伍、职责分工、制定工作计划。

第二，资料收集，收集应急预案编制所需的各种资料。

第三，危险源与风险分析，在危险因素分析及事故隐患排查、治理的基础上，确定本单位的危险源、可能发生事故的类型和后果，进行事故风险分析并指出事故可能产生的次生危害，形成分析报告，分析结果作为应急预案的编制依据。

第四，应急能力评估，对本单位应急装备、应急队伍等应急能力进行评估，并结合本单位实际，加强应急能力建设。

第五，应急预案编制，针对可能发生的事故，按照有关规定和要求编制应急预案。应急预案编制的过程中，应注重全体人员的参与和培训，使所有与事故有关人员均掌握危险源的危险性、应急处置方案和技能、应急预案充分利用社会应急资源，与地方政府预案、上级主管单位及相关部门的预案相衔接。

第六，应急预案的评审与发布，评审由本单位主要负责人组织有关部门和人员进行。外部评审由上级主管部门或地方政府负责安全管理的部门组织审查。评审后，按规定报有关部门备案，并由生产经营单位主要负责人签署发布。

四、"一体化任务式"劳动实践

第一步：任务描述

以高校实验室为对象，调查实验室可能发生的事故类型，了解事故应急措施，编写实验室事故应急预案。

第二步：任务分析

任务类型：视班级规模和辅导需要，建议 5~6 人一组，协同完成事故应急预案撰写。

工具设备：互联网、电脑。

原辅材料：白板、笔、纸等。

人员配备：劳动实践教学老师。

场地空间：劳动教育实训室（校内）；实验室（校内）。

第三步：实施方案

（1）确定预案的体系建设、各级预案内容。生产经营单位应急预案分为综合应急预案、专项应急预案和现场处置方案。综合应急预案包括总则、应急组织机构及职责、应急响应、后期处理和应急保障。专项应急预案包括适用范围、应急组织机构及职责、响应启动、处置措施和应急保障。现场处置方案包括事故风险描述、应急工作职责、应急处置和注意事项。

（2）事故应急预案的编制依据为《生产经营单位生产安全事故应急预案编制导则》（GB/T 29639－2020）等。

第四步：任务执行

教师（课内讲解）：

（1）播放事故应急演练的相关视频。

（2）阐述事故应急预案的编写规范与要求。

（3）讲解实验室调研中的注意事项。

学生（课外劳动实践）：

（1）课前复习和巩固生产安全事故的相关专业基础知识。

（2）学生分组，课前调研高校实验室事故类型。

（3）对接实验室负责人。

（4）调查实验室安全隐患，并采集实践过程影像资料。

（5）对资料进行整理分析，查阅相关法律法规，编写实验室事故应急预案。

第五步：检查控制

（1）是否收集安全生产事故应急预案编制的相关依据？如《突发事件应对法》（2017），《安全生产法》（2014），《生产安全事故应急条例》（2019年国务院第708号令），《生产经营单位生产安全事故应急预案编制导则》（GB/T 29639—2020）。

（2）是否掌握事故应急预案的基本内容？

第六步：评价反馈

（1）劳动成果：事故应急处理方案；所调研实验室事故应急预案编制报告；以小组为单位上交劳动实践报告。

（2）成果评价（见表8-6）：

表8-6　成 果 评 价

评 价 项 目	自我评价	
	是	否
1. 真切感受到事故应急措施的要点		
2. 真切体会事故应急预案的重要性		
3. 从我做起自觉维护实验室安全		
4. 实验室调查增强了沟通和团队合作能力		
5. 进一步提升了劳动安全风险防范意识，推动劳动事故应急方案的制定		

五、劳动实践拓展

（1）以实验室为对象，思考如何更好地做好实验室安全管理工作。

（2）结合学科专业，探索高校安全事故的应急措施。

※课内检查与思考

1. 你是否掌握了事故应急预案编制的基本技能？

_____

_____

2. 你是否掌握了安全生产事故的应急措施？

_____

_____

3. 你是否更加理解"安全第一，预防为主"的意义？

_____

_____

项目五   用 3D 打印技术制作专属毕业纪念章

一、项目要求

课时：4 课时（校内 1 课时，校外 3 课时）。

实践目标：

1. 知识目标：了解 3D 成像、3D 打印技术的相关知识，提高劳动能力。

2. 技能目标：掌握 3D 成像技术、3D 打印技术。

3. 价值目标：① 传播劳动文化和创新理念，设计独特的毕业纪念章；② 树立劳动和改革创新的自觉意识，提高劳动能力和创新创造能力。

重点：设计专属的毕业纪念章，提高劳动和创新意识。

难点：利用 3D 技术制作专属的毕业纪念章，提高劳动能力。

二、实践准备

（一）微课先看

登录"www.bilibili.com"网站，搜索"3D 打印原理""3D 打印技术""3D 打印材料""3D 打印应用""毕业纪念章制作"等字样，观看视频并做好学习笔记。

（二）价值意义

（1）激励学生了解 3D 打印技术，体会科学技术对社会劳动生产、生活的重要作用。

（2）鼓励学生在劳动中创新创造，设计个性化的纪念章，领悟劳动精神，强化劳动文化。

（三）劳动提示

你了解 3D 打印技术吗？

你会设计一枚专属自己的毕业纪念章吗？

你会运用 3D 打印技术制作专属的毕业纪念章吗？

三、知识准备

（1）创新，是指以现有的思维模式提出有别于常规或常人思路的见解，利用现有的知识和物质，在特定的环境中，本着理想化需要或为满足社会需求，而改进或创造新的事物、方法、元素、路径、环境，并能获得一定有益效果的行为。

（2）3D是英文"3 Dimensions"的简称，中文是指三维、三个维度、三个坐标，即有长、宽、高。换句话说，就是立体的，3D就是空间的概念，是由X、Y、Z三个轴组成的空间，是相对于只有长和宽的平面（2D），只有长度的线（1D），甚至更高维度（4D+）而言的概念。今天的3D，主要指基于电脑、互联网的数字化的3D/三维/立体技术，既可以是动词、名词，又可以是形容词、状态副词，也就是三维数字化，包括3D软件技术和3D硬件技术。

（3）3D打印，即快速成型技术的一种，又称增材制造，它是一种以数字模型文件为基础，运用粉末状金属或塑料等可黏合材料，通过逐层打印的方式来构造物体的技术。3D打印通常是采用数字技术材料打印机来实现的。常在模具制造、工业设计等领域被用于制造模型，后逐渐用于一些产品的直接制造。该技术在珠宝、鞋类、工业设计、建筑、工程和施工（AEC）、汽车，航空航天、牙科和医疗产业、教育、地理信息系统、土木工程及其他领域都有所应用。

（4）纪念章，具有纪念意义的章形物品的总称，包括徽章和收藏纪念章、装饰纪念章三大类。英文中通常以"pin"来表示。

四、"一体化任务式"劳动实践

第一步：任务描述

了解3D打印的基本原理，会使用建模软件。能够设计个性化的专属毕业纪念章，并将其用3D打印技术制作出来。

第二步：任务分析

任务类型：视班级规模和辅导需要，建议2~3人一组，合作完成。

工具设备：电脑、网络、3D打印机。

原辅材料：白板、笔、纸等。

人员配备：教师、材料专业同学。

场地空间：不限。

第三步：实施方案

（1）了解3D打印的基本原理。

（2）学习3D打印建模软件。

（3）做好纪念章的设计。

（4）选择好纪念章的材料。

（5）学习用 3D 技术打印纪念章。

第四步：任务执行

教师：

（1）讲解 3D 打印基本原理。

（2）示范 3D 打印操作。

（3）讲解 3D 打印过程中应该注意的事项。

学生（以小组为单位）：

（1）了解 3D 打印成像原理。

（2）学会使用 3D 打印建模软件。

（3）设计好个性化的纪念章方案。

（4）准备打印所需要的材料。

（5）操作完成 3D 打印专属纪念章。

（6）向他人展示成品，介绍作品想要表达的主题思想等，听取他人意见和建议。

第五步：检查控制

（1）是否能熟练运用 3D 打印建模软件？

小组成员要明确该项实践活动的目的、主旨，小组成员之间要分工明确，能发挥出每个人的专长，还能相互协作，制定应对突发事件的预案。

（2）纪念章设计方案能否彰显个性？

纪念章的设计要体现出纪念意义，其设计的主题，反映的思想，是否具有代表性，又具有彰显个性的与众不同。

（3）是否能运用 3D 打印技术完成纪念章的打印？

通过运用 3D 技术完成的专属纪念章作品，向大众传递科技改变生活、科技服务生活的价值理念，激励同学改革创新，适应智能化时代的发展需求。

第六步：评价反馈

（1）劳动成果：利用 3D 打印完成专属纪念章的打印，并完成实践报告。

（2）成果评价（见表 8-7）：

表 8-7　成果评价

评　价　项　目	自我评价	
	是	否
1. 能够熟练使用 3D 建模软件		
2. 能够利用 3D 打印技术打印作品		
3. 纪念章的设计能显示出其纪念意义		
4. 纪念章的设计具有新颖性		

评 价 项 目	自我评价	
	是	否
5. 具有劳动精神，提高了劳动能力		
6. 理解技术劳动服务于社会、服务于生活的重要意义，领悟劳动精神，强化劳动文化		

五、劳动实践拓展

（1）学会使用 3D 打印建模软件，能够操作完成专属纪念章的 3D 打印。

（2）能够设计出贴合所在学校培养理念的专属纪念章。

（3）归纳、总结，完成活动总结报告。

※课内检查与思考

1. 通过劳动实践，你感觉在产品设计、模型开发方面，还存在哪些欠缺？

_____

_____

2. 通过劳动实践，你感觉在 3D 打印技术应用方面，还需要提高哪些技能？

_____

_____

3. 通过劳动实践，你认为 3D 打印技术还可以应用于哪些日常生活领域？

_____

_____

项目六　电磁辐射污染防护

一、项目要求

课时：4 课时（校内）。

实践目标：

1. 知识目标：掌握电磁辐射危害及检测的原理，减少劳动安全风险。

2. 技术目标：普及电磁辐射的评估方法及标准，提高劳动能力。

3. 价值目标：提高日常生产劳动过程中电磁辐射污染的防护意识，强化劳动安全意识。

重点：选择常见电磁辐射污染源，了解电磁辐射强度的影响因素。

难点：掌握电磁辐射污染的检测与评估方法，加强劳动安全风险防范与管理。

二、实践准备

（一）微课先看

（1）登录"腾讯视频""www.bilibili.com"网站，搜索"电磁辐射危害""高压线附近的电磁辐射""生活中的电磁辐射""辐射与防护"，观看视频并做好学习笔记。

（2）登录"www.bilibili.com"网站，搜索"电磁辐射测试仪，拆开看看里面有什么，原来检测传感器这么简单"，观看视频并做好学习记录。

（二）价值意义

（1）认识电磁辐射污染防护的意义，强化劳动安全意识，提高劳动安全风险防范与管理。

（2）在重视劳动的同时，树立珍爱健康、尊重生命的理念。

（三）劳动提示

你了解电磁辐射污染的危害吗？

你会快速检测电磁辐射污染的方法吗？

你能辨识工作生活中常见的电磁辐射污染源吗？

三、知识准备

（1）电磁辐射：由同向振荡且相互垂直的电场与磁场在空间中以波的形式传递动量和能量，其传播方向垂直于电场与磁场构成的平面。电场与磁场的交互变化产生电磁波，电磁波向空中发射或传播形成电磁辐射。就目前而言，环境中的电磁辐射主要来源于人为的电磁辐射污染源，天然电磁辐射污染源相比之下几乎可以忽略。

（2）基本限值：直接依据确定的健康效应，并对不确定的健康效应采取了预防性原则而制定的暴露在时变的电场、磁场和电磁场的限值。根据场的频率，基本限值的物理量分为电流密度（J）、比吸收率（SAR）、功率密度（S）。其中功率密度能在空气中直接测量，基本限值的其余物理量通常难以直接测量。

（3）导出限值：用以评估在实际暴露条件下基本限值是否可能被超出。导出限值是便于直接测量的量，由基本限值经测量和计算得出，或按一定比例和暴露时间危害作用导出。遵守导出限值可以保证遵守对应的基本限值，但是，如果超过导出限值，并不意味着基本限值一定被超过。物理量为：电场强度（E）、磁场强度（H）、磁感应强度（B）、功率密度（S），脉冲场为：比吸收能（SA）。

（4）公众暴露：对处于非控制条件下的各种年龄阶段及不同健康状况，并且不会意识到暴露的发生和对其身体造成的危害，不能有效地采取防护措施的个人的暴露。公众暴露的持续时间为全天 24 小时。

四、"一体化任务式"劳动实践

第一步：任务描述

辨别生活中常见的电磁辐射污染源，对其电磁辐射强度进行检测与评估，掌握常见电磁辐射的防护方法。

第二步：任务分析

任务类型：视班级规模和辅导需要，建议 3~5 人一组，协同完成电磁辐射污染源辨识与检测任务。

工具设备：ER130 型电磁辐射测试仪。

原辅材料：纸、笔等。

人员配备：劳动实践教学老师。

场地空间：劳动教育实训室。

第三步：实施方案

（1）检测并记录家电设备对应不同部位的电磁辐射污染情况。

（2）检测并记录不同型号家电设备的电磁辐射污染情况

（3）检测并记录家电设备在不同工作状况下的电磁辐射污染情况。

（4）检测污染源在不同距离处的电磁辐射强度情况。

（5）测量时应注意安全，避免伤害。

（6）测量时避免不同电磁辐射污染源的干扰。

第四步：任务执行

教师：

（1）播放、讲解电磁辐射污染源的辨识及电磁辐射测试仪的相关视频。

（2）讲解电磁辐射测试仪的使用方法。

（3）强调协作劳动和劳动安全保护注意事项。

学生：

（1）辨识实训室内电磁辐射污染源。

（2）利用电磁辐射测试仪对污染源进行全方位的检测。

第五步：检查控制

（1）是否了解 ER130 型电磁辐射测试仪？

电磁辐射测试仪，型号：ER130。电磁辐射测试仪成功地将电场辐射、磁场辐射兼容测试并达到最佳测试效果，用于测试并了解室内室外环境的电磁辐射现状。产品内置电磁辐射传感器，通过微控制芯片处理后，以 LCD 数字显示辐射值。人们可以根据测试结果对电磁辐射进行合理处理或有效躲避。

（2）是否了解电磁辐射对人体的危害及基本防护方法？

电磁辐射可以对人体造成影响和损害：① 是造成儿童患白血病的原因之一；② 能够诱发癌症并加速人体的癌细胞增殖；③ 对人体生殖系统、神经系统和免疫系统造成直接伤害；④ 可能导致儿童智力残缺，影响儿童组织发育、骨骼发育，使其视力下降；⑤ 造成肝脏造血功能下降，严重者可导致视网膜脱落；⑥ 是心血管疾病、糖尿病的主要诱因；⑦ 对人们的视觉系统有不良影响。

电磁辐射的防护其实方法很简单。对于自然辐射我们没有办法防止，但是，自然的辐射对我们人类的健康危害并不大。对于人为造成的电磁辐射，我们只要坚持一个原则——保持距离。电磁辐射是有辐射范围的，只要我们在辐射范围之外，就可以保证我们的安全。

第六步：评价反馈

（1）劳动成果：按照要求对生活常见电磁辐射污染源进行辨识及检测；以小组为单位上交劳动实践报告。

（2）成果评价（见表 8−8）：

表 8−8   成 果 评 价

评 价 项 目	自我评价	
	是	否
1. 提高对电磁辐射污染的认识		
2. 认识生活中常见电磁辐射污染		
3. 理解电磁辐射污染的评估方法及标准		
4. 掌握电磁辐射测试仪的使用方法		
5. 掌握电磁辐射污染的基本防护方法，强化劳动安全意识		

五、劳动实践拓展

（1）学习电磁辐射污染的相关理论知识，为辨别生活中常见电磁辐射污染源奠定基础。

（2）学会使用电磁辐射检测仪。

（3）归纳、总结，完成活动总结报告。

※课内检查与思考

1. 你是否具备电磁辐射污染的理论知识？

_____

_____

2. 你是否理解电磁辐射污染的评估方法及常见标准？

_____

_____

3. 你是否能够在今后生活工作中注意电磁辐射污染的防护？

_____

_____

项目七　Windows 操作系统的安装

一、项目要求

课时：4 课时（校内）。

实践目标：

1. 知识目标：了解常用操作系统 Windows 的历史、结构、功能及使用方法，提高劳动技能水平。

2. 技能目标：学会正确安装常用操作系统 Windows，注意安装过程中的安全事项，培养劳动意识和劳动安全意识。

3. 价值目标：提高计算机系统安装、管理和维护的劳动能力。

提高运用所学知识解决实际问题的劳动能力。

重点：掌握常用操作系统 Windows 的安装过程和方法，提高计算机系统安装、管理和维护的劳动技能。

难点：结合专业，理解操作系统的设计原理，思考潜在的操作系统使用过程中的软硬件问题的解决方法和步骤，培育创造性劳动能力。

二、实践准备

（一）微课先看

（1）登录"百度好看视频"，搜索"Windows10 和 Windows11 的安装方法"，观看视频，并做好学习笔记。

（2）登录"百度好看视频"，搜索"一分钟制作启动 U 盘""专业细致的官方 Windows10 系统安装教程""电脑 BIOS 设置详解进阶电脑高手必经之路，安装系统必备知识"，观看视频并做好学习记录。

（二）价值意义

（1）提高操作系统 Windows 安装使用技能，培养基础性劳动能力，能够完成日常计算机使用中经常面临的操作系统安装、管理和维护等劳动任务，满足生活和工作中可能面临的软硬件问题。

（2）注重运用所学知识解决实际问题，提高劳动质量和效率。

（三）劳动提示

你会安装我们每天都在使用的计算机操作系统吗？

安装操作系统需要准备哪些软硬件？

安装操作系统需要哪些步骤，过程中主要有哪些问题？

三、知识准备

（1）操作系统（Operating System，缩写：OS），是一组主管并控制计算机操作、运用和运行硬件、软件资源和提供公共服务来组织用户交互的相互关联的系统软件程序。根据运行的环境，操作系统可以分为桌面操作系统、手机操作系统、服务器操作系统、嵌入式操作系统等。

（2）启动盘（Startup Disk），又称紧急启动盘（Emergency Startup Disk）或安装启动盘。它是写入了操作系统镜像文件的具有特殊功能的移动存储介质（U 盘、光盘、移动硬盘及早期的软盘），主要用来在操作系统崩溃时进行修复或者重装系统。

（3）BIOS，是英文"Basic Input Output System"的缩略词，直译过来后中文名称就是"基本输入输出系统"。在 IBM PC 兼容系统上，它是一种业界标准的固件接口。它是一组固化到计算机内主板上一个 ROM 芯片上的程序，它保存着计算机最重要的基本输入输出的程序、开机后自检程序和系统自启动程序，它可从 CMOS 中读写系统设置的具体信息。其主要功能是为计算机提供最底层的、最直接的硬件设置和控制。此外，BIOS 还向作业系统提供一些系统参数。系统硬件的变化是由 BIOS 隐藏的，程序使用 BIOS 功能而不是直接控制硬件。现代作业系统会忽略 BIOS 提供的抽象层并直接控制硬件组件。

（4）格式化（format），是指对磁盘或磁盘中的分区（partition）进行初始化的一种操作，这种操作通常会导致现有的磁盘或分区中所有的文件被清除。格式化通常分为低级格式化和高级格式化。如果没有特别指明，对硬盘的格式化通常是指高级格式化，而对软盘的格式化则通常同时包括这两者。

四、"一体化任务式" 劳动实践

第一步：任务描述

与计算机学院实验中心联系，为计算机安装 Windows10。

第二步：任务分析

任务类型：2 人一组。

工具设备：4G 以上的 U 盘。

人员配备：劳动实践教学老师。

场地空间：计算机学院实验中心劳动教育实训室。

第三步：实施方案

劳动提示：

（1）思考 Windows10 的安装流程和规范。

（2）记录 Windows10 的安装流程。

（3）商讨 Windows10 安装过程中可能出现的问题。

（4）记录 Windows10 安装过程问题解决的步骤。

（5）记录 BIOS 配置的参数含义和数值。

劳动示范（观看相关讲解视频）：

（1）大白菜 U 盘启动盘的制作。

（2）Windows10 操作系统的安装。

（3）BIOS 配置。

第四步：任务执行

教师：

（1）播放、讲解 U 盘启动盘制作的相关视频。

（2）讲解 BIOS 的配置。

（3）讲解 Windows10 操作系统的安装。

学生：

（1）制作 U 盘启动盘。

（2）配置 BIOS。

（3）安装 Windows10 操作系统。

第五步：检查控制

（1）准备 Windows10 ISO：备份 U 盘重要文件，制作过程中会格式化 U 盘。准备一个重装的 ISO/GHO 镜像（微软官网或 MSDN 下载），将系统镜像文件拷贝到 U 盘里。

（2）下载 U 盘启动盘工具：大白菜，http：//dbc.vhwkcl.cn/?bd_vid = 8312404126744765009。

双击 DaBaiCai_d16_v6.0_2009.25.exe，选择安装路径。

（3）winpe 系统制作界面：插入 U 盘后，双击打开大白菜 U 盘制作工具，会出现 U 盘 winpe 系统制作界面，下载核心组件。

（4）BIOS：修改 BIOS，从 U 盘启动。不同主板台式机和笔记本电脑进入 BIOS 的按键不同。

（5）进入 BIOS：按下键盘上的 DEL 键，这时候电脑就会进入 BIOS 设置主界面，通过方向键选择设置选项。

（6）安装操作系统：启动 U 盘后自动读取刻录在 U 盘的系统启动信息，出现 Windows 安装程序窗口；要安装的语言、时间和货币格式、键盘和输入方法都默认，直接点击下一步。

（7）配置网络，安装基本的安全软件、办公软件等。

第六步：评价反馈

（1）劳动成果：按既定流程安装操作系统 Windows10；以小组为单位上交劳动实践报告。

（2）成果评价（见表 8－9）：

表 8－9   成 果 评 价

评 价 项 目	自我评价	
	是	否
1. 提高系统启动盘的使用技能		
2. 掌握 BIOS 的配置技能		
3. 安装操作系统 Windows10		
4. 总结安装过程的问题和解决办法		

五、劳动实践拓展

（1）结合使用计算机专业劳动，动手安装和维护操作系统，并分享劳动心得。

（2）结合计算机专业劳动，尝试解决使用计算机操作系统常见的问题，提高使用计算机劳动效率并加强安全保护。

※课内检查与思考

1. 你是否树立了使用 U 盘启动盘解决计算机操作系统问题的劳动意识？

_____

_____

2. 是否提高了劳动协作的意识？

_____

_____

3. 总结 Windows10 安装过程中经常遇到的问题。

_____

_____

项目八　气道异物梗阻急救处置

一、项目要求

课时：4 课时。

实践目标：

1. 知识目标：认识劳动之后进食可能产生气道异物梗阻的情况，提高劳动安全预防意识。

2. 技术目标：① 学会识别气道异物梗阻患者的情况，把握急救时机，强化劳动安全意识；② 掌握气道异物清除术，提高自救和互救能力。

3. 价值目标：树立先救命后救伤的劳动急救处置原则，培养生命至上意识和劳动安全意识。

重点：熟练掌握气道异物梗阻的清除方法，培养劳动急救处理意识。

难点：准确识别气道异物梗阻患者的症状，快速有效地清除梗阻的异物，提高患者的生存率，培养救死扶伤、服务他人、服务社会的责任感，促进劳动安全教育的普及。

二、实践准备

（一）微课先看

（1）登录"新浪微博"，搜索"气道异物梗阻施救案例"，观看"男孩樱桃卡喉，父母一招救命！海姆里克法"视频，并做好学习笔记。

（2）登录"西瓜视频"，搜索"气道异物清除术（海姆里克腹部冲击法）"，观看"海姆里克急救法"视频，并做好学习笔记。

（3）登录"www.bilibili.com"，搜索"气道异物清除术的实施步骤及注意事项"，观看"急救基础之气道异物梗塞"，并做好学习记录。

（4）登录"腾讯视频"，搜索"心肺复苏术实施步骤及注意事项"，观看"心肺复苏操作方法"视频，并做好学习记录。

（二）价值意义

劳动后进食需求明显，树立预防气道异物梗阻的劳动意识，合理进食。

劳动实践中准确辨识气道异物梗阻患者的症状，为气道异物梗阻清除争取第一处理时间，提高劳动效率。

学会辩证看问题，结合气道异物梗阻清除有关的年龄、性别、现场等特殊性，选择及时有效的处理方法，提高劳动技能水平。

（三）劳动提示

如何识别气道异物梗阻患者的肢体语言及面部表情？

如何分别处置气道完全梗阻和不完全梗阻的患者？

如何实施气道异物梗阻清除术和心肺复苏术？

三、知识准备

（1）法律条款：《中华人民共和国民法典》第一百八十四条规定，因自愿实施紧急救助行为造成受助人损害的，救助人不承担民事责任。

（2）气道异物梗阻的定义和危害：气道异物堵塞在生活中并不少见，按梗阻情况分为气道完全梗阻和不完全梗阻，气道完全堵塞后患者无法进行呼吸，故可能致人因缺氧而意外死亡。

（3）气道异物梗阻的临床表现：

依据梗阻的程度，临床表现有呼吸短促、费力、喘鸣，患者常显焦虑，面色苍白，多汗，身向前倾斜，头颈前伸，试图减轻症状，可能伴有发音困难、吞咽困难、阵发性剧咳等症状。当出现完全梗阻时患者已不能讲话、呼吸或咳嗽，并用双手抓住颈部。此时如不能得到及时救治，患者意识逐渐丧失，面临死亡的风险。

（4）海姆里克腹部冲击法及其原理：

海姆里克腹部冲击法（Heimlich Maneuver）也称为海氏手技，是美国医生海姆里克发明的。1974 年，他首先应用该法成功抢救了一名因食物堵塞了呼吸道而发生窒息的患者，该法被人们称为"生命的拥抱"。其动作原理是，快速用力地对患者腹部连续冲击，胸腔内的气体就会在压力的作用下涌向气管，从而将异物冲出，恢复气道的通畅。

四、"一体化任务式"劳动实践

第一步：评估

评估现场环境安全及患者的反应、症状。急救者在确认现场安全的情况下大声呼喊"你还好吗？你是不是噎到了？需要帮忙吗？"检查患者是否有反应，能否发出声音、咳嗽。

第二步：启动紧急医疗服务

（1）如发现患者无反应、无呼吸，急救者应立即启动紧急医疗服务体系（拨打120），取来 AED。

（2）如有多名急救者在现场，其中一名急救者对气道完全梗阻的患者实施海姆里克腹部冲击，其他人启动紧急医疗服务体系（拨打 120），取来 AED。如患者能够咳嗽或者发出声音，让他咳嗽，不能对其进行腹部冲击。

第三步：对气道完全梗阻患者实施海姆里克腹部冲击法

（1）急救者双脚前后开立，站在患者身后。将双臂从患者腰部前伸并环抱患者，并让其身体略前倾。急救者左手握拳，拳眼对准患者肚脐略下方位置，右手握住左手。

（2）双手快速用力向患者腹部连续冲击，使腹部内陷，迫使膈肌上升挤压肺及支气管，每次冲击可为气道提供一定的气量，将异物从气管内冲出。每冲击 5 次对患者进行评估，循环操作直到异物被冲出或者患者失去反应。

（3）对于极度肥胖及怀孕后期发生呼吸道异物堵塞的患者，采用胸部冲击法。冲击姿势不变，流程不变，冲击部位置于患者胸骨中下部，快速用力地连续冲击。

（4）对于有反应但不能直立的患者，让患者成为仰卧位，然后骑跨在患者大腿上，急救者两掌重叠置于患者肚脐上方，用掌根向前、下方连续进行冲击。

第四步：对心搏骤停的患者实施心肺复苏

因长时间气道梗阻造成的患者呼吸和心搏骤停，应立即实施心肺复苏，并使用自动体外除颤仪（AED）除颤，直到医务人员到来接手为止。

第五步：腹部冲击易导致的后果及注意事项

（1）腹部冲击法只适用于成人和儿童，对婴儿采用腹部冲击可造成严重的损伤，婴儿只能采用胸部冲击或背部叩击，清除气道异物梗阻。

（2）腹部冲击容易导致患者腹部或胸腔内脏的破裂、撕裂及出血、肋骨骨折等，只有当患者处于气道完全梗阻时才能使用该法，该方法不能用于处理鱼刺卡喉。

（3）任何实施过腹部冲击的患者应尽快就医。

第六步：评价反馈

（1）劳动成果：按前期分工进行劳动实践，提交实践报告。

（2）成果评价（见表 8-10）：

表 8-10 成 果 评 价

评 价 项 目	自我评价	
	是	否
1. 增进了对气道异物阻塞和清除的理解		
2. 提升了运用所学知识分析问题、解决问题的能力		

续　表

评 价 项 目	自我评价	
	是	否
3. 加强了海姆里克急救的知识和急救意识		
4. 会用规范的方法实施海姆里克法急救		
5. 能够完成劳动实践，提高了知识素养和劳动能力		
6. 会用科学规范的操作流程实施心肺复苏		

五、劳动实践拓展

（1）模拟劳动实践中面对不同人群如何清晰快速定位气道异物梗阻发生。

（2）不同劳动实践场景中依据不同气道异物梗阻程度，提出合理的应急预案。

※课内检查与思考

1. 你是否掌握气道异物梗阻的识别方法？

_____

_____

2. 你是否掌握海姆里克腹部冲击法的使用前提和处置步骤？

_____

_____

3. 你能否正确处理气道异物梗阻伴随心搏骤停的患者？如何权衡海姆里克腹部冲击法的利弊？

_____

_____

项目九　综述新时代劳动教育

一、项目要求

课时：4 课时（校内 1 课时，校外 3 课时）。

实践目标：

1. 知识目标：学习马克思主义劳动观、马克思主义劳动史观、马克思关于人的全面发展观、新时代劳动教育观的基本立场观点方法，为全面理解新时代中国特色社会主义劳动教育思想提供理论基础。

2. 技能目标：学习和掌握文献检索技法，推动劳动教育的开展。

3. 价值目标：理解和把握习近平总书记关于劳动教育重要论述的精髓要义，为新时代中国特色社会主义劳动教育提供根本遵循。

重点：深刻理解习近平总书记关于劳动教育重要论述的精髓要义。

难点：践行新时代劳动教育核心要义的方式方法，以及如何取得实效。

二、实践准备

（一）微课导学

登录"www.bilibili.com"，搜索"新时代劳动教育思想"，观看"新时代劳动精神内涵""全面加强新时代大中小学劳动教育意见"等视频，并做好学习笔记。

（二）价值意义

学习新时代中国特色社会主义劳动教育的基本立场、主要观点和理论框架。

理解习近平总书记关于劳动的重要论述的时代价值，树立正确的劳动观念。

（三）劳动提示

你知道劳动在社会存在和发展中的作用吗？

你了解新时代中国特色社会主义劳动教育的独特育人价值吗？

你明白新时代劳动教育应从哪些方面着手实施吗？

如果你不能清晰地回答，请检索并学习以下资料：

（1）登录"共产党员网"，搜索"习近平：在同全国劳动模范代表座谈时的讲话，2013年4月28日"，学习文章并做好学习记录。

（2）登录"中国政府网"网页，搜索"习近平：在庆祝'五一'国际劳动节暨表彰全国劳动模范和先进工作者大会上的讲话，2015年4月28日"，学习文章并做好学习记录。

（3）阅读文献：《新时代高校劳动教育的新内涵与新要求——基于习近平总书记关于劳动的重要论述的探析》，刘向兵，《中国高教研究》2018年第11期。

（4）阅读文献：《深入理解习近平关于劳动重要论述的三个维度》，《思想理论教育导刊》2020年第11期。

三、知识准备

（1）劳动是推动人类社会进步的根本力量。劳动力的使用就是劳动本身。劳动过程就是个体运用其智力和体力的过程。

劳动首先是人和自然之间的过程，是人以自身的活动来中介、调整和控制人和自然之间的物质变换的过程。劳动具有双重塑造意义，即劳动在塑造劳动者"身外的自然"的同时，也在塑造劳动者"自身的自然"。也就是说"劳动是人类通过有目的的活动改造自然对象并在这一活动中改造人自身的过程"。

（2）马克思主义劳动价值观，主要内涵包括劳动创造财富，劳动创造人类生存的基本条件，劳动是个体自我实现的条件，异化劳动不能实现个体的自我实现。

（3）新时代中国特色社会主义劳动价值观，主要内涵包括劳动最光荣、劳动最崇高、劳动最伟大、劳动最美丽；人民创造历史，劳动开创未来；劳动是财富的源泉，也是幸福的源泉；提倡和鼓励人们通过辛勤劳动、诚实劳动和创造性劳动创造美好生活。

（4）新时代中国特色社会主义劳动教育的价值在于"以劳树德、以劳增智、以劳健体、以劳育美、以劳创新"。

（5）劳动教育的本质在于培养劳动价值观。在全社会倡导"劳动、劳动者光荣""好逸恶劳、不劳而获可耻"。新时代中国特色社会主义劳动教育的核心要义在于培养劳动精神、劳动情怀，培养劳动能力，以劳动创造美好生活。

四、"一体化任务式"劳动实践

第一步：任务描述

任务的基本模式是小组合作开展经典阅读，撰写心得体会。从经典阅读入手，在学习关于劳动的重要论述或劳动教育的重要论述的过程中，强化对劳动的认知和感悟，以劳动模范或先进劳动者为榜样，学习其劳动精神，了解其感人事迹，领悟其劳动情怀，认识其劳动价值，树立正确的劳动观念。

第二步：任务分析

任务类型：视班级规模和活动需要，建议 4~6 人一组，合作完成。

工具设备：电脑、互联网，查阅劳动观或劳动教育的相关经典文献。

人员配备：劳动教育理论教师或实践教师。

场地空间：不限。

第三步：实施方案

以小组为单位，商讨确定并搜集选读书目或文章题目。

确定一位领读人，采取领读和自己阅读相结合方式。

读后交流心得感悟，小组成员分工合作撰写心得体会。

撰写心得体会要在学生个人自学、相互交流学习心得的基础上，对所选读原著基本观点进行简单介绍（所占篇幅约为 1/3），然后要求每个小组成员撰写 300 字以上的阅读心得体会并署名。

最后推选一位成员负责统稿和校对。

撰写经典阅读心得体会，总篇幅不少于 2 000 字，小组合作完成，提交 1 篇。

第四步：任务执行

教师：指导学生选取经典阅读文献；合理分组，根据实际确定采用指定小组成员或学生自愿结合分组；指导学生撰写阅读心得的谋篇布局。

学生：众人的事情商量着办，在合作中培养团队合作能力和集体荣誉感，在学习实践和撰写报告中学会劳动，学会讨论，学会思考，学会合作。

第五步：检查控制

（1）选题方向的审核把关。所选文章或书目与劳动观或劳动教育相关，体现中国特色社会主义劳动教育理念和实践特点。

（2）阅读心得的质量把关。所写阅读心得拒绝抄袭，必须有自己的独立思考和语言表达，鼓励创新性思考和生动化语言表达，实现以共情达成共识之目标。

第六步：评价反馈

（1）劳动成果：上传自己的阅读心得，分享劳动的喜悦；以小组为单位上交阅读心得。

（2）成果评价（见表 8-11）：

表 8-11 成 果 评 价

评 价 项 目	自我评价	
	是	否
1. 阅读心得是否存在思想内容问题		
2. 阅读心得是否有所选内容的基本概括阐释		
3. 阅读心得是否有各个成员的独立思考和表达		
4. 阅读心得的文字校对和编辑排版是否正确无误		
5. 阅读心得的整体结构是否完整，是否体现劳动精神		

五、劳动实践拓展

（1）以本次实践为切入点，思考如何更好地学习专业知识。

（2）立足学科专业，探索劳动理论和实践结合的优化方案。

※课内检查与思考

1. 通过经典阅读，你如何理解"劳动最光荣、劳动最崇高、劳动最伟大、劳动最美丽"？现实生活中有哪些真切的体验，让你记忆犹新？

_____

_____

2. 你如何看待劳动教育的现实畸变——劳动教育畸变为惩罚手段？有什么办法可以避免这种现实畸变呢？

_____

_____

3. 你是否更加热爱劳动、尊重普通劳动者，促进自身养成良好的生活和劳动习惯？

_____

_____

项目十　都市微农业劳动生产

一、项目要求

课时：4 课时（校外）。

实践目标：

1. 知识目标：了解农业生产劳动的主要工作内容，熟悉间苗、镇压、中耕、培土、蹲苗、施肥、灌溉、除草，以及本地特色农产品的相关知识，探索农产品推广方式方法，强化劳动观念，弘扬劳动精神。

2. 技能目标：学会使用简单的农业生产工具和方法进行劳作，关注劳动过程中的体验和感悟。

3. 价值目标：培育农业劳动意识，体会劳动艰辛，珍惜劳动成果。

重点：熟悉常用农业生产设备的使用办法，掌握本地农产品特点和基本的劳动知识与技能。

难点：结合本地农产品特点，思考推广本地特色农产品的方式方法和渠道，注重运用所学知识解决实际问题，提高劳动质量和效率。

二、实践准备

（一）微课先看

（1）登录 "www.bilibili.com" 网站，输入 "都市农业" "微农业" "智慧农业" "未来农业" 等主题词，观看视频并做好学习笔记。

（2）登录 "百度好看视频"，搜索 "除草的方式方法"，观看 "怎样除草……" 视频，并做好学习记录

（3）登录 "www.bilibili.com"，搜索 "农业灌溉有什么技术"，观看视频并做

好学习记录。

（4）登录"www.bilibili.com"，搜索"有机种菜怎么施肥"，观看"施肥有技巧，人人都丰收，有机种菜怎么施肥"视频，并做好学习记录。

（二）价值意义

掌握农业生产、农业产业、乡村振兴等相关知识，具有必备的劳动能力。

体验劳动艰辛，培养珍惜劳动成果的品质，体验"汗滴禾下土"和"粒粒皆辛苦"，养成珍惜劳动成果的品质，强调身心参与，注重手脑并用，把握劳动教育的根本特征，面对真实的个人生活、生产和社会性服务任务情景，亲历实际的劳动过程，提高劳动质量。

（三）劳动提示

你了解常见的农业劳动的基本类型吗？
你掌握常见的农业劳动的基本技能吗？
你掌握常用农业劳动的基本工具吗？

三、知识准备

（1）间苗。在农作物种子出苗过程中或完全出苗后，采用机械、人工、化学等人为的方法去除多余幼苗的过程，称为间苗。适时间苗，可避免幼苗拥挤，相互遮光，节省土壤水分和养分，有利于培育壮苗。

（2）镇压。镇压是指压紧播种后的垄或植株行间的土壤，使种子、根系与土壤密切接触，对保墒、增墒、夺全苗、出壮苗，以及幼苗的发育和根部生长非常有利。

（3）中耕。中耕是指在作物生长期中，在株行间进行表土耕作，对土壤进行浅层翻倒，一般结合除草，在降雨、灌溉后及土壤板结时进行，可采用手锄、中耕犁、齿耙等工具。中耕可疏松表土，增加土壤通气性，提高地温，促进大气微生物活动和养分有效化，去除杂草，促使根系伸展，调节土壤水分状况。

（4）培土。在农作物生长期中，把株间或畦间的土壤覆盖作物根部四周，以防止作物倒伏，并促进根部的发育和便利排水灌溉。

（5）蹲苗。蹲苗是一种抑制幼苗茎叶徒长、促进根系发育的技术措施。常见的蹲苗方法是在一定时期内控制施肥和灌水，进行中耕和镇压，使幼苗根部下扎，使植株生长健壮，防止茎叶徒长，提高后期抗逆、抗倒伏能力，协调营养生长和生殖生长。

（6）施肥。施肥是指将肥料施于土壤中或喷洒在植物上，为植物提供所需养分并提高土壤肥力的农业技术措施。施肥的主要目的是增加作物产量，改善作物品质，以此提高经济效益。施肥的主要依据是土壤肥力水平、作物类型、目标产量、气候环境，以及肥料特点、估算所需要肥料用量，并确定施肥时间和施肥模式。依据施肥时间的不同，可分为基肥和追肥。依据施肥模式的不同可分为撒施、冲施、穴施、条施等。撒施和冲施有利于养分的扩散，施用方便，但养分损失大，利用率较低；穴施和条施养分损失少，利用率高，但要消耗一定的机械能。

（7）灌溉。灌溉即用水浇地，是一种补充作物所需水分的技术措施。为了保证作物正常生长，稳产高产，必须给作物提供充足的水分。在自然条件下，出现降水量不足或分布不均，不能满足作物对水分要求时，就必须人为进行灌溉。灌溉原则是灌溉量、灌溉次数和时间要根据植物需水特性、生育阶段、气候、土壤条件而定，要适时、适量，合理灌溉。常见的灌溉方式为喷灌、滴灌、穴灌、沟灌等，其中喷灌是借助水泵和管道，将自然水源喷洒至空中，使其形成水雾降落至植物上，滴灌是利用管道将水送到作物的根部处，而穴灌是借助移动运水工具浇灌植株根部的土壤，沟灌是指水流过作物行间的沟实现灌溉。

（8）除草。杂草具有非常旺盛的生长力和繁殖力，会吸收土壤中的水分和养分，争夺农作物的生长空间，使农作物生长缓慢，杂草越多对农作物的影响越大。另外，杂草过多还容易导致病虫害，致使农作物减产甚至死亡，因此需要定时清除杂草。除草的方法主要有以下几种：人工除草、机械除草、化学除草。

四、"一体化任务式"劳动实践

第一步：任务描述

与学校附近农业基地联系，参与农业基地简单农业劳动（除草、灌溉、施肥等）。

第二步：任务分析

任务类型：四人一组。

工具设备：锄头、铲子、钉耙等。

原辅材料：手套、胶鞋，创可贴、胶带、纱布等医用防护用品。

人员配备：劳动实践教学老师。

场地空间：农业基地大棚。

第三步：实施方案

（1）了解农业基地农作物情况。

（2）了解农业基地农作物。

（3）思考不同农具的使用规范。

（4）记录除草的流程。

（5）记录灌溉的流程。

（6）记录施肥的流程。

第四步：任务执行

教师：

（1）演示农业劳动的流程。

（2）讲解农业劳动的工作要点。

（3）强调协作劳动和劳动安全保护注意事项。

学生：

（1）在蔬菜大棚除草。

（2）在蔬菜大棚灌溉。

（3）在蔬菜大棚施肥。

（4）学习大棚农产品特点。

（5）思考推广本地特色农产品的方式方法和渠道。

第五步：检查控制

（1）充分了解农作物不同生长阶段的习性，包括对温度、光照、水分、土壤、肥力条件等的要求，可能发生的病虫害等问题。

（2）使用锄头、钉耙、犁等手动农业工具时，要远离人体，以免割伤或砸伤。

（3）使用化肥时，注意戴好防护手套，避免腐蚀手部皮肤。

（4）参加农业劳动时，应穿着适合劳作的服饰。禁止穿凉鞋、拖鞋，防止机械伤害，防止泥土钻进鞋里；禁止赤脚，避免被地里的硬物刺伤；应穿长袖长裤，不得有较长的装饰物，长发应当挽起，避免不小心卷入旋转的机械中造成伤害；勿佩戴首饰，避免劳作过程中不小心丢失。

（5）是否掌握不同作物常见的杂草和除草的合适方式。

（6）是否了解不同作物灌溉的合适方式。

（7）是否了解不同作物施肥的合适方式。

第六步：评价反馈

（1）劳动成果：按既定流程完成田间作业劳动，思考推广本地特色农产品的方式方法和渠道，以小组为单位上交劳动实践报告。

（2）成果评价（见表8-12）：

表8-12　成果评价

评　价　项　目	自我评价	
	是	否
1. 了解农作物不同生长阶段的习性		
2. 了解农业劳动的主要工作内容		
3. 掌握简单的农业劳动技能		
4. 做好农业劳动的个人防护		
5. 思考推广本地特色农产品的方式方法和渠道，体现劳动创新精神，提高劳动质量		

五、劳动实践拓展

（1）结合田间劳作与本地农产品特点，思考推广本地特色农产品的方式方法和渠道。

（2）归纳、总结，以小组为单位上交劳动实践报告。

※ 课内检查与思考

1. 你有没有树立参加农业劳作的劳动意识？

_____

_____

2. 你有没有提高劳动协作的意识？

_____

_____

3. 结合专业与本地农产品特点，思考推广本地特色农产品的方式方法和渠道。

_____

_____

第九章　服务性劳动

把志愿精神一代代传递下去。

——习近平

实践目标

1. 理解服务性劳动的意义和价值，增强参与服务性劳动的自主意识。

2. 了解社会实践和志愿服务的内容、类型和开展形式，树立社会服务的积极态度。

3. 锻炼服务性劳动创新的基本思路、思维方式。

4. 激发大学生服务他人和社会的热情和劳动情怀。

5. 提高公共服务意识，培养学生主动担责、回报社会的奉献精神。

项目一   空气污染防治宣传

一、项目要求

课时：4 课时（校内 1 课时，校外 3 课时）。

实践目标：

1. 知识目标：科普空气污染防治知识。

2. 技能目标：掌握简单的空气污染检测方法，能进行空气污染防治宣讲。

3. 价值目标：① 提高公众环境保护意识；② 增强服务社区公众的责任意识。

重点：选择以合适的方式宣传空气污染防治。

难点：通过空气中可吸入颗粒物的快速检测，提高公众环境保护意识。

二、实践准备

（一）微课先看

（1）登录"中国新闻"，搜索"北京空气污染"等关键词，观看"黄沙漫天！北京 PM10 出现高浓度峰值，为 6 级严重空气污染"视频。

（2）登录"科普中国"，搜索"空气质量检测"等关键词，观看"一分钟了解空气质量检测"视频。

（3）登录"腾讯视频"网站，搜索"空气污染"等关键词，观看"环保主题公益广告《空气污染篇》"视频并做好学习记录。

（4）登录"优酷视频"网站，搜索"空气污染宣传片"，观看视频并做好学习记录。

（5）登录"www.bilibili.com"网站，搜索"空气污染与防治"，观看视频并做好学习记录。

（二）价值意义

通过劳动实践提高对生态文明的认识。

通过空气污染防治的科普活动，树立爱护环境、保护生态的理念。

（三）劳动提示

你了解大气污染的危害吗？

你会快速检测空气中可吸入颗粒物吗？

你具有生态环境保护与建设的强烈意识吗？

三、知识准备

（1）空气污染：又称为大气污染。按照国际标准化组织（ISO）的定义，空气污染通常是指，由于人类活动或自然过程引起某些物质进入大气中，呈现出足够的浓度，达到足够的时间，并因此危害了人类的舒适、健康和福利或环境的现象。

（2）可吸入颗粒物：常指粒径在10微米以下的颗粒物，又称PM10。可吸入颗粒物在环境空气中持续的时间很长，对人体健康和大气能见度的影响都很大。通常来自机动车尾气、材料的破碎碾磨处理过程，以及被风扬起的尘土。可吸入颗粒物的浓度以每立方米空气中可吸入颗粒物的毫克数表示。

（3）大气颗粒物的特性：大气颗粒物的化学成分因其来源不同而在种类和数量上变化很大。由于可吸入颗粒物主要来自人为源（如石化燃料的燃烧、机动车尾气、工业粉尘、废弃物焚烧等）。颗粒物的粒径越小，其化学成分越复杂、毒性越大。这是因为小颗粒物的巨大表面积使其能吸附更多的有害物质，并能使毒性物质有更高的反应和溶解速度。

可吸入颗粒物中常见的化学成分有无机离子、微量元素、颗粒元素碳和有机化合物，有时可吸入颗粒物上还吸附有病原微生物（病毒和细菌）。可吸入颗粒物能长期飘浮于空气中，因此又称为飘尘。可吸入颗粒物主要经呼吸道进入人体，也有一小部分可通过消化道或皮肤进入人体。可吸入颗粒物沉积在人体呼吸道后，它们的清除、滞留和转移与其粒径、沉积地点有关。一般来说，粒径越小、沉积地点越远，所需的清除时间就越长，就越易滞留在人体内，越易使毒性物质转移到身体的其他部位。

（4）空气检测：广义的空气检测，是指对空气的组成成分的检测。狭义的空气检测，主要是从应用的角度，重点研究室内空气检测。针对空气检测，人们制定了一系列的标准，也就是空气检测标准。

（5）空气污染指数：简称API，是目前世界上许多国家和地区评估空气环境质量状况的一种指标。它是将许多复杂的空气质量检测数据，经一定方法处理，变成公众易于理解和掌握的形式。空气质量的好坏取决于各种污染物中危害最大的污染物的污染程度。空气质量级别根据国家环保局统一规划为五级。

四、"一体化任务式"劳动实践

第一步：任务描述

深入街区（社区或乡村），开展空气中可吸入颗粒物的检测，发放空气污染防治宣传资料，提高居民空气污染防治意识和保护环境责任。

第二步：任务分析

任务类型：视班级规模和师生比例，建议3~5人一组，协同发放宣传资料。

工具设备：互联网、电脑、PC-3A型激光粉尘检测仪。

原辅材料：纸、笔等。

人员配备：校内教师、校外街区网格员。

场地空间：校内多媒体教室、校外指定街区。

第三步：实施方案

劳动提示：关于空气污染防治宣传，你了解以下关键要点了吗？

（1）空气污染的危害。

（2）空气污染的重要源头。

（3）快速检测空气中可吸入颗粒物的方法。

（4）空气污染防治的主要措施。

（5）较强的环境保护意识。

劳动示范：

（1）通过中国知网收集、整理、阅读相关空气污染防治的科普论文。

（2）结合环境保护部门提供的宣传资料，丰富空气污染防治知识，能够使用通俗易懂的语言科学表达防治知识。

（3）了解大气颗粒物的常用测量方法。

第四步：任务执行

教师（课内讲解，课外示范）：

（1）登录"聚创集团"网站，带领学生浏览聚创环保首页，讲解 PC-3A 型便携式 PM2.5、PM10 粉尘浓度激光粉尘检测仪的产品参数、产品特点、使用办法。

（2）演示 PC-3A 型激光粉尘检测仪的使用方法。

（3）演示如何接近街道社区居民，发放空气污染防治宣传资料。

（4）演示如何与公众有效地面对面沟通。

学生（课外劳动实践）：

（1）学习科普论文，掌握劳动实践所需的专业基础知识。

（2）学生分组，一般每组 3 人；对接社区业主和物业。

（3）走进社区、接近居民，发放空气污染防治宣传资料。

（4）运用 PC-3A 型激光粉尘检测仪，检测空气中可吸入颗粒物。

（5）讲解空气中可吸入颗粒物的类型与危害。

（6）讲解防止空气污染的主要措施。

（7）采集劳动实践过程影像资料。

第五步：检查控制

（1）是否了解 PC-3A 型激光粉尘检测仪？

PC-3A 型粉尘浓度检测仪为光散射法便携式直读测量仪器，具有测试速度快、灵敏度高、稳定性好、重量轻、噪声低、操作简单、交直流两用等优点。本仪器根据我国卫生行业标准《公共场所空气中可吸入颗粒物（PM2.5PM10）测定方法光散射法》（WS/T 206-2001）设计。该仪器由组装在一起的感应器和数据处理器组成。检测结果由 LED 显示器显示、储存或打印。PC-3A 型粉尘浓度检测仪配有打印机，可现场打印测量数据。

（2）是否周全准备了空气污染防治宣传的脚本？

是否认真收集、阅读、整理、消化空气污染防治的相关知识，能否使用较为通俗的语言，科学表达相关知识？

（3）能否以合适的方式宣传空气污染防治措施？

空气污染防治宣传要强调以下几点：空气污染严重；空气污染危害大；空气污染防治需要人人参与，不仅仅是国家、政府部门的事情。在宣传时要注意场景，要有礼貌，要能够引起居民的关注和重视。

第六步：评价反馈

（1）劳动成果：汇总指定街区空气污染指数一手资料；以小组为单位上交劳动实践报告。

（2）成果评价（见表9-1）：

表9-1　成果评价

评 价 项 目	自我评价	
	是	否
1. 理解空气污染防治宣传的重要意义		
2. 具备空气污染防治理论知识		
3. 会使用颗粒物检测仪器		
4. 会用通俗的语言较为准确地讲解空气污染防治宣传资料		
5. 能够完成空气污染防治宣传活动总结，提高了环境保护意识		
6. 通过劳动实践提高对生态文明的认识		

五、劳动实践拓展

（1）开展特定区域空气污染指数的动态监测，绘制数据分析表单，提高自身的数据分析能力和环境保护意识。

（2）整理分析空气污染防治措施，针对所在学校城市特点探索有效的防治措施，优化环境保护措施。

※课内检查与思考

1. 你是否掌握了空气污染防治宣传的理论知识？

2. 你是否增强了服务社区的意识，提高了与公众的沟通能力？

_____

_____

3. 你能否对所在区域的空气污染防治提出建设性意见？

_____

_____

项目二   河道保护与宣传

一、项目要求

课时：4 学时（校内 1 课时，校外 3 课时）。

实践目标：

1. 知识目标：了解河道志愿服务的意义、背景，树立正确的劳动观念。

2. 技能目标：了解河道保护、河长制知识并向社会民众宣讲，弘扬劳动精神。

3. 价值目标：做河道保护的宣传者、践行者，培育积极的劳动精神。

重点：通过劳动法律宣讲劳动实践，普及劳动相关法律、法规、政策。

难点：河长制落实情况公众满意度调研。

二、实践准备

（一）微课先看

（1）登录中华人民共和国水利部官网，点击首页的专题报道，再点击第五届中国青年志愿服务项目大赛水利专项赛获奖项目展示专题，选择一等奖分类，点击寻找大运河江苏记忆。

（2）登录百度，搜索"河小青带你看江苏河长制"，观看相关视频。

（3）登录百度，搜索"中华人民共和国长江保护法（2020 年）""中华人民共和国水法""水润虞城，合力打造'千村美居'""2021 年国家水利风景区"，观看视频并做好学习记录。

（二）价值意义

（1）认识河长制落实与河道保护相关劳动的重要意义。

（2）弘扬法治精神，学法、尊法、懂法、守法。

（3）提高学生将理论应用于实践、服务于社会的能力。

（三）劳动提示

你了解河道保护与宣传活动吗？

你了解河道保护与宣传需要做哪些准备工作吗？

你了解河道保护与宣传的注意事项吗？

三、知识准备

（1）河长制是各地依据现行法律法规，坚持问题导向，落实地方党政领导落实河湖管理保护主体责任的一项制度创新。

（2）我国于 2016 年 11 月 28 日开始全面推行河长制。

（3）加强水资源保护、加强河湖水域岸线管理保护、加强水污染防治、加强水环境治理、加强水生态修复、加强执法监管是河长制的六大主要任务。

（4）河长制工作原则包括坚持生态优先，绿色发展；坚持党政领导，部门联动；坚持问题导向，因地制宜；坚持强化监督，严格考核。

（5）群众参与河湖长制工作的方法有：参与决策、参与治理、参与管护、参与监督、参与宣传。

（6）河湖"四乱"问题是指：乱占、乱堆、乱建、乱采。

（7）如何保护水环境？严禁破坏航道、严禁非法采砂、严禁电毒炸鱼、严禁围垦湖泊、严禁侵占河道、严禁超标排污。

（8）"河小青"是参与保护母亲河行动，助力河长制的广大青少年的总称，是河长的助力和落实河长制工作的参与者、支持者。

（9）"河小青"助力河长制施行，应做好宣传员、巡查员、监督员、联络员。

四、"一体化任务式"劳动实践

第一步：任务描述

河小青志愿服务团主要致力于节水宣讲、保护河流、助力河长制落地生根，促进江苏省河长工作的有序推进。陆续进行了节水护水公益宣传教育、水源水质监测、实地走访调研等形式多样的志愿活动。服务内容包含三大主题：节水环保、爱水护水、巡河调研。

第二步：任务分析

任务类型：视班级规模和辅导需要，建议 5~8 人一组，协同完成环保任务。

工具设备：互联网、电脑、录音笔。

原辅材料：白板、笔、纸等。

人员配备：劳动实践教学老师。

场地空间：劳动教育实训室或智慧教室。

第三步：实施方案

劳动提示：关于河道护宣传，你了解以下关键要点了吗？

（1）2016 年底，中共中央、国务院印发《关于全面推行河长制的意见》，提出要在全国推行河长制。2017 年底，党的十九大报告再次明确提出：要加快生态文明体制改革，建设美丽中国，着力解决好环境问题。苏州市积极探索建立河湖管理保护新机制，出台《关于全面深化河长制改革的实施方案》，建立了四级河长制体系，以及市级河长领导中心，全面推行河长制。

（2）河长制由来：2007 年，太湖蓝藻暴发后无锡市针对河道长时间没有清淤整治、企业违法排污水污染严重、农业面源污染严重等问题，针对流域河流水质直接影响太湖的实际，为落实太湖流域内河水水质明显好转的目标，提出并在沿湖各地普遍建立了治污河长制。确定全市所有党政一把手，分别担任了 64 条河流的河长。河长制实行四级：市委、市政府主要领导分别担任主要河流的一级河长，有关部门的主要领导分别担任二级河长，相关镇、园区的主要领导为三级河长，所在行政村的村干部为四级河长。

（3）某某市河湖概况（本教材以苏州为例）。苏州是我国著名的江南水乡。全市总面积 8 488 平方千米，水域面积为 3 609 平方千米。共有河湖 24 634 条（座），河道总长度 21 638 千米。50 亩以上湖泊 384 个，93 条河道。水面率达 42.5%。著名的湖泊有位于西隅的太湖和漕湖；东有淀山湖、澄湖；北有昆承湖，中有阳澄湖、金鸡湖、独墅湖；阳澄湖群（包括阳澄湖及其周围的昆承湖、鹅真荡、盛泽荡、金鸡湖、独墅湖等）和湖荡水网密集区。全市湖荡密布，河港交错，河湖串联，构成的河网湖荡相互交织的复杂水系。

结合江苏八大湖泊示意图、江苏最大的湖泊示意图：

（1）登录"www.bilibili.com"，在搜索框输入：江苏有八大湖泊，长江南北两岸各分布四个，水域面积北部大于南部。

（2）登录百度好看视频，在搜索框输入：江苏省面积最大的三个湖泊。

（3）登录百度好看视频，在搜索框输入：水韵江苏，满眼风光入画来，值得被世界看到！

（4）制作宣传用小册子或画页，设计访谈调研提纲，确定宣传走访河道路线。

第四步：任务执行

教师（课内讲解，课外示范）：

（1）播放、讲解宣传的模式、注意事项。

（2）讲解宣传资料的准备、指导宣传内容的选择。

学生（课外劳动实践）：

（1）课前学习相关视频，整理河道保护相关资料。

（2）制作宣传海报、宣传用小册子或画页。

（3）走进省级河道、市级河道清理河道周边垃圾、污染物等。

（4）走进河道附近社区，接近居民，开展河道保护、河长制落实宣讲。

（5）采集劳动实践过程影像资料。

第五步：检查控制

（1）是否掌握劳动环保宣传策划书的设计？

一份完整的环保宣传策划书主要包括以下内容：活动背景、目的、时间、地点、参加人员、活动具体安排（活动前的校内准备、目的地准备、活动中的准备、活动后的收尾、总结）、注意事项、预期结果、经费预算等。

（2）是否做好河小青与河长制落实相关的知识准备？

是否认真收集、阅读、整理相关知识法规，能否采用较为通俗的语言，科学表达相关知识。

（3）调研问卷是否设计完毕？

第六步：评价反馈

（1）劳动成果：以小组为单位上交河道保护宣传策划书、劳动实践报告。

（2）成果评价（见表9-2）：

表9-2　成　果　评　价

评　价　项　目	自我评价	
	是	否
1. 增进了对河道保护的理解，领悟了劳动的意义价值		
2. 学会了一定的社会调查方法，提高了劳动的质量和效率		
3. 增强了回报社会、服务社区的意识，培育了积极的劳动精神		
4. 会用通俗的语言较为准确地讲解河道保护知识，养成了良好的劳动习惯和品质		

五、劳动实践拓展

（1）总结河道保护与河长制落实宣讲志愿服务的经历，挖掘河道周边社区需求与高校资源的可能对接，进一步开展志愿服务。

（2）学会一定的社会调查方法、数据分析处理。

※课内检查与思考

1. 你是否真正具有河道保护意识？

_____

_____

2. 如何进一步提升志愿服务社区的意愿?

_____

_____

3. 针对现有调查问卷,如何根据相关走访调研进行针对性完善?

_____

_____

项目三 劳动损伤预防宣传

一、项目要求

课时:4课时。

实践目标:

1. 知识目标:了解日常劳动过程中容易造成的损伤,树立劳动损伤的意识,了解劳动损伤的诱因,避免劳动损伤。

2. 技能目标:掌握劳动损伤后的应对方法及注意事项,树立劳动应急处理意识。

3. 价值目标:树立正确的劳动观念,养成良好的劳动习惯,增强体力、智力和创造力。

重点:了解容易造成劳动损伤的诱因,掌握正确的劳动姿势和方法。

难点:具有必备的劳动能力,通过日常生活劳动,掌握基本的劳动知识和技能,培养动手能力和家庭担当,注意劳逸结合,避免劳动造成损伤。

二、实践准备

(一)微课先看

(1)登录西瓜视频,搜索"日常生活中容易造成损伤的劳动?——3个'伤腰'动作",观看相关视频并做好学习记录。

(2)登录好看视频,搜索"80%的人拖地的姿势都做错了,对脊椎不好,专家分享正确的拖地姿势"。观看相关视频并做好学习记录。

(3)登录"www.bilibili.com",搜索"崴脚别怕!看这个视频!'崴脚了怎么办|RICE原则|崴脚后的康复训练'",观看相关视频并做好学习记录。

(4)登录360视频,搜索"腰肌劳损康复方法,1个有效手法,松解肌肉舒筋止痛,告别疼痛!",观看相关视频并做好学习记录。

（二）价值意义

（1）正确认识在日常生活劳动中可能存在的劳动损伤及其诱因。

（2）能够在发生劳动损伤后，掌握应对方法，具备劳动应急处理意识。

（3）养成劳动安全意识，树立劳动损伤的预防意识，找到生活中的劳动"度"，减少日常生活劳动带来的损伤。

（三）劳动提示

你见到过劳动过程中的损伤吗？

你是怎么解决劳动损伤的伤痛问题的？

你知道正确的劳动姿势或劳动习惯吗？

三、知识准备

（一）劳动损伤的概念与分类

劳动过程中发生的损伤，称作劳动损伤。在生活中劳动损伤很难完全避免，在生活中必须贯彻"预防为主"的原则，最大限度地避免劳动损伤的发生，以保证正常的生活不受损伤干扰。一旦出现了意外，必须采取正确的急救手段，以保证伤员的生命安全，减轻痛苦和预防并发症，为进一步治疗创造良好条件。

劳动损伤可分为：

（1）慢性损伤（长期不良的身体姿势和不良习惯造成的慢性疼痛）。

（2）急性损伤（劳动过程中由于注意力不集中、力量不足造成的急性伤害）。

（二）处理劳动损伤的基本原则

损伤发生后，就会引起疼痛、肿胀、炎症反应等症状。为了防止这些症状的加重，所采取的应急手段被称为"应急处理"，也叫"RICE 原则"，主要包括制动、冷敷、加压、抬高四个方面。

1. 制动

让受伤部位处于不动的状态，可以控制肿胀和炎症，可以把出血控制在最小的限度内。如果过早地活动患部，不仅会出现出血等症状，还有可能使损伤进一步加重，导致恢复时间的延长。

2. 冷敷

冷敷是在应急处理中效果最为明显的。因为冷敷可以减轻疼痛和痉挛，又可以使血液的黏度增加，减少流向患处的血，减缓受伤部位的加剧程度，便于更快、更好地恢复。

3. 加压

几乎所有的急性损伤都可以采用加压包扎的方法。因为它可以减轻损伤关节周围的浮肿，还可以促进渗入组织内部体液的吸收。

4. 抬高

把患处抬到比心脏高的位置，可以减轻通向损伤部位的血液及来自体液的压力，以促进静脉血的回流，患处的肿胀及淤血也会得到相应的减轻。

（三）常见运动损伤应急处理的常规步骤

（1）停止运动，保持不动或适当姿势，特别是不要让受伤的部位再运动。

（2）了解受伤程度。

（3）在患处敷上冰袋或用凉水冲。

（4）把患处举到比心脏高的位置。

（5）感觉消失或经过 20 分钟后停止冷敷。

四、"一体化任务式"劳动实践

第一步：症状

（1）哪些感觉可提示腰肌劳损？

经常出现腰部酸疼、胀痛的情况，考虑可能是腰肌劳损。

（2）怎么知道自己患有腰肌劳损？

动力型及静力型腰肌劳损症状相似，最明显的症状就是腰疼，反复出现腰部酸痛或胀痛的症状。

第二步：具体表现

（1）腰肌劳损患者的腰痛症状，一般会表现为劳累时加重，休息时减轻。用拳头或者手掌敲打疼痛部位，会感觉疼痛有所缓解。

（2）部分患者会出现腰部明显的刺痛或灼痛的感觉。

（3）可以感受到腰部有明显的压痛点，有些患者甚至不能做弯腰的动作。

第三步：并发症

腰肌劳损一般表现为腰部疼痛的症状，少数患者可能会伴随骨质疏松（表现为腰酸背痛、腰弯背驼、身高变矮）、脊柱腰段的生理性弯曲变直或有轻度侧弯等改变。

（1）脊柱侧弯：长期的腰肌劳损会引起腰椎的侧弯。

（2）骨盆倾斜：腰肌劳损导致腰椎侧弯后，会导致步态异常，出现长短腿，久之容易导致骨盆倾斜。

（3）大小便失禁：严重的腰肌劳损会出现马尾神经症，导致大小便失禁。

第四步：治疗

腰肌劳损可治愈，除规范治疗外，患者须遵医嘱纠正不良的生活、工作习惯，加强锻炼，配合治疗，可恢复正常。

药物治疗：① 消炎止痛药；② 强效止痛药；③ 封闭治疗药物。

手术治疗：一般无须手术治疗。

中医治疗：中医的推拿按摩、针灸等疗法配合中药的内服外用，对本病的治疗有较好的疗效，患者需注意到专业机构进行治疗，切勿听信偏方。

康复治疗：可以在专业康复师的指导下，帮助锻炼腰背肌、纠正步态、缓解疼痛，从而提高生活质量。

治疗周期：本病治疗周期与患者的配合程度有关，遵医嘱改变不良习惯，一般2周左右症状可明显改善，4~6周腰背部功能可恢复正常。

经过规范而有效的治疗后，配合纠正不良的生活、工作习惯，一般可恢复正常，但本病易反复发作，需要注意做好预防。如若不规范治疗，则会导致症状加重。

第五步：监测病情

纠正不良的生活、工作习惯，加强腰背肌功能锻炼，如症状未得到缓解或有其他异常情况，及时就医。

平常饮食应该注意什么？

（1）合理饮食，注意营养均衡，保证蛋白质、维生素及膳食纤维的摄入量。

（2）多吃含钙量高的食物，比如牛奶、奶酪、虾皮、海带、芝麻酱、豆制品。

（3）戒烟酒。

第六步：预防与反馈

（1）腰肌劳损的预防主要是合理用腰，避免腰部负荷过重，平时注意避免久坐、久站，适当运动、注意劳逸结合。

（2）成果评价（见表9-3）：

表9-3 成 果 评 价

评 价 项 目	自我评价	
	是	否
1. 是否养成良好的生活、工作习惯		
2. 是否提高了平时加强体育锻炼的意识		
3. 是否掌握了体力劳动的正确姿势		
4. 是否增强了控制体重的意识		
5. 是否养成了腰部保暖的习惯		

五、劳动实践拓展

（1）以劳动实践的损伤部位为对象，思考如何更好地避免劳动损伤。

（2）结合体育锻炼，设计科学合理的运动与康复方案。

※ 课内检查与思考

1. 你是否掌握了劳动损伤的分类和处理的基本原则？

_____

_____

2. 你是否掌握了劳动急性损伤处理的基本步骤？

_____

_____

3. 你是否树立了正确的劳动姿势观念？

_____

_____

项目四　关爱心理健康

一、项目要求

课时：4 课时。

实践目标：

1. 知识目标：了解劳动生活中常见的大学生心理问题和情绪困扰，正确面对心理情绪变化。

2. 技能目标：掌握基本的情绪排解方法，发挥主体作用，激发创新创造能力。

3. 价值目标：培育积极的劳动精神，促进良好的劳动习惯和品质的养成。

重点：通过心理团辅游戏，正确理解心理和情绪问题的产生，并积极面对。

难点：树立正确的劳动观念，通过心理团辅调整心理问题，领悟劳动精神的意义价值。

二、实践准备

（一）微课先看

（1）登录"www.bilibili.com"，搜索"学生常见的心理障碍"，观看相关视频并做好学习记录。

（2）登录"www.bilibili.com"，搜索"我和心理那点事——大学生心理健康科普"，观看相关视频并做好学习记录。

（3）登录"www.bilibili.com"，搜索"大学生情绪管理——信科院 邹领"，观看相关视频并做好学习记录。

（4）登录"www.bilibili.com"，搜索"团体心理辅导省级二等奖存档"，观看相关视频并做好学习记录。

（二）价值意义

认识大学生劳动和生活中常见的心理和情绪问题，理性面对，正确处理。

了解基本的心理调适方法，预防心理健康问题的发生。

在团辅体验中培养积极的劳动精神，注重劳动过程中的身心健康。

（三）劳动提示

你了解大学生劳动和生活中常见的心理和情绪问题吗？

你在劳动生活中掌握基本的心理调适方法吗？

你愿意通过心理团辅去调整劳动生活中出现的心理问题吗？

三、知识准备

（一）大学生常见心理问题

（1）人际关系问题：因在不同的生活环境下成长，大学生具有不同的性格、态度、生活习惯和处事方式。部分学生在步入大学后处于自我封闭状态，受自身性格等多种因素的影响难以保持平常的心态与人正常交往，易产生自卑、不自信等心理问题。

（2）适应问题：受多种因素影响，许多大学生在生活中容易出现各种各样的适应问题。部分学生心理承受能力较差，在面对失败和挫折时更容易出现情绪失控的情况。

（3）学习问题：在信息化时代，部分学生在学习方面心理承受压力过大。大学的时间较为宽松，许多学生不能合理安排自身时间，将精力过多投入社团活动中，使其在学习上难以集中精力，造成学习效率低下，甚至可能引起身心的双重不适。

（二）大学生常见的情绪困扰

（1）焦虑，是一种伴随着某种不祥预感而产生的令人不愉快的情绪，是一种复杂的情绪状态。它包含着紧张、不安、惧怕、烦躁、压抑等情绪体验。适度的焦虑具有积极作用，它能使大学生在各种活动和学业上表现出色，维持良好的人际关系；过分的焦虑可使人心情过度紧张，情绪不稳定，不能正确地推理判断，记忆力减退，以致影响考试成绩和人际关系。

（2）抑郁，其症状不单指各种感觉，还指情绪、认知与行为特征。抑郁最明显的症状是压抑的兴趣，表现为仿佛掉入了一个无底洞或黑洞中，正被淹没或窒息。

其他感觉包括容易发火，感到愤怒或负罪感。抑郁常常伴随着焦虑，对所有活动失去兴趣，渴望一个人独处。抑郁也伴随着个体思维方式的转变，这些认知改变可以是一般性的，比如注意力不集中、记忆力衰退或者很难做出决定。在思考中可能有更多的心境转变，消极地看待世界、自我和未来。

（3）愤怒，是由于客观事物与人的主观愿望相违背，或因愿望无法实现时，人们内心产生的一种激烈的情绪反应。心理学研究表明，愤怒可能导致人体心跳加快、心律失常、高血压等躯体性疾病，同时还会使人的自制力减弱甚至丧失，思维受阻、行为冲动，甚至干出一些事后后悔不及的蠢事或造成不可挽回的损失。

（4）嫉妒，是指由于别人在某些方面胜过自己而引起的消极甚至是痛苦的情绪体验。嫉妒是自尊心的一种异常表现，在日常生活中，嫉妒的存在是很普遍的。当看到别人比自己强时，心里就酸溜溜的、不是滋味，于是就产生一种包含着憎恶与羡慕、愤怒与怨恨、猜忌与失望、屈辱与虚荣，以及伤心与悲痛的复杂情感，这种情感就是嫉妒。

四、"一体化任务式"劳动实践

第一步：任务描述

通过问卷调查，根据团队内比例较大的心理或情绪困扰选择相应的团辅内容。由教师作为主持人，学生作为参加者，强调师生共建、同学互助、活动模式、体验模式。

第二步：任务分析

任务类型：视班级规模和辅导需要，可分组，合作完成。

工具设备：根据选择的心理团辅内容准备工具与原料。

人员配备：教师（或心理健康专业老师）。

场地空间：不限。

第三步：实施方案

（1）备受攻击。

目的：体验被排挤的滋味，培养同学们友善友爱的劳动精神。

内容：

① 抽出一人做箭靶。

② 在地上画一个圆圈，或用绳圈也可，"箭靶"站在中间，其他人要拍打他至少3次。但不可让"箭靶"碰到，被碰到的人便要做"箭靶"了。

备注：如果有8人以上，分为两组为佳，便于走动。

变化："箭靶"可拉人入圈（这个圈一定要大一点），帮他一起捉人，即圈内人越来越多，直至所有人都入了圈为止。

（2）毕加索。

目的：考查沟通能力，培养同学们在劳动中学会沟通协调。

时间：10~20 分钟。

材料：笔和纸。

内容：

① 组长先预备数张画了圆形的纸。每两人配对比赛。

② 开始活动前，每一组合背对背而坐。

③ 在指定时间内，一个人负责讲圆形，另一个人则负责画圆。画圆的人，只可听不可问，也不可让讲的人看到画。时间到，比较谁画得快而准。可互换角色重复活动。

备注：游戏展示了不同人不同的沟通问题。组长在游戏后，讲解沟通的艺术和重要性。

（3）解结。

目的：同心合力，培养同学们团结合作的劳动精神。

内容：

① 全组人围圈站立。

② 组长数出"1、2、3！"，大家同时伸出一只手，握住其他人的手，一手捉一手。

③ 捉好后开始解结。用穿、转、爬、拗手等方法，但握着的手不可松开，如果尝试多次仍解不开便为输。

备注：谨记不可握你左右两边的人的手，否则这个结是解不开的。

第四步：任务执行

教师（课内讲解，团辅主持）：

（1）播放、讲解大学生常见心理问题和情绪困扰的相关视频。

（2）阐述大学生劳动和生活中注重心理健康的重要性。

（3）问卷调研班级内常见或关注的心理问题，据此选择团辅项目。

学生（以小组为单位）：

（1）课前复习和巩固大学生常见心理问题和情绪困扰相关基础知识。

（2）学生分组，一般每组 3 人；课前讨论自己或身边同学遇到的心理困扰。

（3）课前准备好问题，课上小组讨论如何预防与克服这些问题。

（4）进行心理团辅游戏，根据实际情况组队。

（5）根据心理团辅进行小组讨论，总结心得体会。

（6）结合理论与实际，撰写劳动教育实践报告。

第五步：检查控制

（1）是否事前学习了大学生常见的心理问题和情绪困扰？

大学生常见心理问题包括人际关系问题、适应问题和学习问题。常见情绪困扰包括焦虑、抑郁、愤怒和嫉妒。了解大学生常见的心理问题和情绪困扰有助于大学生正确面对心理健康问题。可以运用科学合理的方法来解决常见心理问题，或者积极寻求心理健康老师或心理医生的帮助。

（2）是否对常见心理健康问题的解决办法进行了总结？

哪些情况属于心理健康问题？可以使用哪些方法缓解？如何预防与克服？

第六步：评价反馈

（1）劳动成果：大学生劳动和生活中常见的心理问题和情绪困扰分析；心理团辅心得体会；以小组为单位上交劳动实践报告。

（2）成果评价（见表9-4）：

表9-4 成果评价

评 价 项 目	自我评价	
	是	否
1. 真切感受到心理健康的重要意义		
2. 能够识别劳动和生活中的常见心理问题和情绪困惑		
3. 掌握基本的心理调适方法		
4. 愿意使用基本心理调适方法调节自己或帮助他人		
5. 通过心理团辅增强了沟通和团队合作能力，具有了必备的劳动能力		
6. 进一步巩固和提升了问题解决能力，养成了良好的劳动习惯和品质		

五、劳动实践拓展

（1）结合自己生活中遇到的心理与情绪困惑，寻找更多的心理健康技巧。

（2）识别生活中他人的心理困惑，给予力所能及的帮助。

※课内检查与思考

1. 你是否了解大学生劳动或生活中常见的心理健康问题？

_____

_____

2. 你是否掌握一些基本的心理健康技巧？

_____

_____

3. 你能否在劳动生活中运用心理健康技巧，践行团结合作、友善友爱、沟通交流等劳动精神？

_____

_____

项目五　禁毒防毒宣传

一、项目要求

课时：4 课时。

实践目标：

1. 知识目标：树立正确的禁毒意识和正确的劳动观念，让大家了解什么是毒品、毒品的种类、毒品的吸食途径和成瘾途径、毒品的危害、禁毒的法律法规，学习如何避免沾染毒品，提升辨毒、拒毒、防毒的能力，使贩毒、吸毒活动失去赖以存在的环境和条件。

2. 技能目标：了解地方社会公共需求，弥补禁毒宣传教育空缺，树立防毒反毒人人有责的观念，呼吁广大群众共同构建无毒社会。

3. 价值目标：培养宣讲团成员的组织协调和沟通表达能力，增强自身社会适应性和社会责任感，弘扬积极的劳动精神。

重点：全方位认识毒品、毒品的危害和毒品的吸食途径、成瘾途径，教导大家远离毒品，树立正确的禁毒意识，培育积极的劳动精神。

难点：通过五种类型的宣讲活动呼吁全民自觉禁毒，积极协助政府构建无毒社会，能自觉自愿、认真负责地参与劳动。

二、实践准备

（一）微课先看

（1）登录好看视频，搜索"5 分钟带您看完，中国近 1 800 年的禁毒史""汤建彬律师解读《中华人民共和国禁毒法》""枪战受伤濒死是他们的家常便饭""我国现有吸毒人数下降 42.1%，毒品案件连续 5 年年均降幅达 20% 以上"，观看视频并做好学习记录。

（2）登录"www.bilibili.com"，搜索"《被毒品毁了的一座城》禁毒宣传·珍爱生命""清朝人吸鸦片的真实场景：男子骨瘦如柴，女子面无表情，任人摆布""如何成功演讲？（一）分享五项基本技巧"，观看视频并做好学习记录。

（二）价值意义

了解中国从古至今的禁毒史，认清目前中国禁毒现状，明白禁毒教育的意义。

树立正确的劳动观念，了解和学习目前国家对于毒品的法律法规，《中华人民共和国禁毒法》表明了国家对待毒品的态度，广大群众应树立禁毒活动人人参与的行为意识。

了解缉毒刑警的工作，明白什么叫"用生命为刃，以鲜血染戟"，为努力构建无毒社会英勇前行，理解构建无毒社会的不易。

从数字方面了解中国吸毒人数大幅度下降，但是仍有不少人吸毒，禁毒行动迫在眉睫，尤其要重点关注青少年的禁毒教育，自觉抵制毒品，构建无毒社会。

具有必备的劳动能力，学习如何进行一次成功的宣讲，让宣讲内容深入人心，提高诵读讲解的能力。

通过形式多样的禁毒教育宣讲活动，教化和引导广大群众远离毒品，提高辨毒、拒毒、防毒的意识，塑造无毒社会，养成良好的劳动习惯和品质。

（三）劳动提示

你了解中国禁毒史吗？
你了解中国禁毒法吗？
你清楚中国禁毒现状和国外部分城市的毒品泛滥现状吗？
你掌握了宣讲活动的基本技巧吗？

三、知识准备

（1）毒品：根据《中华人民共和国刑法》第357条规定，毒品是指鸦片、海洛因、甲基苯丙胺（冰毒）、吗啡、大麻、可卡因以及国家规定管制的其他能够使人形成瘾癖的麻醉药品和精神药品。

（2）毒品的种类：毒品种类很多，范围很广，分类方法也不尽相同。从毒品的来源看，可分为天然毒品、半合成毒品和合成毒品三大类。从毒品对人中枢神经的作用看，可分为抑制剂、兴奋剂和致幻剂等。从毒品的自然属性看，可分为麻醉药品和精神药品。从毒品流行的时间顺序看，可分为传统毒品和新型毒品。

（3）毒品的吸食途径：烟吸、烫吸、鼻嗅、口服、注射5种常见方式。

（4）毒品的成瘾途径：毒品成瘾分精神依赖性和生理依赖性两类。精神依赖性亦称心理依赖性，俗称"心瘾"，是毒品对中枢神经系统作用产生的一种特殊的精神效应。毒品使用者疯狂追求使用毒品后的快感，这种"快感"使吸毒者不顾一切地吸食毒品，以满足自己强烈的欲望。生理依赖性是中枢神经系统对长期使用成瘾性毒品产生的一种适应性状态。这时候身体必须在足量毒品的维持下，才能保持正常状态，一旦停止使用毒品后，生理功能就会发生紊乱，出现一系列严重反应，称戒断症状。

（5）毒品的危害可归纳为三种：一是对吸毒者精神心理的危害，毒品是种精神活性物质，会导致吸食者出现兴奋、幻觉甚至抑郁、自杀等精神心理障碍。二是对吸毒者身体的危害，首先会使身体器官的损伤，其次会出现一些身体疾病。三是对家庭和社会的危害，吸毒者的心理和生理遭受极度破坏，并且毒品价格昂贵，会导致家庭破裂和社会财富的流失，严重扰乱社会秩序。

（6）预防吸毒的方法：一是充分了解毒品的基本知识和接受禁毒法律法规的教育，了解毒品危害。二是树立正确的世界观、人生观和价值观，珍爱生命，远离毒品。三是正视毒品的危害，远离社会不良分子和治安复杂、人员混杂、管理混乱的场所。四是提高防范意识，切勿因听信谗言或满足对毒品的好奇心而吸食毒品。五是养成良好的习惯，保持自身身心健康。

（7）宣讲技巧：在宣讲稿开始准备前，首先要清楚受众的基本特征和宣讲的时间长短，选择合适的讲解方法，并且适当在宣讲时应用辅助工具，增强观众对宣讲内容的理解，加深其印象。宣讲分为四大部分，分别是引入阶段、内容展开、联系实际和总结提升，使起承转合一一到位，衔接流畅，语言真情实感，语气抑扬顿挫，掌控宣讲的节奏。

四、"一体化任务式"劳动实践

针对校园、社区、企业、农村和家庭五种场所和不同类型的人群，校地双方依托"禁毒志愿宣讲团"，共同组织举办形式多样的禁毒教育宣讲活动。

第一步：任务描述

聚焦毒品问题，将禁毒教育与宣讲相结合，在"禁毒志愿宣讲团"协同支撑下，开展禁毒教育宣讲的劳动实践，实现掌握禁毒相关知识、自觉传播禁毒教育相关内容、协助政府构建无毒社会。

第二步：任务分析

任务类型：视班级规模和辅导需要，建议 2~3 人一组，在"禁毒志愿宣讲团"的协同下完成禁毒知识的宣讲活动。

工具设备：互联网、电脑。

原辅材料：白板、笔、纸等。

人员配备：高校劳动实践教学教师和高校"禁毒志愿宣讲团"成员。

场地空间：学生课堂、禁毒教育馆。

第三步：实施方案

劳动提示：你了解禁毒的基础知识吗？

（1）毒品的含义是什么？

（2）毒品的吸食和成瘾途径分别是什么？

（3）为什么要严令禁止毒品？

（4）毒品的预防措施有哪些？

（5）如何撰写宣讲稿？

（6）如何有效地进行宣讲？

劳动示范：

（1）禁毒教育宣讲稿的主要内容，分为引入阶段、内容展开、联系实际和总结提升，环环相扣。

（2）吸食毒品的危害：成瘾性、摧残性、破坏性、诱发犯罪和传播疾病。

第四步：任务执行

教师和宣讲团成员（课堂讲解）：

（1）播放、讲解禁毒知识及宣讲活动的相关视频。

（2）阐述宣讲活动的撰写规范与要求。

（3）讲解宣讲活动中的注意事项。

学生（课外劳动实践）：

（1）课前复习和巩固禁毒知识、宣讲活动的基础知识。

（2）学生分组，一般每组3人；课前了解目前禁毒现状。

（3）课前准备好关于禁毒知识的宣讲稿。

（4）参照校内教师和宣讲团成员的意见对宣讲稿进行必要的修改。

（5）进行宣讲活动，并采集劳动实践过程影像资料。

（6）对禁毒知识进行综合评估，撰写劳动教育实践报告。

第五步：检查控制

（1）是否学习和掌握了毒品的相关知识、法律法规，并且树立正确的禁毒价值观？

正确的禁毒价值观有助于我们做出正确的价值判断，进行正确的价值选择。正人先正己，只有掌握充足的禁毒知识，产生正确的价值观，才能在后期输出正确的禁毒价值观。

（2）是否掌握宣讲的基本内容？

是否在宣讲稿中对"起承转合"四大板块进行了科学设计，首先明确宣讲目的，确定宣讲对象和宣讲单位，在引入阶段，是否明确"三选一""提问题""设目标"三个部分。在内容展开阶段，是否具备充足的信息量和强烈的感染力。在联系实际阶段，是否与时代、国情、社情和校情等进行全方面的对比。在总结提升阶段，是否有总结、提升和回味三大部分。

第六步：评价反馈

（1）劳动成果：禁毒教育宣讲活动稿；以小组为单位上交劳动实践报告。

（2）成果评价（见表9-5）：

表9-5　成果评价

评　价　项　目	自我评价	
	是	否
1. 真切感受到禁毒教育的重要意义		
2. 真切体会到禁毒工作者对美好生活的巨大贡献		
3. 从我做起自觉做好防毒反毒工作		

评 价 项 目	自我评价	
	是	否
4. 宣讲活动提高了群众辨毒、拒毒、防毒意识		
5. 宣讲活动增强了逻辑、撰稿和表达能力，增强了必备的劳动能力		
6. 进一步巩固和提升了宣讲活动能力，养成了良好的劳动习惯和品质		

五、劳动实践拓展

（1）以劳动实践为基础，撰写禁毒教育宣讲稿并进行宣讲活动，思考如何更好地引导广大群众自觉做好禁毒工作，协助政府共同构建无毒社会。

（2）结合学科专业，探索新时代禁毒工作的优化方案。

※课内检查与思考

1. 你是否掌握了毒品的基本知识和相关法律法规？

_____

_____

2. 你是否树立了全民禁毒的观念？

_____

_____

3. 你是否掌握了宣讲的基本技巧？

_____

_____

项目六 劳动法律宣传

一、项目要求

课时：4学时（校内1课时，校外3课时）。

实践目标：

1. 知识目标：了解社会服务的内涵，掌握《劳动法》的相关内容。

2. 技能目标：了解劳动法律知识并向社会民众宣讲，树立正确的劳动观念。

3. 价值目标：帮助学生树立服务社会的意识；引导学生将理论知识转化为实践

能力，服务于人民。

重点：通过劳动法律宣讲劳动实践，普及劳动相关法律、法规、政策。

难点：以合适的方式宣讲法律，做好法律宣传的方案。

二、实践准备

（一）微课先看

（1）登录百度视频，搜索"西北政法大学学生志愿普法行"，观看视频并做好学习记录。

（2）登录好看视频，搜索"开展普法宣传　提高法治意识"，观看视频并做好学习记录。

（3）登录优酷视频，搜索"公司辞退试用期员工，为什么要赔偿？没有满足这些条件，违法""被公司辞退如何拿到赔偿？可以拿到哪些呢？""员工辞职说走就走，该不该扣工资？劳动法是怎么规定？"观看视频并做好学习记录。

（4）登录腾讯视频，搜索"《按下葫芦起来梨》普法小课堂　被拖欠工资怎么办？"观看视频并做好学习记录。

（二）价值意义

认识普法活动的重要意义。

弘扬法治精神，学法、尊法、懂法、守法。

提高学生将理论应用于实践、服务于社会的能力。

（三）劳动提示

你了解普法宣传活动吗？

你了解普法宣传需要做哪些准备工作吗？

你了解普法宣传的注意事项吗？

三、知识准备

（1）普法宣传是普及法律常识宣传的简称，是我国在全体公民中进行大规模普及法律常识的宣传教育活动，旨在使全体公民增强法治观念，知法守法，养成依法办事的习惯。这是我国人民政治生活中的一件大事，也是社会主义精神文明建设的重要组成部分。

（2）"八五"普法：即第八个普法五年计划。根据中共中央印发的《法治社会建设实施纲要（2020—2025年）》，到2025年，"八五"普法规划实施完成，法治观念深入人心，社会领域制度规范更加健全，社会主义核心价值观要求融入法治建设和社会治理成效显著，公民、法人和其他组织合法权益得到切实保障，社会治理法治化水平显著提高，形成符合国情、体现时代特征、人民群众满意的法治社会建设生动局面，为 2035 年基本建成法治社会奠定坚实基础。

（3）劳动法：劳动法是调整劳动关系及与劳动关系密切联系的某些其他关系的法律规范的总称。劳动法是中国特色社会主义法律体系中一个重要的独立法律部门，其立法宗旨是保护劳动者的合法权益，调整劳动关系，建立和维护适应社会主义市场经济的劳动制度，促进经济发展和社会进步。

（4）劳动基准法：劳动基准法是国家通过强制力规定的对保障劳动者生存所需最低劳动条件的法律规范的总称。通常而言，劳动基准法的内涵有广义和狭义之分。广义的劳动基准法是指规定劳动者和企业在劳动法中权利和义务的法律规范的总称。狭义的劳动基准法仅指国家规定的保证劳动者生存的相关劳动条件的底线性标准的法律规范，其内容只包含如薪资、工作时长、特殊劳动者保护、休息休假和劳动安全卫生等各类与劳动环境、劳动条件密切相关的基准规范。

（5）劳动争议：即劳动纠纷，是指劳动关系双方当事人因实现劳动权利、履行劳动义务发生的争议。《劳动争议调解仲裁法》对劳动争议处理的方式与程序进行了规定。

四、"一体化任务式"劳动实践

第一步：任务描述

大学生学知识是要服务于社会，将自己所学劳动法律知识，通过法律宣传向社会大众宣讲，引导公民了解劳动法律知识，学法、懂法、尊法、守法。开展普法宣传志愿服务劳动实践，助力法治中国建设。

第二步：任务分析

任务类型：视班级规模和辅导需要，建议 5~8 人一组，协同完成普法任务。

工具设备：互联网、电脑。

原辅材料：白板、笔、纸等。

人员配备：劳动实践教学老师。

场地空间：劳动教育实训室或智慧教室。

所需时间：校内 1 课时，校外 3 课时。

第三步：实施方案

劳动提示：关于普法宣传，你了解以下关键要点吗？

（1）劳动者在劳动过程中容易权益受损的方面：劳动合同的签订、工资、休息休假制度等。

（2）企业在劳动关系处理中容易导致法律风险的环节：招聘环节、订立合同环节、辞退环节等。

（3）劳动争议处理的方式。

（4）投诉、仲裁、诉讼等法律文书的格式、书写。

（5）构建和谐劳动关系，应该注意哪些问题。

劳动示范：

（1）劳动法知识理论宣讲。

登录百度，搜索"劳动法规定，用人单位出现以下 5 种行为，员工可要求赔偿！""没签劳动合同，员工怎样证明劳动关系？劳动法：这 5 点也可以！"观看视频并做好学习记录。

在宣讲时，选择的知识点要是劳动者关心的问题；命名的题目要能够引起大家的兴趣；理论宣讲要有逻辑性，能自成体系；表达清晰，语速适中。

（2）制作普法宣传的宣传材料。

结合"西北政法大学学生参加我县普法宣传活动"视频，制作宣传海报、宣传用小册子或画页，设计访谈提纲。

第四步：任务执行

教师（课内讲解，课外示范）：

（1）播放、讲解法律宣传的模式、注意事项。

（2）讲解宣传资料的准备，指导宣传内容的选择。

学生（课外劳动实践）：

（1）课前学习相关视频，整理劳动法相关资料。

（2）制作宣传海报、宣传用小册子或画页。

（3）设计访谈提纲，提前梳理面对面沟通可能的注意事项。

（4）提前与街区（社区）预约，争取网络员支持配合。

（5）走进社区、接近居民，开展劳动法普法宣讲。

（6）采集劳动实践过程影像资料。

第五步：检查控制

（1）是否掌握了普法宣传策划书的设计？

一份完整的普法宣传策划书主要包括以下内容：活动背景、目的、时间、地点、参加人员、活动具体安排（活动前的校内准备、目的地准备、活动中的准备、活动后的收尾、总结）、注意事项、预期结果、经费预算等。

（2）是否做好了劳动法律相关的知识准备？

是否认真收集、阅读、整理、消化劳动法律、劳动关系等相关知识，能否采用较为通俗的语言，科学表达相关知识。

（3）能否以合适的方式宣传法律？

是否掌握与不同年龄、不同职业群体的人们相处时需要注意的问题？能否以合适的方式引起广大群众对法律宣传的关注？能否恰当应对被问及的问题？

第六步：评价反馈

（1）劳动成果：以小组为单位上交普法宣传策划书、劳动实践报告。

（2）成果评价（见表 9-6）：

表9-6　成果评价

评 价 项 目	自我评价	
	是	否
1. 增进了对劳动法的理解		
2. 提升了运用劳动法分析问题、解决问题的能力		
3. 增强了回报社会、服务社区的意识		
4. 会用通俗的语言较为准确地讲解劳动法律法规专业知识		
5. 能够完成劳动法宣讲活动，提高了民众法律素养		

五、劳动实践拓展

（1）总结劳动法宣讲志愿服务的经历，挖掘街区（社区）需求与高校资源的可能对接，进一步开展志愿服务。

（2）拓展宣讲的法律类型，争取持续开展特定社区的法律宣讲志愿者。

※课内检查与思考

1. 你是否真正掌握了街区（社区）劳动法相关的基础知识和应用技能？

_____

_____

2. 如何进一步提升志愿服务区街区（社区）的意愿？

_____

_____

3. 在法律志愿宣讲实践中还存在哪些不足，如何进行针对性完善？

_____

_____

项目七　双语宣讲红色经典

一、项目要求

课时：4课时（校内0.5课时，校外3.5课时）。

实践目标:

1. 知识目标:阅读红色经典,了解革命历史。

2. 技能目标:通过"听说读写译"等多种方式用外语研学并领悟红色经典。

3. 价值目标:培养新时代大学生外语学科核心素养,关注学生劳动过程中的体验和感悟,提升大学生语言能力、思维品质、文化意识和学习能力;锻炼宣讲技能,促进中外文化友好交流,增强沟通和团队合作能力。

重点:提高学生用外语诵读经典的能力,弘扬红色精神,在自身坚定理想信念的同时让更多人感受中国故事和中华文化。

难点:通过双语宣讲有效构建中国话语体系、中国叙事体系和国际文化传播体系。

二、实践准备

(一)微课先看

(1)登录"www.bilibili.com",搜索"党史现场汇英文版第三集:为什么党的创始人陈独秀和李大钊没有参加党的一大",观看视频并做好学习记录。

(2)登录优酷视频,在搜索框内搜索"从零开始学公文写作答疑篇""公文写作小白看过来",观看视频并做好学习记录。

(3)登录"www.bilibili.com",搜索"'党的二十大宣讲比赛'该怎么说?稿子被在场的所有老师学生夸是什么体验?快来看呀。"观看视频并做好学习记录。

(4)登录好看视频,搜索"宣讲风采:洪伟《三线精神永不老　历久弥新创辉煌》。"

(5)登录搜狐视频,搜索"如何写好一篇宣讲稿"。

(二)价值意义

认识双语宣讲的现实意义,强化劳动观念,理解志愿服务宣讲创造美好精神生活的道理。

通过科学设计宣讲思路达到有效弘扬红色经典的目的,提高外语宣讲的能力,增强必备的劳动能力。

构建与国际接轨的切实可行的中华文化传播体系,尝试新方法、新模式,探索培育双语宣讲人才的道路。

(三)宣讲提示

你了解进行双语宣讲的真正原因吗?

你知道如何在双语宣讲中把握情感主题吗?

你掌握外语演讲的基本技巧吗?

三、知识准备

（1）双语宣讲：事先准备好宣讲稿，同时采用中文、英文两种语言，紧密围绕确定的宣讲主题并适当拓宽内容，深入地进行宣讲活动以达到预期的宣讲效果和目的。

（2）宣讲稿：为宣讲准备的内容稿件或提纲，是为宣讲人准备的书面草稿。宣讲人需在正式宣讲前准备好宣讲稿，在指导教师的建议下进行修改，最终定稿并加以熟悉。宣讲稿须准确把握主题，有情感上的说服性，具备"上口""入耳"的特点。

（3）红色经典：指在中国共产党的领导下，中国人民在革命、建设和改革中创作的具有鲜明政治立场、思想导向与价值意义的文学、文化艺术作品。它隶属红色文化，是中国特色社会主义文化的重要组成部分，包括物质文化和精神文化两个方面。物质文化主要指的是红色经典文学作品、艺术作品、红色革命基地、红色文物等；精神文化主要包括红色理论、红色思想、红色精神等。

（4）宣讲方案设计：根据宣讲的目的和对象，在进行正式宣讲之前，对宣讲活动总任务的各个方面和各个阶段进行通盘考虑和安排，提出相应的实施方案，制定出合理的思路程序。宣讲方案的内容主要包括以下部分：确定宣讲主题；确定宣讲对象；拟定宣讲思路和大纲；中英搭配的具体宣讲方式设计；确定宣讲时间和地点；拟定宣讲物资及路途经费预算；明确宣讲人的任务分工；确定宣讲对象的评价和意见收集办法；确定宣讲过程材料整理和分析方法；确定提交报告的方式；制订宣讲的组织计划。

四、"一体化任务式"志愿服务劳动

第一步：任务描述

聚焦党的经典著作，以社区、中小学、外国友人为宣讲对象，用双语讲述红色精神和中国故事，让更多的人参与到传播中国声音的队伍中。

第二步：任务分析

任务类型：视班级规模和辅导需要，建议 3~4 人一组，协同完成双语宣讲主题方案的撰写。

工具设备：互联网、电脑。

原辅材料：白板、笔、纸等。

人员配备：外语教学老师、马克思主义学院讲课老师。

场地空间：劳动教育实训室（校内）；社区（校外）。

第三步：实施方案

劳动提示：

（1）双语宣讲的意义是什么？

（2）外语宣讲一般有什么技巧和注意事项？

（3）中英双语混合宣讲的方式有哪些？

（4）宣讲主题如何确定？

（5）如何设计宣讲思路？

（6）如何实施双语宣讲？

劳动示范：

（1）搜索双语宣讲技巧和注意点，并根据主题查找相关资料，撰写宣讲稿。

（2）双语宣讲的思路设计，写清楚宣讲主题、宣讲对象、宣讲的思路和大纲、中英搭配的具体宣讲方式和宣讲人的任务分配等详细事宜。

第四步：任务执行

教师（课内讲解，课外示范）：

（1）播放、讲解经典著作宣讲及双语宣讲的相关视频。

（2）阐述双语宣讲方案的设计思路与要求。

（3）讲解宣讲中的注意事项。

学生（课外劳动实践）：

（1）课前复习和巩固宣讲设计思路和方法、双语宣讲具体相关专业基础知识。

（2）学生分组，一般每组3人；课前撰写双语宣讲方案。

（3）在课前准备好宣讲方案和宣讲稿。

（4）参照校内教师意见对方案和宣讲稿进行必要的修改。

（5）对接宣讲对象（社区居委会、中小学教务处等）。

（6）实施宣讲方案，并收集双语宣讲过程的照片、视频及宣讲对象评价等资料。

（7）对一手资料进行整理分析，撰写"双语宣讲"志愿服务劳动实践报告。

第五步：检查控制

（1）是否了解双语宣讲的相关注意事项？

宣讲前作为宣讲人要清晰认识到宣讲著作等内容的主旨，能自如地带入情感；英语宣讲时把握适当的语气语调及标准的发音，并结合得体的仪态着装，做到声情并茂从而打动听众的情绪，让宣讲对象融入英语宣讲的故事中；使用英语过程中注意话题过渡，运用恰当的衔接词连接前后内容，并通过重读、停顿、特殊用词等突出重点内容，使听众把握宣讲主题和情感；中文与英文宣讲过程的交替模式遵循自然流畅的原则；善于运用表情、手势加强信息表达等。

（2）是否把握双语宣讲方案的科学设计要求？

第六步：评价反馈

（1）劳动成果：双语宣讲设计方案；所进行宣讲的社区或中小学的评价及意见；宣讲过程的照片及视频等汇总材料；以小组为单位上交志愿服务劳动实践报告。

（2）成果评价（见表9-7）：

表 9-7 成 果 评 价

评 价 项 目	自我评价	
	是	否
1. 真切感受到双语宣讲的重要意义		
2. 提高了作为宣讲人的外语核心素养和宣讲能力		
3. 让更多百姓愿意倾听了解党的经典著作		
4. 从我做起自觉传播党的红色精神和中国故事		
5. 宣讲的劳动实践方式增强了沟通和团队合作能力，强调身心参与劳动实践		
6. 真切体会志愿服务对美好生活的巨大贡献，养成良好的劳动习惯		

五、劳动实践拓展

（1）以双语宣讲的社区或中小学为对象，思考如何更好地引导居民或学生自觉了解学习经典著作。

（2）结合学科专业，探索"双语宣讲"内容的创新优化方案。

（3）以课程实施结果为依据，进一步探索"双语宣讲"志愿服务模式及高效培养双语宣讲人才的道路。

※课内检查与思考

1. 你是否掌握了双语宣讲的基本技能？

_____

_____

2. 你是否掌握了科学设计宣讲方案的基本技能？

_____

_____

3. 你是否领悟经典著作的精神力量？

_____

_____

项目八　间谍活动防范

一、项目要求

课时：4课时（校内1课时，校外3课时）。

实践目标：

1. 知识目标：树立正确的劳动观念，了解危害国家安全的间谍活动，提高防范能力。

2. 技能目标：树立总体国家安全观，维护国家安全，提高必备的劳动能力。

3. 价值目标：理解安全与发展的密切联系，增强国防意识。

重点：以合适的方式进行国家安全教育，防范间谍活动，培育积极的劳动精神。

难点：掌握对间谍活动的防范对策，养成良好的劳动习惯和品质。

二、实践准备

（一）微课先看

登录"学习强国"，搜索"小心！间谍可能就在你我身边""微电影《网恋谍影》"，观看视频并做好学习记录。

（二）价值意义

认识安全对发展的重要意义。

树立总体国家安全观，增强风险意识，树立底线思维。

（三）劳动提示

你了解间谍活动的危害吗？

你知道什么样的行为是间谍行为吗？

关于维护国家安全，你能做些什么呢？

三、知识准备

（1）国家安全，是指国家政权、主权、统一和领土完整、人民福祉、经济社会可持续发展和国家其他重大利益相对处于没有危险和不受内外威胁的状态，以及保障持续安全状态的能力。

（2）国家安全教育日：全民国家安全教育日是为了增强全民国家安全意识，维护国家安全而设立的节日。2015 年 7 月 1 日，全国人大常委会通过的《中华人民共和国国家安全法》第十四条规定，每年 4 月 15 日为全民国家安全教育日。

（3）总体国家安全观：2014 年 4 月 15 日，习近平总书记在中央国家安全委员会第一次会议上首次正式提出总体国家安全观。确立总体国家安全观，必须既重视外部安全，又重视内部安全；既重视国土安全，又重视国民安全；既重视传统安全又重视非传统安全；既重视发展问题，又重视安全问题。要坚持走和平发展道路，既重视自身安全又重视共同安全，推动世界朝着互利互惠、共同安全的目标相向而行。

（4）反间谍法：《中华人民共和国反间谍法》（简称《反间谍法》）于 2014 年 11 月 1 日第十二届全国人民代表大会常务委员会第十一次会议通过。国家主席习近平签署第 16 号主席令予以公布。自公布之日起施行。《反间谍法》首次对具体间谍行为进行法律认定，作为我国反间谍工作领域的一部重要法律，对防范、制止和惩治间谍行为，维护国家安全，将起到基础性法律保障作用，进一步规范和加强反间谍工作。

（5）间谍行为：《中华人民共和国反间谍法》第三十八条规定，下列行为是间谍行为：① 间谍组织及其代理人实施或者指使、资助他人实施，或者境内外机构、组织、个人与其相勾结实施的危害中华人民共和国国家安全的活动；② 参加间谍组织或者接受间谍组织及其代理人的任务的；③ 间谍组织及其代理人以外的其他境外机构、组织、个人实施或者指使、资助他人实施，或者境内机构、组织、个人与其相勾结实施的窃取、刺探、收买或者非法提供国家秘密或者情报，或者策动、引诱、收买国家工作人员叛变的活动；④ 为敌人指示攻击目标的；⑤ 进行其他间谍活动的。

（6）间谍罪：间谍罪，是指参加间谍组织或者接受间谍组织及其代理人的任务，或者为敌人指示轰击目标的行为。根据我国《刑法》的规定，实施间谍行为，危害国家安全的，处十年以上有期徒刑或者无期徒刑；情节较轻的，处三年以上十年以下有期徒刑。

四、"一体化任务式"劳动实践

第一步：任务描述

深入学校、街区（社区或乡村），通过现场宣讲、视频播放、宣传册发放等方式进行国家安全教育，使大家能认识到间谍活动对国家安全的危害，增强国防意识，自觉与间谍活动做斗争。

第二步：任务分配

任务类型：视班级规模和辅导需要，建议 3~5 人一组，协同完成宣传任务。

工具设备：互联网、电脑、宣讲设备。

原辅材料：纸、笔等。

人员配备：劳动实践教学老师。

场地空间：劳动教育实训室或智慧教室。

第三步：实施方案

（1）了解间谍活动的危害。

（2）了解间谍行为的表现。

（3）搜集间谍犯罪案例。

（4）制作宣讲手册、视频。

（5）了解《反间谍法》。

劳动示范：

（1）登录百度，搜索"国家安全宣传｜一组动漫带你了解《反间谍法》"。

（2）播放典型案例：登录百度，搜索"长期受境外资助　搜集提供我国敏感数据"。

（3）登录百度，搜索"这是犯罪！间谍居然这样窃取秘密！"

（4）登录哔哩哔哩，搜索"宣传海报制作"。

第四步：任务执行

教师（课内讲解，课外示范）：

（1）带领学生学习《反间谍法》。

（2）讲解《刑法》间谍犯罪。

（3）演示如何进行国家安全教育。

（4）讲解宣讲过程中可能遇到的困难及应对策略。

学生（课外劳动实践）：

（1）制定国家安全教育宣讲方案。

（2）制作《反间谍法》及警示案例宣传海报。

（3）学生分组，一般每组3人；对接社区业主和物业管理部门。

（4）在校园或社区，发放《反间谍活动手册》。

（5）选择合适的场地、器材播放警示案例

（6）讲解间谍活动的危害及防范间谍活动的重要意义。

（7）撰写劳动实践报告。

第五步：检查控制

（1）宣讲方案的制定是否合理？

国家安全教育方案的制定要明确以下要点：明确行动目的及指导思想；成立行动小组并细化分工，能发挥出每个人的专长还能相互协作；细化宣讲步骤，时间、地点、方式的选择要合适，制定应对突发事件的预案。

（2）宣讲材料的制作是否到位？

宣讲视频的选择要合适，具有一定的生动性及代入性，能吸引观众的观看兴趣。能够掌握剪辑技术，对视频进行合理剪辑。提前准备好播放设备。宣传画册的制作设计要醒目，并及时完成印制。

（3）能否以合适的方式进行安全教育的宣讲？

在进行宣讲时要强调以下几点：间谍活动危害很严重、安全对发展很重要、网络间谍活动不容忽视、间谍活动防范人人有责、维护国家安全是法律义务。在进行宣讲时要注意场景，要有礼貌，要能够引起居民的关注和重视。还要注意方式、方法，要能够引起同学或大众的兴趣，吸引大家对国家安全问题的关注，积极主动参与国家安全的维护。

第六步：评价反馈

（1）劳动成果：

成果一：以小组为单位上交国家安全教育宣讲方案。

成果二：以小组为单位上交劳动实践报告。

（2）成果评价（见表9-8）：

表9-8 成 果 评 价

评 价 项 目	自我评价	
	是	否
1. 理解防范间谍活动的重要意义		
2. 具备《反间谍法》理论知识		
3. 会制定国家安全教育宣讲方案		
4. 会制作国家安全教育宣传资料，提高必备的劳动能力		
5. 能够完成宣传活动总结，养成良好的劳动品质		

（3）劳动反思：

是否掌握了《反间谍法》的基本法律规定？

是否了解了间谍活动的表现及活动特点？

是否掌握了国家安全教育的宣讲方式？

能否有效应对在宣讲过程中可能遇到的突发问题？

能否对宣讲活动的经验、教训进行总结？

五、劳动实践拓展

（1）学习《反间谍法》的相关理论知识，了解间谍行为表现及危害。

（2）做好国家安全教育的活动方案。

（3）归纳、总结，完成活动总结报告。

※课内检查与思考

1. 如何正确理解总体国家安全观？

_____

_____

2. 如何提升自身防范间谍行为的意识和能力？

_____

_____

3. 如何帮助国民有效提升防范间谍行为的意识？

_____

_____

项目九   血氧饱和度检测服务

一、项目要求

课时：4 课时（校内 1 课时，校外 3 课时）。

实践目标：

1. 知识目标：了解血氧饱和度及其监测原理。

2. 技能目标：掌握公益劳动宣传手册的制定方法，宣传人体血氧饱和度的重要意义；普及快速检测人体血氧饱和度的方法。

3. 价值目标：提高公众身体健康意识和健康防护措施。

重点：以合适的方式进行人体血氧饱和度检测，强化劳动观念。

难点：掌握提高人体血氧饱和度的多种方法，树立尊重劳动、尊重普通劳动者的观念，理解劳动创造美好生活的道理。

二、实践准备

（一）微课先看

1. 血氧饱和度对身体的重要性

登录好看视频，搜索"血氧饱和度对我们的身体有多重要"。

2. 血氧饱和度为什么很重要

登录好看视频，搜索"关键的生命指标——血氧饱和度，为何如此重要？"。

3. 血氧饱和度和判断重症的关系

登录好看视频，搜索"血氧饱和度是判断重症的重要依据"。

4. 了解缺氧的危害

登录"www.bilibili.com"，搜索"缺氧的危害"，观看视频并做好学习记录。

5. 了解血氧饱和度有关知识

登录"www.bilibili.com"，搜索"关于血氧饱和度你必须了解这些数字""关于血氧饱和度，你知道多少"，观看视频并做好学习记录。

6. 学习使用血氧仪

登录"www.bilibili.com"，搜索"血氧仪使用指导"，观看视频并做好学习记录。

7. 学习制作宣传海报

登录"www.bilibili.com"，搜索"宣传海报制作"，观看视频并做好学习记录。

（二）价值意义

认识对打鼾人群、脑力工作者、老年人、新冠感染者等的血氧监测的意义。树立关注自身健康、关爱老年人及家庭健康的意识。在整个劳动中感受劳动与专业知识相结合的特殊美感，体会劳动精神和劳动价值观的根本意旨。

（三）劳动提示

你了解缺氧的危害吗？

你会快速检测人体血氧饱和度吗？

你具有对自身或家人进行血氧饱和度监测的强烈意识吗？

三、知识准备

1. 血氧饱和度

血氧饱和度（Oxygen Saturation，SaO_2）是血红蛋白（Hb）与氧结合的程度，即氧和血红蛋白的结合占总血红蛋白的百分比，或血液中血红蛋白与氧的结合率。正常值为95%~98%。在94%以下为供氧不足。

血氧饱和度是反映呼吸循环功能的一个重要生理参数，血氧饱和度的监测临床应用非常普遍。它无创、迅速且能连续动态地观察机体的氧合情况，及早发现早期低氧血症，为临床抢救及护理提供依据

2. 血氧饱和度监测

许多临床疾病会造成氧供给的缺乏，这将直接影响细胞的正常新陈代谢，严重的还会威胁人的生命，因此动脉血氧浓度的实时监测在临床救护中非常重要。

传统的血氧饱和度测量方法是先进行人体采血，再利用血气分析仪进行电化学分析，测出血氧分压计算出血氧饱和度。这种方法比较麻烦，且不能进行连续的

监测。

　　采用指套式光电传感器，测量时，只需将传感器套在人手指上，利用手指作为盛装血红蛋白的透明容器，使用波长 660 nm 的红光和 940 nm 的近红外光作为射入光源，测定通过组织床的光传导强度，来计算血红蛋白浓度及血氧饱和度，仪器即可显示人体血氧饱和度，为临床提供了一种连续无损伤血氧测量仪器。

　　3. 光学无创血氧检测原理

　　光学无创伤的血氧饱和度测量原理是基于朗伯-比尔定律。根据该定律，人体组织（手指、皮肤、血液、脚趾、肌肉、耳垂等）在某一波长处的吸光强度正比于介质自身的浓度。

　　当用一定波长的光照射到人体皮肤时，入射光被组织吸收掉一些，有些透过组织，还有一部分经组织反射出去。如果用光电三极管接收经组织透射（或反射）的光强，可以发现所得到的电信号是带有一定直流分量的呈脉搏波形的交流分量。经研究与实验发现，直流分量的产生是由于皮肤、静脉、肌肉等非脉动组织对光的吸收，而呈脉搏波形的脉动信号是由于光强度变化引起，其根本原因是血液充盈动脉造成光吸收强度的变化。血氧饱和度等于这个脉动交流量与直流量的相关关系计算得来。

　　无创式 SpO_2 测量方法是根据氧合、还原血红蛋白对红外光和红光的两种波长的光具有不同的吸收光谱特性而得来。在波长为 600 ~ 700 nm 区域与波长为 800 ~ 1 000 nm 区域时，血红蛋白中 HbO_2、Hb 两种光的吸收量差别较大，满足血样检测的要求，因此近红外双波长透射式检测法是目前使用较多的监测方法。另外，在实际的血氧测量中，一般选波长为 660 nm 的红光与波长为 940 nm 的红外光作为血氧饱和度的两路检测光，以求得更为准确的测量结果。再结合医学实验和研究的血氧的经验公式：

$$SpO_2 = A + B \times R$$

式中，A、B 为常量，$R = \dfrac{（红光交流量/红光直流量）}{（红外光交流量/红外光直流量）}$，便可得到所求的结果。

四、"一体化任务式" 劳动实践

第一步：任务描述

　　深入学校教师办公室、街区（社区或乡村），通过宣传血氧饱和度对人体的重要作用，提高人们的健康意识。通过血氧仪对不同人进行测量，及时掌握和了解被测人员的血氧饱和度状况。

第二步：任务分析

　　任务类型：视班级规模和辅导需要，建议 3~5 人一组，协同完成相关任务。

　　工具设备：互联网、电脑、指甲式血氧检测仪（可自制）。

原辅材料：纸、笔等。

人员配备：劳动实践教学老师。

场地空间：劳动教育实训室或智慧教室。

第三步：实施方案

（1）了解缺氧对人体可能产生的危害。

（2）了解人群缺氧的主要原因。

（3）了解快速检测人体血氧饱和度的方法。

（4）了解使用不同类型的人体血氧饱和度检测装置。

（5）了解如何提升自我的身体含氧量，改善人体血氧饱和度含量到正常水平。

第四步：任务执行

教师（课内讲解，课外示范）：

（1）带领学生观看血氧仪拆解视频。

（2）讲解各类指尖血氧仪的产品参数、产品特点、使用办法。

（3）演示指尖血氧仪的使用方法。

（4）演示如何接近街道社区居民，发放《缺氧症防治宣传册》。

（5）演示如何宣传预防缺氧或沉默型缺氧。

学生（课外劳动实践）：

（1）制作《缺氧症防治宣传册》。

（2）学生分组，一般每组 3~5 人；对接社区业主和物业。

（3）走进社区、接近居民，发放《缺氧症防治宣传册》。

（4）运用指尖血氧仪，检测居民血氧饱和度。

（5）讲解新冠康复后的沉默型缺氧及常规缺氧症的危害。

（6）讲解预防缺氧和治疗缺氧的主要措施。

（7）撰写劳动实践报告。

第五步：检查控制

（1）是否了解指尖脉搏血氧仪？

脉搏血氧仪（如康泰 CMS50D 或类似品牌）能够通过手指无创监测到人的血氧饱和度和脉搏。此产品适用于家庭、医院、氧吧、社区医疗及运动保健（可在运动前后使用，不建议运动过程中使用）等范围。产品通过依次驱动一个红光 LED（660 nm）和一个红外光 LED（910 nm），在血氧测量时，还原血红蛋白和氧合血红蛋白。通过检测两种物质对不同波长的光吸收的区别，所测出来的数据差就是测量血氧饱和度最基本的数据。

（2）是否会制作缺氧症防治宣传策划案？

缺氧症防治宣传策划案的制作包括以下工作要点：明确指导思想；成立领导小组；确立目标；细化步骤：时间、地点、分工、注意事项等。

（3）能否以合适的方式进行缺氧症防治的宣传？

缺氧症防治宣传要强调以下几点：缺氧症对人体危害大，容易被人忽略，不易发现。在进行宣传时要注意场景，要有礼貌，要能够引起居民的关注和重视。

第六步：评价反馈

（1）劳动成果。

成果一：以小组为单位上交《缺氧症防治宣传册》样稿。

成果二：以小组为单位上交劳动实践报告。

（2）成果评价（见表9-9）：

表 9-9 成 果 评 价

评 价 项 目	自我评价	
	是	否
1. 理解缺氧症防治宣传的重要意义		
2. 具备血氧饱和度理论知识		
3. 会使用指尖血氧仪		
4. 会制作缺氧症防治宣传资料		
5. 能够完成缺氧症防治宣传活动总结		
6. 真切体会亲身参与劳动的幸福感和成就感		
7. 真切体会普通劳动者对美好生活的巨大贡献		

五、劳动实践拓展

（1）学习缺氧症相关理论知识，为缺氧症防治宣传奠定基础。

（2）做好缺氧症防治宣传的策划案。

（3）归纳、总结，完成活动总结报告。

※课内检查与思考

1. 你是否具备缺氧症防治宣传的理论知识？

_____

2. 你是否掌握缺氧症防治的宣传方式？

_____

3. 你能否有效防范劳动实践中的突发问题？

_____

4. 你能否对缺氧症防治活动的经验、教训进行总结？

_____

_____

5. 你是否更加热爱劳动、尊重普通劳动者，促进自身养成良好的生活和劳动习惯？

_____

_____

项目十　图书修补服务

一、项目要求

课时：4 课时（校内）。

实践目标：

1. 知识目标：通过模仿、咨询、浏览网页等渠道，掌握破旧图书修补的相关知识。

2. 技能目标：掌握破旧图书修补的技能，具有必备的劳动能力。

3. 价值目标：深度理解并识记图书修补概念，树立正确的劳动观念。

重点：深度理解并识记图书修补概念，树立正确的劳动观念；通过模仿、咨询、浏览网页等渠道，提升解决问题的能力，养成良好的劳动习惯和品质。

难点：能够对破旧图书进行修补；通过图书修补实践，培养良好劳动习惯。

二、实践准备

（一）微课先看

（1）登录"www.bilibili.com"，搜索"修复封面书脊受损的旧书视频"，观看"修复一个封面书脊受损的旧书"的视频。

（2）登录"www.bilibili.com"，搜索"修复硬皮封面断裂脱落的精装书"，观看"修复硬皮封面断裂脱落的精装书"的视频。

（二）价值意义

（1）强化学生的劳动观念，弘扬劳动精神。本实践活动将图书修补的劳动观念和劳动精神教育贯穿人才培养的全过程，注重让大学生在学习和掌握基本劳动知识技能的过程中，领悟劳动的意义价值，形成勤俭、奋斗、创新、奉献的劳动精神。

（2）强调身心参与，注重手脑并用，倡导大学生和教师一起修补图书。把握劳动教育的根本特征，让学生面对真实的个人生活、生产和社会性服务任务情境，亲历实际的劳动过程，善于观察思考，注重运用所学知识解决实际问题，提高劳动质量和效率。

（3）发挥主体作用，激发创新创造。关注学生劳动过程中的体验和感悟，引导学生感受劳动的艰辛和收获的快乐，增强获得感、成就感、荣誉感。鼓励学生在学习和借鉴他人丰富经验的基础上，尝试新方法，探索新的修补技术和技能，打破僵化思维方式，推陈出新。

（三）劳动提示

你掌握图书修补技能吗？
你具备高效修补图书的习惯和品质吗？
你掌握图书修补方法和基本技能了吗？

三、知识准备

（一）基本概念

（1）图书馆：是搜集、整理、收藏图书资料以供人阅览、参考的机构，图书馆有保存人类文化遗产、开发信息资源、参与社会教育等职能。

（2）纸质文献：以纸张为载体，用书写或印刷等方式记录知识的文献。纸质文献按纸的种类大致可分为麻纸文献、皮纸文献、竹纸文献等。

（3）修补：是对物品进行一定的修复和补充，使其恢复原样的实践活动。

（二）精品微课

登录"www.bilibili.com"，输入"图书修补""图书保存"等相关检索词，学习相关知识、技能。

（三）劳动提示

（1）在修补图书时，最重要的安全措施是什么？为什么？

（2）在选择修补材料时，需要考虑哪些因素？选择适当的材料有多重要？

（3）在进行修补工作时，如何避免进一步损坏原始页面？保护原始页面的重要性是什么？

（4）修补的一致性对修补后的书籍外观和质量有多大的影响？如何确保修补的一致性？

（5）在进行修补工作之前，进行试验和改进有什么好处？如何进行试验和改进？

　　（6）记录修补的过程和方法有什么好处？这些记录可以用来做什么？

四、"一体化任务式"劳动实践

第一步：任务描述

对一本老旧的图书进行修补，使其能够焕发出新的生命力。

第二步：任务分析

任务类型：2 人一组。

工具设备：剪刀、尺子、修补胶水、修补纸、修补布、修补胶带、橡皮擦、清洁剂等。

原辅材料：补纸和布需要选用质量较好的材料，以保证修补效果和耐久性。

人员配备：劳动实践教学老师。

场地空间：劳动教育实训室。

第三步：实施方案

（1）将图书放置在工作台上，将每一页翻阅一遍，记录下各种损伤和瑕疵。

（2）根据图书的情况，选择相应的修补方法和材料，进行修补。例如，对于裂口和撕裂处，可以用修补纸和胶水进行修补；对于磨损处，可以用修补布和胶带进行修补；对于污渍处，可以用橡皮擦和清洁剂进行清洗。

（3）在进行修补时，要小心谨慎，不要用力过猛或用工具损伤图书，以免造成二次损伤。

（4）修补完成后，要对图书进行全面检查，确保修补效果达到预期，不影响阅读体验。

（5）将修补好的图书放回原位，清理工作台和工具，保持现场整洁。

第四步：任务执行

教师：

（1）确定修补的图书和修补方式，并向学生介绍和讲解修补的方法。

（2）确认修补的场地和所需工具、材料，进行准备工作。

（3）对学生进行安全提示和工具的使用说明，确保学生能够安全地进行修补工作。

（4）监督学生的修补过程，及时指导和纠正错误操作。

（5）对学生修补完成的图书进行检查，确保修补效果符合要求。

学生：

（1）接受教师的介绍和讲解，了解修补的必要性和方法。

（2）在教师的指导下，认真查看图书的损伤情况，准备所需工具和材料。

（3）在教师的安全提示和使用说明下，仔细进行修补工作

（4）在修补过程中，及时向教师汇报和寻求帮助，确保修补效果和安全性。

（5）在完成修补后，将图书交给教师进行检查，确认修补效果符合要求。

第五步：检查控制

（1）对修补完成的图书进行初步检查，包括检查修补部位是否平整、修补材料是否牢固、修补处是否与周围部位颜色相符等。

（2）对修补完成的图书进行细致检查，使用放大镜等工具对修补处进行仔细检查，确保修补效果符合要求。

（3）对修补部位进行强度测试，使用相关工具进行拉力测试、剪力测试等，确保修补部位强度达到要求。

（4）对修补图书进行阅读测试，确保修补部位不影响阅读体验，且修补处与周围部位颜色相符。

第六步：评价反馈

（1）劳动成果：按既定流程修补图书；以小组为单位上交劳动实践报告。

（2）成果评价（见表9-10）：

表9-10　成果评价

评 价 项 目	自我评价	
	是	否
1. 修补部位是否平整		
2. 修补材料是否牢固		
3. 修补处是否与周围部位颜色相符		
4. 修补部位强度是否达到要求		
5. 修补部位是否影响阅读体验		
6. 延长了图书的使用寿命		
7. 提高了对学习的热情和动手能力，进一步培养了劳动能力和创新精神		
8. 节约资源、保护环境，养成了良好的劳动习惯		

五、劳动实践拓展

（1）除了修补图书，积极尝试修补学校图书馆的其他纸质文献。

（2）除了修补图书，积极尝试修补其他生产生活设备、工具。

※课内检查与思考

1. 在修补前仔细检查图书的损伤情况，对修补部位进行分析和评估。

_____

_____

2. 本实践活动对于自觉主动修补生产生活设备设施、工具的技能提升有哪些帮助？

_____

_____

3. 本实践活动对于劳动品格的养成，可能有哪些影响？

_____

_____

第十章 创新劳动

尊重劳动、尊重知识、尊重人才、尊重创造，遵循科学发展规律，推动科技创新成果不断涌现，并转化为现实生产力。

——习近平

实践目标

1. 了解创造性劳动的概念和基本内容。

2. 培养创新思想，提高创造性劳动能力。

3. 养成重视新知识、新技术、新工艺、新方法的应用，创造性地解决实际问题的习惯。

项目一　文创产品概念设计

一、项目要求

课时：4 课时。

实践目标：

1. 知识目标：了解国情民情，传播地域文旅品牌，强化服务地方发展的意识。

2. 技能目标：将地域红色文化与文创产品概念开发结合起来，保护、传承与开发地域红色文化。

3. 价值目标：提高创意能力与创新劳动技能。

重点：挖掘地域红色文化的语义，并将其嫁接到文创产品开发。

难点：通过劳动实践接受革命教育，提高创意能力与创新技能。

二、实践准备

（一）微课先看

1. 学习如何做好文创产品开发

登录好看视频，搜索"如何做好文创产品开发"，观看"如何做好文创产品开发"的视频。

2. 学习如何开发文创产品

登录好看视频，搜索"如何开发文创产品"，观看"7 个步骤，教你成功开发新产品"的视频。

3. 学习如何宣传"红色文化"的文创产品

登录好看视频，搜索"如何传承红色文化"，观看"传承红色革命精神，开发红色文化资源"的视频。

（二）价值意义

了解国情民情，接受革命教育，传承地域红色文化，培育积极的劳动精神。

丰富地域红色文化的传承载体，传播地域文旅品牌。

服务地方发展，提高创意能力与创新技能，养成良好的劳动习惯和品质。

（三）劳动提示

你了解新产品开发的整体流程吗？

你了解地域红色文化资源吗，能否将其嫁接到文创产品开发？

你掌握产品概念开发的关键吗?

三、知识准备

（1）红色文化是在革命战争年代，由中国共产党人、先进分子和人民群众共同创造并极具中国特色的先进文化，蕴含着丰富的革命精神和厚重的历史文化内涵。

（2）文创产品是指文化创意产品，是依靠创意人的智慧、技能和天赋，借助现代科技手段对文化资源、文化用品进行创造与提升，通过知识产权的开发和运用，产出的高附加值产品。

（3）文创产品特征：一是不确定性。文创产品是一种经验商品，它在最终买家还未实际消费之前不可能被准确评价，大量沉没成本造成了回报的高度不确定性。二是无限多样性。市场上充斥着数量众多的相似却不完全相同的产品。三是成本高。技术进步和资本积累带来的经济发展对不同类型的生产过程产生了极为不同的影响，个体生产的增长速度远远跟不上工业化生产，相对价格效应导致那些具有"手工艺属性"的产品或艺术形式更加昂贵。

（4）产品概念是以用户需求为导向，对设计目标进行结构化，基本、全面的构想，蕴含着未来一段时期内设计目标的基本方向和主要内容。产品概念具有创造性的特征，其最终目的是让概念变成现实，满足人们的日常需求。

（5）产品概念在新产品开发中的地位：产品概念是对产品的技术、工作机理和形式的大致描述，能简要地说明该产品如何满足顾客需求；产品概念通常采用草图、三维模型表示并附带简要的文字描述。

四、"一体化任务式"劳动实践

第一步：任务描述

聚焦地域某一红色文化，将革命文化与地方文旅资源相融合，在文化创意企业协同支撑下，开展文创产品概念设计的创造性劳动实践，实现传承红色文化、传播文旅品牌、服务社会企业的目的。

第二步：任务分析

任务类型：视班级规模和辅导需要，建议 2~3 人一组，在地方文化传播、旅游服务公司协同下完成文创产品的概念设计开发。

工具设备：互联网、电脑。

原辅材料：白板、笔、纸等。

人员配备：高校劳动实践教学教师、红色旅游景点讲解员、企业文创产品设计开发人员。

场地空间：地方红色文化展示场馆；企业文创产品设计与展示场地。

第三步：实施方案

劳动提示：

（1）你了解文创产品开发概念设计的关键吗？

（2）所在地域有哪些红色文化资源？

（3）如何提取地域红色文化的语义？

（4）如何探寻地域文创产品开发的市场空间？

（5）如何将地域红色文化嫁接到文创产品开发中？

劳动示范：

（1）地域红色文化场馆讲解员进行解说，介绍革命故事和文化精神。

（2）公司文创产品开发人员、营销人员介绍文创产品开发过程。

第四步：任务执行

教师（红色文化场馆负责人、公司文创产品开发人员）：

（1）讲解地域红色文化。

（2）提炼地域红色文化特殊语义。

（3）介绍文创产品开发过程。

学生（以小组为单位）：

（1）课前复习和巩固文创产品开发概念设计的基础知识。

（2）学生分组，一般每组3人；事先研讨可能的文创产品创意方向。

（3）准备好问题，开展与公司文创产品开发人员的高效沟通。

（4）进行小组集体创意，剖析文创产品的内容层、变现层、延伸层和支撑层。

（5）设计文创产品概念，说明产品创意、展示形式、市场前景。

（6）对产品概念进行综合评估，撰写劳动教育实践报告。

第五步：检查控制

（1）学生是否事前学习和掌握文创产品开发概念设计的相关知识？

产品概念的质量在很大程度上决定了该产品是否满足顾客需求并实现商业化。概念生成从确定顾客需求、建立目标规格开始，到最后形成一系列的产品概念供开发团队做出最后的选择。

（2）学生是否事前收集整理地域红色文化旅游资源？

地域有哪些红色文化旅游资源？哪些是物质文化和非物质文化？目前已经有哪些相应的文创产品？

第六步：评价反馈

（1）劳动成果：文创产品概念的草图；文创产品概念的文字说明；以小组为单位上交劳动实践报告。

（2）成果评价（见表10-1）：

表 10 - 1　成 果 评 价

评 价 项 目	自我评价	
	是	否
1. 真切感受地域红色文化的强大精神力量		
2. 能够提炼地方优秀文化资源的语义		
3. 能够开展文创产品的概念性设计分析		
4. 愿意运用创新技术，为企业开发文化创意产品		
5. 增进了服务地方社会经济发展的意愿，培育了积极的劳动精神		
6. 通过劳动实践接受革命教育，提高了创意能力与创新技能		

五、劳动实践拓展

（1）以创造性劳动实践为基础，后期制作文创产品概念的三维模型，与企业进一步研讨可能的商业和文化价值。

（2）结合学科专业，探索新媒体时代下"红色文化"的创新性传承与发展。

※课内检查与思考

1. 你是否掌握了本地域红色文化挖掘、保护、传播的新路径？

_____

_____

2. 你是否能够把本地域红色文化应用于文创产品开发？

_____

_____

3. 你是否在创造性劳动实践中感受到红色文化的精神力量？

_____

_____

项目二　劳动主题微视频创作

一、项目要求

课时：4 课时。

实践目标：

1. 知识目标：了解摄像种类、画面构图、色彩和拍摄流程等方面的相关知识。

2. 技能目标：掌握基本的摄像、微视频制作能力，提升观察能力和独立思考能力。

3. 价值目标：培育积极的劳动精神，提高创意能力与创新劳动技能。

重点：学习微视频的创作方法，提高微视频的审美水平。

难点：树立正确的劳动观念，通过微视频创作讴歌身边的劳动者，培养尊重劳动的观念。

二、实践准备

（一）微课先看

1. 学习短视频制作方法

登录"www.bilibili.com"，搜索"短视频制作方法"，观看"从自媒体运营公司买来的，超详细短视频制作教程"的视频。

2. 学习如何制作爆款短视频

登录"www.bilibili.com"，搜索"如何制作爆款短视频"，观看"10分钟学会制作爆款抖音短视频（分镜脚本+拍摄技巧+视听语言+特效合成）"的视频。

3. 学习如何混剪短视频

登录"www.bilibili.com"，搜索"如何混剪短视频"，观看"抖音混剪教程、混剪短视频的制作方法——高燃混剪制作短视频剪辑"的视频。

（二）价值意义

通过微视频的制作学习，掌握相关知识和基本技能。

认识劳动创造价值、创造财富、创造美好生活的道理。

理解执着专注、精益求精、一丝不苟、追求卓越"工匠精神"的基本内涵，养成良好的劳动习惯和品质。

（三）劳动提示

你了解"工匠精神"的基本内涵吗？

你掌握微视频制作的相关知识和基本技能吗？

你愿意通过微视频去表达对劳动者的尊重吗？

三、知识准备

（1）微视频是指在各种新媒体平台上播放的、适合在移动状态和短时休闲状态下观看的、高频推送的视频内容，时长从几秒到几分钟、十几分钟不等，涉及技能分享、幽默搞怪、时尚潮流、社会热点、街头采访、公益教育、广告创意、商业定制等主题。由于内容较短，微视频可以单独成篇，也可以成为系列栏目。

（2）微视频的特点：短小精悍，内容有趣；制作简单，成本低廉；传播速度快，交互性强；信息接受度高。

（3）微视频的分类：短纪录片型、热点 IP 型、情景短剧型、技能分享型、创意剪辑型、随手分享型、精彩片段型。

（4）微视频制作流程：首先是拍摄前准备，包括确定主题和撰写脚本，其中脚本包括拟大纲、建框架；定主线、找支撑；场景设计；时长设计；主题升华。其次是微视频拍摄，拍视频最简单的工具是手机和三脚架，追求视频效果可以用单反相机；用手机拍摄要选择高清模式，需要用到三脚架稳定镜头。最后是微视频后期处理，用计算机操作，新手可以使用快剪辑，也可以使用相对专业一些的 Pr 软件来剪辑。手机剪辑的话，可以使用快剪辑、剪映；安卓系统可以用巧影，IOS 系统可以选择 Video leap。

四、"一体化任务式"劳动实践

第一步：任务描述

寻找你身边的劳动楷模（可以是企业工匠、专家教授，也可以是党政基层干部、非遗文化传承人等），以"劳动最光荣，劳动最崇高，劳动最伟大，劳动最美丽"为主题，创作微视频作品，以此反映劳动者形象、劳动事迹或劳动场景。

第二步：任务分析

任务类型：视班级规模和辅导需要，建议 2~3 人一组，合作完成。

工具设备：相机或者手机、Pr（Adobe Premiere）、AE（Adobe After Effects）、PS（Adobe Photoshop）等不同软件（可根据不同的摄像种类合理选择），如果有摄像机、三脚架、反光板、补光灯、云台等更佳。

原辅材料：白板、笔、纸等。

人员配备：教师（或摄影、数字媒体等相关专业同学）。

场地空间：不限。

第三步：实施方案

劳动提示：

（1）提前与拍摄项目负责人沟通好时间。

（2）准备好相关拍摄微视频器材。

（3）选择好光线和环境。

（4）提前做好脚本。

（5）拍摄、后期剪辑、发布。

劳动示范：登录"www.bilibili.com"，搜索"非遗技艺扎染人物采访""关于非遗文化的小采访"，认真观看相关视频。

第四步：任务执行

教师（以非遗文化传承人为例进行讲解）：

（1）非遗技艺扎染。

（2）非遗文化传承人蕴含的工匠精神。

（3）采访非遗文化传承人的注意事项。

学生（以小组为单位）：

（1）课前复习和巩固微视频创作的基础知识和基本技能。

（2）寻找和联系身边的劳动楷模。

（3）设计采访计划和微视频主题，并撰写脚本。

（4）准备摄像所需工具，进行作品拍摄。

（5）运用视频剪辑软件进行剪辑加工，生成成片。

（6）向他人展示成品，介绍作品想要表达的主题、思想等，听取他人意见。

第五步：检查控制

（1）微视频意识形态审核。增强政治意识、责任意识、阵地意识和底线意识，微视频内容真实可信，为小组原创作品。

（2）器材安全。确保相机不离手或者不离开视线，或者为相机穿好肩带或背带，将其挂在肩上或者穿过手腕，避免遗失。拍摄时，要紧握相机，建议为相机穿好肩带或者背带，使用时先将相机挂在肩上或者穿过手腕，避免失手摔坏。镜头装上机身时，要确认安装到位，避免镜头松脱摔坏。将三脚架稳固到位，放置在平整的地面，以免三脚架摔倒而损坏相机。

（3）人身安全。在选择拍摄场景时，应避开危险地带。在选择拍摄时间时，应注意查看天气情况，避免在极端天气外出拍摄。拍摄时应留心脚下是否平整开阔，避免扭伤或者踏空跌倒。

第六步：评价反馈

（1）劳动成果：上传自己的短视频作品，分享劳动的喜悦；以小组为单位上交劳动实践报告。

（2）成果评价（见表10-2）：

表10-2 成 果 评 价

评 价 项 目	自我评价	
	是	否
1. 微视频存在意识形态问题		
2. 微视频整体风格是否统一		
3. 微视频的后期剪辑是否有艺术性		
4. 提高了微视频的制作技能		

评　价　项　目	自我评价	
	是	否
5. 提高了创新创意能力，养成了良好的劳动习惯和品质		
6. 感受到工匠精神的强大力量，培育了积极的劳动精神		

五、劳动实践拓展

（1）结合自己所学的专业，采访一位行业专家，制作一个有知识传递性的微视频。

（2）自己尝试进行视频剪辑和视频网络上传。

※课内检查与思考

1. 在微视频制作过程中，你是否遇到了拍摄的问题？是怎么解决的？

_____

_____

2. 怎样能够坚持不断地创作有意义的微视频？

_____

_____

3. 如何通过微视频创作进一步培育劳动情感？

_____

_____

项目三　创业计划书撰写

一、项目要求

课时：4 课时。

实践目标：

1. 知识目标：初步掌握创业计划书撰写的规范要求。

2. 技术目标：激发学生尝试新方法、探索新技能，提高创造性劳动能力。

3. 价值目标：树立正确的创业观。

重点：掌握创业计划书撰写的基本规范。

难点：学会把握创业机会、评估创业风险的方法，养成良好的劳动习惯和品质。

二、实践准备

（一）微课先看

1. 了解"什么样的人适合创业"

登录百度视频，搜索"什么样的人适合创业"，观看"什么样的人适合创业？成功的创业者需要具备哪些特质"视频。

2. 学会规避创业风险

登录百度视频，搜索"如何规避创业风险"，观看"创业风险？学会规避创业风险"视频。

3. 了解"创业前如何评估市场是否适合进入"

登录百度视频，搜索"创业前如何评估市场是否适合进入"，观看"创业修炼：创业前如何评估市场是否适合进入"视频。

4. 学习"创业最常见的十种商业模式"

登录百度视频，搜索"创业最常见的十种商业模式"，观看"创业最常见的十种商业模式"视频。

5. 学习如何撰写创业计划书

登录百度视频，搜索"如何撰写创业计划书"，观看"完整创业计划书撰写范例：个人网店创业计划书"视频。

（二）价值意义

认识创业者必需的创新精神和创造能力，树立正确的劳动观念。

培育积极的劳动精神，弘扬开拓创新、砥砺奋进的时代精神。

提高适应科技发展和产业变革的能力，养成良好的劳动习惯和品质。

（三）劳动提示

你了解创业活动的基本要素吗？

你了解创业计划书的构成和基本格式吗？

你掌握创业计划书撰写的基本规范吗？

三、知识准备

（1）创业。广义的创业是创造新的基业、事业，泛指人类具有开拓意义的社会变革行为。狭义的创业是指以个人或团队的形式，运用外界资源和力量，开创性地寻求机遇，创立实业或企业并谋求发展的一种经济活动。

（2）创业资源是企业创立及成长过程中所需要的各种生产要素和支撑条件。可以把创业资源分为有形资源和无形资源两大类。有形资源主要包含金融资源、实物资源和组织资源三大类。无形资源主要包括人力资源、科技资源、品牌资源、市场资源、政策资源、信息资源六大类。

（3）创业机会识别的主要环节：一是商机的价值性分析——商业价值。二是商机的时效性分析——机会持续时间与市场成长性。三是机会要素的匹配性分析——商机、创意、资源、能力的匹配程度。四是机会的风险收益性分析。多数机会都伴随着风险。若该机会的风险收益达到创业者"满意"的程度，才值得创业者放心地启动创业。否则就得回到第一个环节，以寻找、发现更具有价值、更为恰当的创业机会。

（4）商业模式：商业模式以价值创造为核心，描述了企业如何创造价值、传递价值和获取价值的基本原理。商业模式就是一个新的企业能够赚钱的逻辑。

（5）创业计划书是整个创业运行活动的灵魂。一份完整的创业计划书主要包括以下内容：计划概况，产品或服务，组织与管理，市场与竞争分析，营销策略，生产经营计划，财务分析，风险与机遇，退出战略，附录。

四、"一体化任务式"劳动实践

第一步：任务描述

以售后说明书难以查阅为切入点，打造电子说明书售后管理平台（售后管家），为商家和终端消费者服务。消费者不仅可以在售后管家便捷地找到说明书使用信息，还能获取基于其个体及家庭特征的专属售后信息，并得到覆盖产品生命周期全程的售后服务内容（质保、维修保养、回收置换、闲置交易、配件耗材周边产品购买）。商家通过售后管家的服务，可以降低说明书印制成本、减轻客服压力、有效进行老客户二次开发。同时，在消费者阅读所有售后信息的同时，系统捕捉大量数据传递给制造企业，帮助企业优化供应链、改进产品设计、提升品控及发现消费者实时售后需求并主动提供服务。围绕以上创业项目概念，撰写创业计划书。

第二步：任务分析

任务类型：视班级规模和辅导需要，建议 2~3 人一组，协同完成创业计划书撰写。

工具设备：互联网、电脑。

原辅材料：白板、笔、纸等。

人员配备：劳动实践教学或创业教育教学老师。

场地空间：劳动教育实训室或智慧教室。

第三步：实施方案

劳动提示：

（1）把握创业项目的背景，特别是准确刻画制造商、消费者的痛点。

（2）开展产品价值分析，厘清带给制造商、消费者的价值。

（3）开展市场及竞争分析，明确市场前景、市场定位、适用对象、应用场景、竞争分析、用户吸引力分析等关键问题。

（4）商业模式分析，包括售后管理平台盈利模式、推广模式及下一步可能的模式优化方向。

（5）预判创业风险，包括潜在竞争者进入风险、相应的避险举措。

（6）团队组建，主要包括核心层、外围层人员构成。

（7）财务分析，已有资金、资金需求和融资渠道等。

劳动示范：

1. 了解制造商和消费者的痛点

登录"www.bilibili.com"，搜索"卖点与痛点案例"，观看"卖点与痛点案例"视频，梳理售后管理平台中制造商、消费者的痛点，如表 10-3 所示：

表 10-3　售后管理平台中制造商、消费者的痛点

制造商的痛点	消费者的痛点
1. 能不能收集到每位客户信息，进行有效的统计分析，为营销策略提供依据 2. 能否将客群进行有效细分，并精准推送服务信息 3. 能否收集每件产品的使用信息，并为产品改进提供依据 4. 在消费者出现服务需求时，如何让消费者与制造商彼此发现并快速链接？从被动等待变为主动发现 5. 另外，说明书的印制成本能否再低点？说明内容能否再丰富点	1. 没有妥善保存各类纸质说明书，或者忘了存放地点 2. 不愿意阅读传统的纸质说明书 3. 认为图片与视频是其更倾向的信息接受方式 4. 认为说明书里没有其需要获取的信息 5. 认为除大家电、3C 产品外，其他产品基本找不到满意的维修途径

2. 了解企业盈利模式

登录"www.bilibili.com"，搜索"企业盈利模式"，观看"企业盈利模式"视频，针对售后管理平台开展盈利模式分析，大致如下：

售后管理平台适应新技术发展和用户消费新需求，是一种全新的"绿书服务"模式，其盈利模式初步可设计如图 10-1 所示：

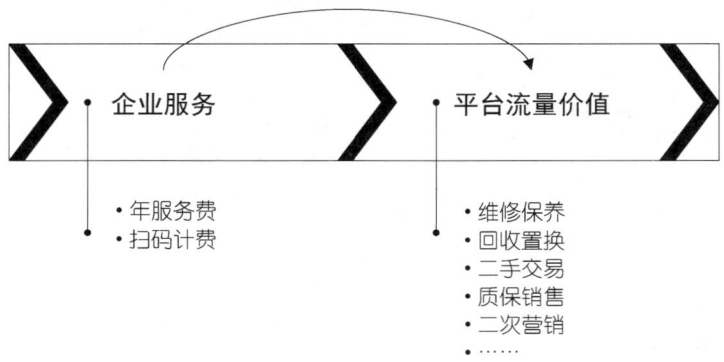

图 10-1　盈利模式初步设计

第四步：任务执行

教师：

（1）播放、讲解创业计划书的相关视频。

（2）结合售后管理平台，进一步阐述创业计划书撰写的规范。

学生：

（1）小组研讨。

（2）理解创业计划书撰写要点。

（3）分工分块撰写"售后管理平台"创业计划书。

第五步：检查控制

（1）是否掌握创业计划书必须包括的主要内容？

一份完整的创业计划书主要包括以下内容：计划概况，产品或服务，组织与管理，市场与竞争分析，营销策略，生产经营计划，财务分析，风险与机遇，退出战略，附录。

（2）是否深刻领会教学视频蕴含的创业计划书相关的知识和技能？

（3）是否深刻理解售后管理平台项目的内涵？

售后管理平台采用 S2B2C 的模式，帮助制造型企业更好地服务个人（家庭）消费者。帮助 B 端企业重构说明书内容，并对每件商品生成一份极具体验感的电子说明书，消费者扫码即读。

售后管理平台项目的内涵是专业高效地连接制造企业、消费者及外部服务机构的数据平台。

（4）能否画出售后管理平台项目的商业模式图？

商业模式图样本如图 10－2 所示。

主要合作伙伴： 制造型企业 行业协会 区域合作伙伴 投资机构	主要活动： 产品开发与管理 市场营销和客户获取 品牌产品说明书数据库建立 主要资源： 技术平台 平台两端用户 说明书数据库	价值命题： B 端企业： 扩展说明书内容 获取客户数据 获取产品使用数据 获取客户实时需求 C 端顾客： 扫码即读 多种形式阅读使用说明 目录索引、模糊查询 便捷获取制造商售后服务	客户关系： 客户支持 反馈系统（知识、数据） 行业解决方案 渠道： 小程序 公众号	用户细分： B 端企业： 面向个人和家庭的制造企业 前期以中小企业为主 C 端顾客： 完全覆盖模式
成本结构： 技术基础设施　　员工薪酬绩效 活动推出和营销支出　　说明书数据库建立		收入来源： 服务费（按年收费）　　C 端流量价值变现 扫码费（按次数收费）		

图 10－2　商业模式图样本

第六步：评价反馈

（1）劳动成果：以小组形式，递交"售后管理平台创业项目计划书"劳动实践报告。

（2）成果评价（见表10-4）：

表 10-4 成果评价

评价项目	自我评价	
	是	否
1. 体验从简单劳动向复杂劳动、创造性劳动的发展过程		
2. 理解售后管理平台创业项目的背景		
3. 理解售后管理平台创业项目的盈利模式		
4. 理顺售后管理平台创业项目的商业模式		
5. 提升了创造性解决实际问题的能力，培育了积极的劳动精神		
6. 学会了把握创业机会、评估创业风险的方法，养成了良好的劳动习惯和品质		

五、劳动实践拓展

（1）登录中国风险投资网，学习创业相关知识。

（2）继续完善"售后管理平台创业项目计划书"。

※课内检查与思考

1. 是否提高了你的创业意识？

2. 你是否掌握创业相关的必备知识？

3. 如何基于学科专业基础，提高创造性劳动能力？

项目四　建筑模型的创意制作

一、项目要求

课时：4 课时（校内 3 课时，校外 1 课时）。

实践目标：

1. 知识目标：树立建筑样式审美、功能分类、格局关系、构建质量等专业劳动意识。

2. 技能目标：锻炼基础建筑设计和动手制作技能，增强沟通和团队合作能力。

3. 价值目标：增强尊重劳动、尊重普通劳动者的意识，树立正确的劳动观念。

重点：了解基本建筑样式、功能分类、区域构建，通过模型图纸设计和具体制作，形成具有设计创意的建筑模型，具有必备的劳动能力。

难点：通过建筑模型的设计、制作，树立尊重劳动、尊重普通劳动者的观念，理解劳动创造美好生活的道理。

二、实践准备

（一）微课先看

（1）学习建筑的分类相关知识。

登录百度，搜索"建筑的分类"，观看"建筑的分类"视频。

（2）了解建筑模型制作过程

登录百度，搜索"建筑模型制作过程"，观看"建筑模型制作过程记录/萨伏伊别墅"视频。

（3）学习如何构造建筑模型。

登录"www.bilibili.com"，搜索"如何构造建筑模型"，观看"建筑模型全过程制作演示——建筑师指南（五）"视频。

（4）学习制作建筑的手工模型。

登录百度，搜索"如何制作建筑的手工模型"，观看"建筑手工模型制作：如何用纸板做出一个精致的小房子"视频。

（5）学习如何用雪糕棍制作房子模型。

登录百度，搜索"如何用雪糕棍制作房子模型"，观看"用雪糕棍制作房子模型"的视频。

（二）价值意义

认识基本建筑的样式、功能、用途分类，了解建筑外部格局和内部构造关系，形成初步的审美、功能、质量相结合的建筑设计理念，培育积极的劳动精神。

通过设计，选择合适的建材构建制作建筑模型，锻炼和提升发现、分析和解决问题的技能，养成良好的劳动习惯和品质。

在整个设计制作中感受劳动与专业知识相结合的特殊美感，体会劳动精神和劳动价值观的根本意旨。

（三）劳动提示

你了解基本建筑类型的分类吗？

你了解不同建筑的建筑构造和功能用途吗？

你的建筑审美理念是什么？

你的建筑功能、构造设计思路是什么？

你想通过什么建材原料完成你的模型制作？

三、知识准备

（1）建筑的概念：建筑是建筑物和构筑物的总称，是人们为了满足社会生活需要，利用所掌握的物质技术手段，并运用一定的科学规律，风水理念和美学法则创造的人工环境。

（2）基本建筑类型分类：根据不同的分类标准可以对建筑做不同的划分，通常按照建筑用途我们可以把建筑分为居住建筑如住宅、宿舍、公寓，公共建筑如办公楼、酒店、剧院，工业建筑如生产车间、仓储建筑，农业建筑如温室、农机修理站。

（3）建筑风格的分类：建筑风格按照建筑方式可以分为哥特式建筑风格、巴洛克建筑风格、洛可可建筑风格、木条式建筑风格、园林建筑风格、概念式建筑风格。

（4）建筑模型的概念：建筑模型是以特有的微缩手段，真实地表现出建筑的空间立体效果。

四、"一体化任务式"劳动实践

第一步：任务描述

了解建筑的基本特点和建筑风格，根据小组前期参观讨论收集成果，形成小组设计思路，设计建筑模型制作图纸（可以为简图、平面图、最终效果图），选择制作材质，共同完成建筑模型制作。

第二步：任务分析

任务类型：视班级规模和辅导需要，建议 5~6 人一组，协同完成建筑模型的设计和制作。

工具设备：互联网、电脑、手机。

原辅材料：白纸、制作素材（纸板、木条、纸盒、废旧塑料等）、钢尺、剪刀、胶水。

人员配备：劳动实践教学老师。

场地空间：劳动教育实训室（校内）；学生宿舍。

第三步：实施方案

（1）前期小组学生通过校外参观、线上浏览、集体讨论，形成建筑模型设计思路，包括该模型的外观审美理念、内部功能安排、建筑质量标准等内容。

（2）设计图纸：清晰展现建筑模型的外观样式，有内部结构说明和功能用途标注。

（3）制作方案：明确使用材料、所需工具、制作流程、人员分工、时间安排。

第四步：任务执行

教师（课内讲解，课外示范）：

（1）播放讲解建筑模型的相关知识和展示设计制作过程的视频。

（2）阐述整个建筑模型创意设计与制作方案的撰写规范与要求。

（3）讲解设计制作中的注意事项。

学生（课外劳动实践）：

（1）课前复习和巩固建筑类型、审美风格分类、设计图样和模型制作的相关专业基础知识。

（2）学生分组，一般每组 5~6 人；课前撰写建筑模型创意设计制作方案。

（3）课前准备好外围素材，基本形成设计思路。

（4）参照校内教师意见对设计思路、制作方案进行必要的修改。

（5）按照方案流程实际制作。

（6）固定和展示成果，撰写劳动教育实践报告。

第五步：检查控制

（1）学生是否提前预习和复习建筑类别、功能、审美风格等建筑基础知识？有没有在实践开始之前就已经完成外围的素材搜集，形成设计思路？

（2）是否有可供配套查阅的设计图纸和效果图？

（3）是否在方案中已经对下列事项进行了科学设计：确定模型类别；确定模型的基本功能用途；确定模型的建筑风格；确定使用材质；确定制作流程、时间和人员分工。

第六步：评价反馈

（1）劳动成果：设计图纸附设计理念的阐述，建筑模型成果。

（2）成果评价（见表 10－5）：

表 10-5　成 果 评 价

评 价 项 目	自我评价	
	是	否
1. 真切感受到土木工程专业的重要现实意义		
2. 形成更为坚定和强烈的专业爱好与专业兴趣		
3. 引发对未来专业走向的思考和形成初步定位规划		
4. 真切体会到亲身参与劳动的幸福感和成就感		
5. 真切体会到普通劳动者对美好生活的巨大贡献		
6. 增强了沟通和团队合作能力，养成了良好的劳动习惯和品质		

五、劳动实践拓展

（1）以本次实践为切入点，思考如何更好地学习专业知识。

（2）立足学科专业，探索专业理论和实践结合的优化方案。

※课内检查与思考

1. 你是否掌握了建筑图纸设计的基本思路？

_____

_____

2. 你是否掌握了模型所代表的建筑类型的基础知识？

_____

_____

3. 你是否更加热爱劳动、尊重普通劳动者，促进自身养成良好的生活和劳动习惯？

_____

_____

项目五　可回收物再利用创意设计

一、项目要求

课时：4 课时（校内 3 课时，校外 1 课时）。

实践目标：

1. 知识目标：了解垃圾分类的基本知识，树立正确的劳动观念，自觉执行垃圾分类。

2. 技能目标：具有创新精神，巧妙利用可回收物，养成良好的劳动习惯和品质。

3. 价值目标：理解环保意义，增强环保意识，培育积极的劳动精神。

重点：会垃圾分类，增强环保意识，具有必备的劳动能力。

难点：创新利用可回收物，设计出独特的产品，树立尊重劳动、尊重普通劳动者的观念，理解劳动创造美好生活的道理。

二、实践准备

（一）微课先看

（1）了解如何关爱地球。

登录"www.bilibili.com"，搜索"如何关爱地球"，观看"保护环境、关爱地球"视频。

（2）学习垃圾分类的常识。

登录 360 网站，搜索"垃圾分类的常识"，观看"一目了然，垃圾分类小常识"视频。

（3）学习可回收材料再利用的一般方法。

登录"www.bilibili.com"，搜索"可回收材料再利用"，了解可回收物相关创意再利用。

（二）价值意义

理解垃圾分类的重要意义，增强环保意识。

自觉参与垃圾分类，平日有积极的劳动精神，具有创新意识，能自主设计作品，具有必备的劳动能力。

在整个设计制作中感受劳动与专业知识相结合的特殊美感，体会劳动精神和劳动价值观的根本意旨。

（三）劳动提示

你会垃圾分类吗？

你知道为什么要垃圾分类吗？

你知道如何巧妙利用生活中的可回收物吗？

三、知识准备

（1）环境保护是指人类为解决现实的或潜在的环境问题，协调人类与环境的关系，保障经济、社会的持续发展而采取的各种行动的总称。环境保护方式包括：采取行政、法律、经济、科学技术、民间自发环保组织等，合理地利用自然资源，防止环境的污染和破坏，以求自然环境同人文环境、经济环境共同平衡可持续发展，扩大有用资源的再生产，保证社会的发展。

（2）垃圾分类（Garbage Classification），一般是指按一定规定或标准将垃圾分类储存、投放和搬运，从而转变成公共资源的一系列活动的总称。垃圾分类的目的是提高垃圾的资源价值和经济价值，减少垃圾处理量和处理设备的使用，降低处理成本，减少土地资源的消耗，具有社会、经济、生态等几方面的效益。

（3）废物利用是收集本来要废弃的材料，分解再制成新产品，或者收集用过的产品，清洁、处理之后再出售。回收再利用的支持者认为这么做可以减少垃圾的制造及原料的消耗。一般回收的材料包括玻璃、纸、铝、柏油、钢铁、打印机、碳粉匣、墨水匣等。

（4）创意设计是把再简单不过的东西或想法不断延伸的另一种表现方式，创意设计包括工业设计、建筑设计、包装设计、平面设计、服装设计、个人创意特区等内容。设计除了具备"初级设计"和"次设计"的因素，还需要融入"与众不同的设计理念——创意"。

（5）环境保护法：为保护和改善环境，防治污染和其他公害，保障公众健康，推进生态文明建设，促进经济社会可持续发展，我国于1989年12月26日第七届全国人民代表大会常务委员会第十一次会议通过了《中华人民共和国环境保护法》。该法根据经济社会发展的需要在2014年进行了修订。保护环境是国家的基本国策。国家采取有利于节约和循环利用资源、保护和改善环境、促进人与自然和谐的经济、技术政策和措施，使经济社会发展与环境保护相协调。

四、"一体化任务式"劳动实践

第一步：任务描述

自主查询垃圾分类知识，了解垃圾分类的重要意义。能够区分可回收物与不可回收物。利用生活中的可回收物，开动脑筋，设计创意作品。

第二步：任务分析

任务类型：视班级规模和辅导需要，建议3~5人一组，协同完成创作任务。

工具设备：互联网、电脑、手机。

原辅材料：各种可回收材料。

人员配备：劳动实践教学老师。

场地空间：劳动教育实训室或智慧教室。

第三步：实施方案

（1）了解环境保护的重要意义。

（2）了解垃圾分类的重要意义。

（3）了解垃圾分类基本知识。

（4）能够区分可回收物与不可回收物。

（5）探索利用可回收物设计创意作品。

第四步：任务执行

教师（课内讲解，课外示范）：

（1）讲述环境保护的重要意义。

（2）带领学生学习垃圾分类知识。

（3）演示可回收物再利用的相关创意作品。

（4）讲解大赛奖励的目的、意义及具体奖励措施。

学生（课外劳动实践）：

（1）小组合作，设计创意文案。

（2）根据设计文案，寻找设计需要的可回收材料。

（3）对可回收材料按设计文案进行加工。

（4）团队合作完成设计作品。

（5）积极参加设计大赛

（6）撰写劳动实践报告。

第五步：检查控制

（1）可回收材料再利用设计方案是否可行？

设计方案的制定要明确以下要点：明确设计目的和主旨；突出要彰显的设计理念；成立行动小组并细化分工，能发挥出每个人的专长，还能相互协作；制定应对突发事件的预案。

（2）制作材料的搜集是否到位？

要根据设计文案寻找作品需要的材料，材料的选择要易于寻找，最好是日常生活中比较常见的，如报纸、纸板、瓶子、废旧衣物。这样的设计比较贴近生活，更易于被借鉴利用，具有比较好的示范效应。

（3）作品制作进度是否合理？

本劳动实践以竞赛的方式进行，激发学生积极参与。大赛的赛程会有具体的时间安排，各小组的设计作品要合理控制制作进度，以便能够按时参加设计大赛。

第六步：评价反馈

（1）劳动成果：

成果一：以小组为单位上交作品。

成果二：以小组为单位参加大赛。

成果三：以小组为单位上交劳动实践报告。

（2）成果评价（见表10-6）：

表10-6　成 果 评 价

评 价 项 目	自我评价	
	是	否
1. 理解环境保护的重要意义		
2. 具备垃圾分类的知识		
3. 能够合理利用可回收物		
4. 作品设计新颖		
5. 作品具有引导作用		
6. 真切体会亲身参与劳动的幸福感和成就感		
7. 真切体会普通劳动者对美好生活的巨大贡献		
8. 增强沟通和团队合作能力，养成良好的劳动习惯和品质		

五、劳动实践拓展

（1）学习垃圾分类知识，了解垃圾分类的重要意义。

（2）做好可回收物再利用方案设计并按照方案完成参赛作品。

（3）归纳、总结，完成活动总结报告。

※课内检查与思考

1. 你是否掌握了垃圾分类的基本知识？是否了解哪些生活垃圾可回收？

_____

2. 你是否具有创新利用可回收物的意识？能否有效传递环保理念？能否自觉执行垃圾分类？

_____

3. 你是否更加热爱劳动，尊重普通劳动者，想要促进自身养成良好的生活和劳动习惯？

_____

参 考 文 献

［1］仰和芝等. 新时代大学生劳动教育概论［M］. 北京：高等教育出版社，2022.

［2］陈国维. 大学生劳动教育［M］. 2 版. 北京：高等教育出版社，2023.

［3］邓辉，李春根. 大学劳动教育［M］. 北京：高等教育出版社，2021.

［4］梅永刚，郑大远. 新时代大学生劳动教育［M］. 北京：高等教育出版社，2023.

［5］柳友荣. 新时代大学生劳动教育［M］. 北京：高等教育出版社，2021.

［6］缪昌武，王士恒. 劳动通识教育［M］. 北京：高等教育出版社，2022.

［7］刘向兵. 大学生劳动教育通识［M］. 北京：高等教育出版社，2022.

［8］刘社欣. 大学生劳动教育教程［M］. 北京：清华大学出版社，2022.

［9］谢丽娜. 新时代高校劳动教育体系构建研究：逻辑理路与实践路径［J］. 黑龙江高教研究，2021，39（03）.

［10］倪志宇，白金，李卫森. 高校劳动教育课程的体系建构［J］. 中国高等教育，2022，683（01）.

［11］周光港，赵海月. 数字资本主义下数字劳动的生成逻辑、模式辨识与现实启示［J］. 山东工会论坛，2022，28（04）.

［12］张家军，吕寒雪. 人工智能时代的劳动教育变革：缘起、挑战与出路［J］. 中国教育学刊，2022，350（06）.

［13］郜清攀. 新科技革命背景下的人类劳动形态变迁［J］. 经济家，2022，278（02）.

［14］张雪梅，胡露露. 新时代青年劳动教育的特点及趋势［J］. 中国青年社会科学，2021，40（05）.

劳动教育训练营实践报告

学　　　校：＿＿＿＿＿＿＿＿＿

学　　　院：＿＿＿＿＿＿＿＿＿

学 生 姓 名：＿＿＿＿＿＿＿＿＿

班　　　级：＿＿＿＿＿＿＿＿＿

学　　　号：＿＿＿＿＿＿＿＿＿

总 成 绩：＿＿＿＿＿＿＿＿＿

指 导 教 师：＿＿＿＿＿＿＿＿＿

实践一：寻找身边的劳动者

一、劳动过程记录

实践主题					
活动类型	□个人任务　　　　□团队任务				
活动时间					
团队成员	学生姓名	学　号	学　院	年　级	班　级
劳动过程	（一）实践准备 （二）实践过程				
劳动收获					
劳动思考					

二、劳动成果展示

实践主题					
活动类型	□个人任务　　　　□团队任务				
活动时间					
学生姓名		学号		学院/班级	
团队成员					
劳动收获	（一）劳动者岗位描述 （二）对劳动教育的理解				

成果展示	成果名称	成果形式（附件）	成果展示
个人成果			
团队成果			

三、劳动成果评价

实践主题				
活动类型	□个人任务　　　□团队任务			
活动时间				
学生姓名		学号	学院/班级	
团队成员				
成绩评定	评 价 内 容	个人评分	小组评分	教师评分
	劳动观念（20分）			
	劳动能力（20分）			
	劳动精神（20分）			
	劳动习惯（20分）			
	成长收获（20分）			
指导教师评价意见				

指导教师：　　　　年　月　日

实践二：谁是最强"收纳师"？

一、劳动过程记录

实践主题					
活动类型	□个人任务　　　　□团队任务				
活动时间					
团队成员	学生姓名	学　号	学　院	年　级	班　级
劳动过程					
劳动收获					
劳动思考					

二、劳动成果展示

实践主题				
活动类型	□个人任务　　　　□团队任务			
活动时间				
学生姓名		学号	学院/班级	
团队成员				
劳动收获	（一）收纳准备 （二）收纳过程 （三）我对收纳的理解			

成果展示	成果名称	成果形式（附件）	成果展示
个人成果			
团队成果			

三、劳动成果评价

实践主题				
活动类型	□个人任务　　　□团队任务			
活动时间				
学生姓名		学号	学院/班级	
团队成员				
成绩评定	评 价 内 容	个人评分	小组评分	教师评分
	劳动观念（20分）			
	劳动能力（20分）			
	劳动精神（20分）			
	劳动习惯（20分）			
	成长收获（20分）			
指导教师评价意见				

指导教师：　　　年　月　日

实践三：平台经济模式下的劳动关系管理

一、劳动过程记录

实践主题					
活动类型	□个人任务　　　　□团队任务				
活动时间					
团队成员	学生姓名	学　号	学　院	年　级	班　级
劳动过程					
劳动收获					
劳动思考					

二、劳动成果展示

实践主题					
活动类型	□个人任务　　　　□团队任务				
活动时间					
学生姓名		学号		学院/班级	
团队成员					
劳动收获	（一）美团劳动关系管理　　　　　　　　　　　　　　　　　　　（二）平台经济模式下劳动关系的演变　　　　　　　　　　　　　　（三）平台经济模式下劳动关系管理面临的挑战和对策				

成果展示	成果名称	成果形式（附件）	成果展示
个人成果			
团队成果			

三、劳动成果评价

实践主题				
活动类型	□个人任务　　　　□团队任务			
活动时间				
学生姓名	学号		学院/班级	
团队成员				

成绩评定	评 价 内 容	个人评分	小组评分	教师评分
	劳动观念（20分）			
	劳动能力（20分）			
	劳动精神（20分）			
	劳动习惯（20分）			
	成长收获（20分）			

指导教师 评价意见	
	指导教师：　　　　年　月　日

实践四：寻找身边的劳动安全隐患

一、劳动过程记录

实践主题					
活动类型	□个人任务　　　　　□团队任务				
活动时间					
团队成员	学生姓名	学　号	学　院	年　级	班　级
劳动过程					
劳动收获					
劳动思考					

二、劳动成果展示

实践主题				
活动类型	□个人任务　　　　□团队任务			
活动时间				
学生姓名		学号		学院/班级
团队成员				
劳动收获	（一）调研方法 （二）易发生的劳动安全事故 （三）事故发生原因分析 （四）劳动安全事故预防和应急处理			

成果展示	成果名称	成果形式（附件）	成果展示
个人成果			
团队成果			

三、劳动成果评价

实践主题				
活动类型	□个人任务　　　　□团队任务			
活动时间				
学生姓名		学号		学院/班级
团队成员				

成绩评定	评 价 内 容	个人评分	小组评分	教师评分
	劳动观念（20分）			
	劳动能力（20分）			
	劳动精神（20分）			
	劳动习惯（20分）			
	成长收获（20分）			

指导教师 评价意见	
	指导教师：　　　　年　月　日

实践五：分析"五险一金"制度

一、劳动过程记录

实践主题					
活动类型	□个人任务　　　　□团队任务				
活动时间					
团队成员	学生姓名	学　号	学　院	年　级	班　级
劳动过程					
劳动收获					
劳动思考					

二、劳动成果展示

实践主题					
活动类型	□个人任务　　　　□团队任务				
活动时间					
学生姓名		学号		学院/班级	
团队成员					
劳动收获	（一）企业情况 （二）"五险一金"制度 （三）"五险一金"的缴费方式与领取条件				

成果展示	成果名称	成果形式（附件）	成果展示
个人成果			
团队成果			

三、劳动成果评价

实践主题				
活动类型	□个人任务　　　　□团队任务			
活动时间				
学生姓名		学号	学院/班级	
团队成员				
成绩评定	评 价 内 容	个人评分	小组评分	教师评分
	劳动观念（20分）			
	劳动能力（20分）			
	劳动精神（20分）			
	劳动习惯（20分）			
	成长收获（20分）			
指导教师评价意见	指导教师：　　　　年　月　日			

实践六：大学生劳动风险及其防范

一、劳动过程记录

实践主题					
活动类型	□个人任务 □团队任务				
活动时间					
团队成员	学生姓名	学　号	学　院	年　级	班　级
劳动过程	调查过程				
劳动收获	各种法律风险总结				
劳动思考	（一）防范法律风险的建议 （二）劳动权利救济途径				

二、劳动成果展示

实践主题					
活动类型	□个人任务　　　　□团队任务				
活动时间					
学生姓名		学号		学院/班级	
团队成员					
劳动收获	（一）大学生可能遇到的劳动风险 （二）防范劳动法律风险的方法 （三）在劳动合法权益受到侵害时，应如何保护自己？				

成果展示	成果名称	成果形式（附件）	成果展示
个人成果			
团队成果			

三、劳动成果评价

实践主题				
活动类型	□个人任务　　　□团队任务			
活动时间				
学生姓名		学号	学院/班级	
团队成员				
成绩评定	评 价 内 容	个人评分	小组评分	教师评分
	劳动观念（20分）			
	劳动能力（20分）			
	劳动精神（20分）			
	劳动习惯（20分）			
	成长收获（20分）			
指导教师评价意见				

指导教师：　　　　年　月　日

附录二

劳动实践项目报告

学　　　校：＿＿＿＿＿＿＿＿＿＿

学　　　院：＿＿＿＿＿＿＿＿＿＿

学生姓名：＿＿＿＿＿＿＿＿＿＿

班　　　级：＿＿＿＿＿＿＿＿＿＿

学　　　号：＿＿＿＿＿＿＿＿＿＿

总　成　绩：＿＿＿＿＿＿＿＿＿＿

指导教师：＿＿＿＿＿＿＿＿＿＿

日常生活劳动实践项目

项目名称：_____

一、劳动过程记录

实践主题					
活动类型	□个人任务　　　□团队任务				
活动时间					
团队成员	学生姓名	学　号	学　院	年　级	班　级
劳动过程					
劳动收获					
劳动思考					

二、劳动成果展示

实践主题			
活动类型	□个人任务　　　　□团队任务		
活动时间			
学生姓名		学号		学院/班级	
团队成员			
成果展示	成果名称	成果形式（附件）	成果展示
个人成果			
团队成果			

三、劳动成果评价

实践主题				
活动类型	□个人任务　　　　□团队任务			
活动时间				
学生姓名		学号	学院/班级	
团队成员				
成绩评定	评 价 内 容	个人评分	小组评分	教师评分
	劳动观念（20分）			
	劳动能力（20分）			
	劳动精神（20分）			
	劳动习惯（20分）			
	劳动成果（10分）			
	成长收获（10分）			
指导教师评价意见	指导教师：　　　　　　年　月　日			

生产劳动实践项目

项目名称：_____

一、劳动过程记录

实践主题					
活动类型	□个人任务　　　□团队任务				
活动时间					
团队成员	学生姓名	学　号	学　院	年　级	班　级
劳动过程					
劳动收获					
劳动思考					

二、劳动成果展示

实践主题				
活动类型	□个人任务　　　□团队任务			
活动时间				
学生姓名		学号	学院/班级	
团队成员				
成果展示	成果名称		成果形式（附件）	成果展示
个人成果				
团队成果				

三、劳动成果评价

实践主题				
活动类型	□个人任务　　　　□团队任务			
活动时间				
学生姓名		学号	学院/班级	
团队成员				
成绩评定	评 价 内 容	个人评分	小组评分	教师评分
	劳动观念（20分）			
	劳动能力（20分）			
	劳动精神（20分）			
	劳动习惯（20分）			
	劳动成果（10分）			
	成长收获（10分）			
指导教师评价意见				

指导教师：　　　　年　月　日

服务性劳动实践项目

项目名称：_____

一、劳动过程记录

实践主题					
活动类型	□个人任务　　　　□团队任务				
活动时间					
团队成员	学生姓名	学　号	学　院	年　级	班　级
劳动过程					
劳动收获					
劳动思考					

二、劳动成果展示

实践主题					
活动类型	□个人任务　　　　□团队任务				
活动时间					
学生姓名		学号		学院/班级	
团队成员					
成果展示	成果名称		成果形式（附件）		成果展示
个人成果					
团队成果					

三、劳动成果评价

实践主题				
活动类型	□个人任务　　　□团队任务			
活动时间				
学生姓名		学号	学院/班级	
团队成员				
成绩评定	评 价 内 容	个人评分	小组评分	教师评分
	劳动观念（20分）			
	劳动能力（20分）			
	劳动精神（20分）			
	劳动习惯（20分）			
	劳动成果（10分）			
	成长收获（10分）			
指导教师 评价意见				

指导教师：　　　年　月　日

创新劳动实践项目

项目名称: _____

一、劳动过程记录

实践主题					
活动类型	□个人任务　　　□团队任务				
活动时间					
团队成员	学生姓名	学　号	学　院	年　级	班　级
劳动过程					
劳动收获					
劳动思考					

二、劳动成果展示

实践主题			
活动类型	□个人任务　　　　□团队任务		
活动时间			
学生姓名		学号	学院/班级
团队成员			
成果展示	成果名称	成果形式（附件）	成果展示
个人成果			
团队成果			

三、劳动成果评价

实践主题				
活动类型	□个人任务　　　　□团队任务			
活动时间				
学生姓名		学号	学院/班级	
团队成员				
成绩评定	评 价 内 容	个人评分	小组评分	教师评分
	劳动观念（20分）			
	劳动能力（20分）			
	劳动精神（20分）			
	劳动习惯（20分）			
	劳动成果（10分）			
	成长收获（10分）			
指导教师评价意见				

指导教师：　　　　年　月　日